U0593134

60天

完美口才

口才

打造
计划

天

CREATE PERFECT ELOQUENCE IN 60 DAYS (SECOND EDITION)

第二版

杨海洋◎著

经济管理出版社

ECONOMY & MANAGEMENT PUBLISHING HOUSE

图书在版编目（CIP）数据

60 天完美口才打造计划／杨海洋著. —2 版. —北京：经济管理出版社，2023. 10
ISBN 978-7-5096-9395-7

Ⅰ. ①6⋯　Ⅱ. ①杨⋯　Ⅲ. ①口才学—通俗读物　Ⅳ. ①H019-49

中国国家版本馆 CIP 数据核字（2023）第 204953 号

组稿编辑：王光艳
责任编辑：王光艳
责任印制：黄章平
责任校对：徐业霞

出版发行：经济管理出版社
　　　　　（北京市海淀区北蜂窝 8 号中雅大厦 A 座 11 层　100038）
网　　址：www. E-mp. com. cn
电　　话：（010）51915602
印　　刷：北京市海淀区唐家岭福利印刷厂
经　　销：新华书店
开　　本：720mm×1000mm /16
印　　张：16. 25
字　　数：301 千字
版　　次：2024 年 1 月第 2 版　　2024 年 1 月第 1 次印刷
书　　号：ISBN 978-7-5096-9395-7
定　　价：58. 00 元

· 版权所有　翻印必究 ·

凡购本社图书，如有印装错误，由本社发行部负责调换。

联系地址：北京市海淀区北蜂窝 8 号中雅大厦 11 层
电话：（010）68022974　　邮编：100038

前言
Preface

　　《60天完美口才打造计划》第一版出版至今，已有13年了。十余年来，我们生活的这个世界发生了很大的变化，甚至出现了百年未有之大变局，但口才的重要地位是没有变化的，不，应该说变得更重要了。随着数字经济的逐渐兴起和移动互联技术的普及，媒体正在去中心化，自媒体不断涌现，人们的表达有了前所未有的广阔舞台。安迪·沃霍尔曾经说过："在明天，每个人都能成名5分钟"。这句话正在成为现实，从《超级演说家》到《奇葩说》，再到《脱口秀大会》，出众的口才使很多人一战成名，甚至一曲童谣"挖呀挖呀挖"，都能火遍全中国的大市场。人们对口才的重视，达到了空前的高度。这也成了本书再版的理由。

　　本书和上一版的对比变化，主要是增加了人际沟通口才的内容。这十余年间，笔者在大学里一直从事"沟通与写作"课程讲授，和学生的接触越多，越能感受到提高大学生沟通能力的迫切性。移动互联技术普及以后，人和人之间的沟通出现了异化，有些"宅男宅女"，作为"键盘侠"的时候口才一百分，作为线下真人的时候沟通负分，他们不知道如何与人沟通。有人开玩笑说现在是00后"Z世代"在整顿职场、教育上级，其实网上那些段子的背后，是多少00后职场的失败。他们面对的世界比过去更卷，比过去机会更少，如果因为不懂职场规则，不会与人沟通，他们将要面对的未来，一定会更加残酷。所以，本书关于沟通方面的内容更多，本书的章节，也由原来的十章，变成了十二章。希望本书的读者，能够重视对沟通能力的训练，愿这本书中提供的沟通技巧，能对大家在沟通中游刃有余有所助力。

　　此外，这十余年来，随着《脱口秀大会》《吐槽大会》《天天向上》等节目的火爆，脱口秀这种方式逐渐被世人接受和喜爱，再加上一些主播的走红，口才表达呈现出了幽默化、娱乐化的趋势。这一趋势究竟是好是坏，笔者不好评价，但笔者认为，好的口才绝不只是外在的欢乐，内在价值也不能被忽视。有一些声音，是可以改变世界的；有一些语言，是可以振聋发聩的。不是说口才好就能无往而不利，夸夸其谈、巧言令色始终是职场大忌，只有言之有物、字字珠玑才会真正被人重视。笔者当过多次无领导小组讨论的评委，最终能够胜出的一定是发言有深度、见解有新意的人，不会是那些发言表面热闹却内在空洞无物的人。本书作为口才训练手册，主要突出的是外在表现能力的训练，希望不要对本书的读者造成误导，误以为只要表达技巧都掌握了，就能拥有完美口才。在口才训练中，还要注重提高内涵，内外兼修才是王道。

最后，本书还有一个较大的变化，就是更注重表达的逻辑性训练。在抖音、快手大量普及的今天，人们接受知识是快餐式的，最短的视频甚至做到了只有几秒钟，越长的文章、越长的视频，在手机上越没有人看，这就使得很多创作者不太重视表达的逻辑性，在较短的时间里，逻辑的确不好展开。但是，笔者始终相信，好的内容是血肉，而逻辑架构则是骨骼，没有好的逻辑结构，就像人没有了骨架，就会站立不起来，表达就会显得杂乱，说服力也就不强。本书增加了一些逻辑架构方面的训练内容，也希望本书读者能够有意识地加强逻辑思维能力的训练，让自己的口才真正完美起来。

目录
Contents

04 CHAPTER
第四章

提高沟通的技巧

05 CHAPTER
第五章

让你的声音好听起来

06 CHAPTER
第六章

如何让说话富有感情

07 CHAPTER 第七章

为你的发言找好主题

08 CHAPTER 第八章

让你的讲话永不跑题

09 CHAPTER 第九章

掌握即兴发言的窍门

| 第一章 |
表达能力的重要性

美国哈佛大学前校长德雷克·博克在《回归大学之道：对美国大学本科教育的反思与展望》一书中，提出大学教育的目标主要有以下几个：

- 学会表达
- 学会思考
- 培养道德
- 培养合格公民
- 让学生生活在多元化的校园
- 培养学生全球化素养
- 培养学生广泛的兴趣
- 为学生的职业生涯做准备

他将表达能力排在了所有目标的最前面。他是这样说的：所有的大学生都需要提高各种形式的表达能力，其中最广为人知的，是精确而优美的书面表达能力，其次是清晰而有说服力的口头表达能力。这些是学生在大学期间和毕业之后都会广泛运用的能力，也是作为公民和一切从业人员所应具备的能力。①

现在，几乎所有人都认同"学会表达"的重要性。社会上的用人单位也都很看重学生的表达能力。学生也持有相同的观点，在针对 1600 位本科生所做的大型访谈中，被调查者提及"提高写作水平"的次数，至少是提及其他教育目标次数的三倍。

---

① 李佳萍. 博克的本科教育理念[J]. 辽宁教育行政学院学报，2011(3)：3.

自有"通识教育"概念以来，"沟通和写作"就始终被列在本科教育的重点目标之中。

作为全球通识教育先锋的美国，在 1828 年出台了关于通识教育的一份重要报告——《耶鲁报告》，这份报告对美国高等教育改革有着极大的影响。报告指出，耶鲁始终致力于把学生培养为具有爱国精神，能对国家尽到责任和义务的"责任公民"作为大学道德教育的目标。这份报告从全面发展的角度，对科目的能力培养作用进行了一个个的说明：

数学：描述性推理能力。

物理：事实性描述、归纳、寻找根据进行验证。

古典文学：品味。

阅读：表达与写作。

逻辑和心理哲学：思考的艺术。

修辞和演讲：说话的艺术。

作文：表达的简洁性、准确性。

讨论：思维敏捷、表达流畅而生动。

我们在这份报告中寻找并思考一下：沟通、表达与写作在教育家心目中到底占据着怎样重要的地位？

1945 年，哈佛大学出版社出版了《哈佛通识教育红皮书》，这本书是研究通识教育的另一本非常重要的文献。它由哈佛大学各学科领域 12 位最著名教授组成委员会，历时两年的集体性潜心研究之后，形成的最终报告。其建立了一套通识教育体系，提出学生应有的四种能力：有效思考能力、沟通能力、判断能力、对价值的认知能力。

长久以来，教授一直希望学生能在进大学之前就掌握这些能力。为了促使中学教好写作课，大学在招生过程中增设了写作考试。遗憾的是，教授的愿望一直都没有实现。长期以来，大学新生的表达能力十分欠缺；培养学生准确、清晰、优美的口头和文字表达能力是大学义不容辞的责任。

一、表达的重要性

修辞术被称为有效的口头表达艺术。与中国古代的儒家教化不同的是，古希腊时代非常重视演讲技能，演讲可以说是古希腊公民生活的重要组成部分，也是领袖人物必须掌握的技能。亚里士多德把公众演讲视为一种说服民众的方法，他提出的演讲基本原则至今仍值得我们学习。演讲的传统一直持续到了古罗马时期，此时"修辞术"一词的定义已经不仅限于说服他人，而且要"讲得漂亮"。后来的研究更扩展到了"如何在演讲时正确而优美地控制自己的声音、表情、手势"。

美国提出通识教育的早期，公众演讲就是本科教育的核心内容。学生在老师的指导下，要做背诵和辩论练习，因而逐渐养成了在他人面前表达并维护自己观点的习惯。因此许多学校的辩论俱乐部和文学社团都广受欢迎，这也给本科生磨炼辩论技术提供了新的舞台。

近年来，选修类似的公共演讲课的学生越来越多，这主要归功于社会转型的需要，越来越多的用人单位对大学毕业生的口头表达能力提出了要求，面试愈加普遍并占据重要比重，很多成功人士的演讲都在表明，他们的成功与口头表达和沟通能力之间存在着必然联系。

新东方学校校长俞敏洪的讲课内容被无数学生录了下来，并在网上播放，被大家追捧，他靠自己的好口才开创了新东方学校，这是中国大陆第一家在美国上市的教育机构。2010 年，新东方总净营收为 3.863 亿美元，占据了北京 80% 和全国 60% 以上的英语出国培训市场。可以说这些产值都是"讲"出来的。按每天讲 8 小时计算，这"讲"一小时就值约 89 万元。

（资料来源：新东方教育科技集团学网，www. xdf. cn。）

美国前总统克林顿在任期结束时，身负 1130 万美元的债务。不过他一点儿也不担心，他靠出众的口才四处演讲，再加上出书，只用了一年时间就还清了债务，而且出现了数百万美元的财务盈余。2002 年，克林顿演讲一共挣了 954.25 万美元，平均每场演讲的报酬为 15.9 万美元，按 100 分钟每场计，每分钟值 1590 美元。

（资料来源：曲笑影. 克林顿二次卖身为妻还债绯闻夫妻赚钱一条心［J］. 人物画报，2010(12)。）

阿里巴巴的 CEO 马云对软银公司的老板孙正义说：和您这样的聪明人讲话，不需要多讲，所以我没有准备商业计划书。他的确没有多讲，他只讲了 6 分钟，而就是这 6 分钟，就让孙正义拿出了 2000 万美元给他。算下来每秒钟值

5万多美元。

（资料来源：王晓慧. 马云 VS 孙正义：两个"疯子"的对话[J]. 躬耕（天下豫商），2008（9）。）

在中国的历史上，不乏靠口才发挥重要作用的例子。战国时期，同为鬼谷子弟子的苏秦和张仪，凭着他们雄辩的口才，使当时的整个中国成了他们表演的舞台。其中，苏秦游说五国，与赵秦阳君共谋，发动韩、赵、燕、魏、齐诸国合纵，迫使秦国废帝退地，确保了这些国家15年的安宁。张仪同样靠着他那三寸不烂之舌，从楚国入手，离间齐楚的关系，再逐一将联盟攻破，变合纵为连横，最终帮助秦王统一了中国。苏秦和张仪，这两个人的口才值几何？恐怕用金钱已经难以衡量了。[①]

（资料来源：雍容波. 论苏秦与张仪的"合纵连横"政策及其价值[J]. 科教导刊（下旬），2017（3）。）

从这些例子中不难看出口才本身的重要性。它不仅能够创造可以量化的价值，而且有时候，它能创造出不可估量的价值——小到个人的成功，大到国家的兴衰。

在我国，口才从来没有像今天这样被人重视。过去，口才的地位很一般，甚至被人误解，按照传统的观念，说得好不如做得好。孔子还曾经说过"巧言令色，鲜矣仁"。民间也常常把会说话的人用"油嘴滑舌"来形容，却把那些不爱说话的人评价为："这孩子老实，瞧，连说个话都脸红。"似乎会说话的人品质就有问题，而不会说话的人一定就是好心肠一样。不过，随着时代的进步，观念是会变的，就像经商，过去人们认为商贾是九流之末，地位不高，而现代人却把成功的商人当作崇拜的偶像。到了现代社会，口才不重要的观念已经被扭转了过来，随着我国市场经济体制的确立和不断完善，表达能力的重要性已经凸显，今后还会越来越被重视。

在美国，在中小学都开设了演讲方面的课程，小孩子必须接受表达能力方面的训练。美国的大学也把口才训练放在了重要的位置，校方会提供各种训练项目，并提供像学生会、学生社团之类的交流平台。校方还会举办众多的学生活动，包括数不清的演讲和辩论比赛，就连专业课程，也是教师讲一半，学生

---

① 参见 https://book. douban. com/review/5453520/。

自己做完项目讲一半，处处提供机会让学生进一步提高自己的表达能力。他们这么做是有原因的。美国的总统选举是件热闹事儿，2008 年，奥巴马和麦凯恩之间的决选甚至吸引了全世界的眼球。其实，美国几乎是一个诸事都要竞选的社会，不仅是总统要竞选，州长要竞选，议员要竞选，大学生申请好的研究项目或者奖学金要竞选，在公司里想要升职也是要竞选的，公司要争取好的项目，想要中标，更是要竞选。在这些竞选的过程中，表达能力发挥着重要的作用，如果不通过良好的表达，把自己的优势和能够给予对方的利益更好地表达出来，又怎么可能战胜对手，在竞选中胜出呢？正如奥巴马在大选中能够取胜，与他出众的口才是分不开的。

人具有社会性，不可能离开社会而独立存在，而在社会里的人必须与其他人产生各种各样的关系，在处理这些关系时，表达能力就成了最关键的能力。

二、好口才是可以练出来的

也许有人认为好口才是天生的。其实，除声音和外形等不太关键的因素能够被称为演讲的天赋以外，绝大多数演讲技能是后天养成的，只是那些演讲能力出众的人愿意学习，比别人更能吸取到好的经验，也善于改正自己的缺点，而且还擅长抓住机会多参与演讲实践，所以他们的表达能力就变得与众不同了。只要有意识地去提升自己的表达能力，并且训练方法得当，每个人都有可能成为出色的演讲家。

古希腊的德摩斯梯尼就是一个很好的例子。当时，古希腊实行的是城邦制度，在其民主制度中，人们通过演讲来表达自己的意愿，寻求支持，如果谁的演讲能力强，他就有可能成为这个城堡的领袖。德摩斯梯尼也想成为演讲家。他第一次登台演讲的时候，希望获得的是掌声，可是很可惜，他得到的是哄笑声，到了后来，笑声都没有了，但有了掌声——但却是背掌！观众一起把他轰下了台。观众这么做也是有原因的，因为他演讲的水平实在是太差了。那时，德摩斯梯尼的演讲有三个毛病：一是他讲话不够清楚，有点儿"大舌头"，观众听不清他讲什么；二是他不会用气，常常上气不接下气，还说着说着就长出一口气，让听众也为他着急；三是耸肩，他讲着讲着肩膀就往上耸，作为一个演讲者，耸肩这个姿势很难看，而且这些小动作很容易分散听众的注意力。三个毛病综合在一起，使他的演讲变得糟糕透了，观众没有理由不把他轰下去。这次失败给了德摩斯梯尼很大的打击，但他并不气馁，更没有因此而放弃当演讲家的梦想。在这次演讲之后，他削发明志，把自己剃了个阴阳头，让自己在一段时间里没法见人，然后他开始着手对付自己的三个毛病。说话不清楚怎么练？他找来一块小鹅卵石，洗干净了含在自己的嘴里。含着鹅卵石是很难把话说清的，而且石头磨着舌头也很难受。他坚持含着石头说话，经过艰苦的努力，他含着鹅卵石说话都非常清楚，吐出石头说话就更游刃有余了。上气不接下气怎么办呢？他想出了个好办法，就是一边大声地读着诗歌，一边往山上跑，一天天的跑下来，不仅身体跑好了，也学会了如何换气。为了克服耸肩的坏毛病，他从屋顶吊了两把剑下来，剑尖正好对着德摩斯梯尼的肩膀，如果他一耸肩，剑就会扎疼他，这么长时间地练习下来，耸肩的毛病也被克服了。当然，在对付这三个毛病的同时，他也没有忘记练内功，他找了很多的书，拼命地读书，不断丰富自己的知识。一年下来，这三个毛病都克服掉了，他的学识也得到了极大的丰富。德摩斯梯尼决定再次登台，这一次他终于获得了掌声，是真正的掌声，而且是暴风雨般的掌声。他成功了，成为希腊历史上最著名的演讲家。[①]

美国著名的演讲家和成功学家卡耐基也有着相似的经历。他在密苏里州华伦斯堡州立师范学院就读初期就很有名，但名气不是来自他出众的表达能力，恰恰相反，他以在演讲比赛中失败次数多而闻名。在第一次拿到演讲比赛的冠军之前，他足足失败了12次。30年后，卡耐基谈及第一次演讲失败时，还以半开玩笑的口吻说："是的，虽然我没有找出旧猎枪和与之相类似的致命的东西来，但当时我的确想到过自杀。"在美国，演讲的成功实在是太有诱惑力了，卡耐基发现，凡是在学院里演讲出众的人，名字不但广为人知，也会被人们视为英雄，可以获得很多其他人得不到的机会。12次的失败也没有让卡耐基放弃努力，他不断总结教训，模仿成功者，寻找各种机会提高自己的演讲水平。一次次失败的尝试化作了成功的基石。1906年，卡耐基终于在一次以《童年的回忆》为题的演讲中，获得了勒伯第青年演说家奖。从此，他走上了成功的道路。

演讲成就个人魅力。与政坛老手麦凯恩和希拉里比起来，47岁的奥巴马可算是政治新人。他在2004年11月首次当选伊利诺伊州联邦参议员，并在参议员席位还未坐暖的两年后，就宣布要问鼎白宫。这不免让人讥笑这个初生之犊的胆量，竟敢与政治经验和资源都比他还丰富的希拉里、爱德华兹等争夺民主党的总统提名。但是，奥巴马做到了，而且他还一路挺进白宫，成为美国第一位非洲裔总统。

① 杨靖译. 从口吃者到著名演说家 [J]. 文化译丛，1984(4).

　　能够达成这项历史性成就，奥巴马的个人魅力不容忽视。奥巴马是个天才演说家，舆论总爱把他的演讲，与同样能够用言语来激励人心的前总统里根和肯尼迪相提并论。从党内初选到正式成为民主党总统候选人，奥巴马的对手当中，没有一个人具备与他匹敌的演讲才华。这难得的才华，为他拉到了不少选票。

　　综观整场选战，每当奥巴马发表演讲时，总能轻易吸引上万人前去聆听。一些分析人士指出，在美国经济低迷的时候，拥有一个能说会道、能够发表激励人心演讲的总统，将有助于提振士气。

　　笔者是学校辩论队的教练，看到过许许多多的队员在大学期间发生了脱胎换骨的变化。其中，有一位队员让我印象特别深刻，他叫熊川，在大学二年级时加入校辩论队。刚入队时，他显得非常青涩，表达能力和逻辑分析能力都很一般，当然也就没有代表学校出赛的机会。他后来对我说，当时他是用崇拜的眼光看着那些老队员，羡慕他们在场上挥洒自如的表现。熊川从来没有放弃成为优秀辩手的梦想，从大学二年级到后来的研究生阶段，他都有意识地进行着表达能力训练，如日常的朗读训练、逻辑训练、对镜的态势语言训练等。就算不能上场，他也一直坚持着。到了研究生一年级时，他终于有机会代表学校参加全国名校杯辩论赛，在那届比赛中，他成了绝对的主力队员，是场上的核心，他也可以像那些老队员一样，在场上挥洒自如、激扬文字。那次比赛后，熊川变成了学校里最著名的辩手，也有许多低年级喜爱辩论的同学，用崇拜的眼光看他。常常有低年级学生在我面前感叹，为什么熊川学长那么有天赋，在场上的一举手一投足，一词一句，都是那么得体，那么准确，他简直就是完美的辩手，反观自己，差得太远了，根本没那天赋。每当这时，我都会告诉这些低年级学生：熊川学长可能有1%的天赋，但另外的99%，都是他自己苦练出来的，他的光环不是来自先天的优势，而是后天的努力，如果你像他那样做，你也可以成功。

　　学校每年都会组队参加国内外各类的比赛，如"挑战杯"大学生创业计划大赛、全国物流设计大赛、全国高校学生商业案例分析大赛等，在指导校辩论队的同时，我也常常参与对这些参赛队员表达能力的训练。记得有一年，学校让我去训练参加全国高校德勤税务精英挑战赛的队员。在初次和他们见面时，我是有些失望的，他们虽然在解决专业问题方面非常优秀，但他们的表达能力却很一般，而时间仅剩两个月了。抱着试一试的态度，我给他们制订了为期两个月的训练计划，带着他们进行表达能力训练。每天他们都练朗读、练姿态、练动作，每隔两天，我会和他们一起做观点归纳、即兴发言等训练，他们非常努力，每天都超额完成我制订的训练计划，甚至把表达能力训练当成了专业学习之余的休息调剂。两个月的时间很快过去了，当他们站在决赛现场时，评委是这样评价他们的："之前的六七支队伍已经让我们非常疲惫，等到这批队员出场一开始讲，我们顿时觉得眼前一亮……他们表现得太专业了，我都怀疑他们是不是学校的主持人或者播音员。"正是凭借着非常优秀的表达能力，再加上现场专业的分析，他们站在了成功之巅，成为全国冠军。两个月过去了，他们已经从丑小鸭变成了白天鹅。

这些学生身上的变化让我坚信，好口才是可以练出来的，每一个人都有成为演讲家的机会。

三、什么样的口才是好口才

在开始训练之前，需要初步了解一下什么样的语言表达能力才是好口才，找出一个标准，再从这个标准倒推出口才训练应该主抓的方向。

奥普拉·温弗瑞是美国著名的脱口秀节目主持人，她主持着全美国收视率最高的语言类节目——《奥普拉·温弗瑞秀》，靠着出众的语言表达能力，她为自己赢得了巨大的成功，在做节目之余，她也利用自己的影响力来做企业，身家曾超过10亿美元。在美国，她拥有"粉丝"无数，就连在电影中客串一个角色，都能获得奥斯卡的最佳女配角奖。有人半开玩笑地说：如果她去竞选美国总统，获胜的把握也很大。美国伊利诺伊大学甚至还专门开设了一门课程来研究奥普拉。

奥普拉是如何成功的呢？

奥普拉主持的脱口秀节目是在电视中播出的，电视节目要想获得成功，首先要吸引住观众，只有收视率上去了，电视节目才有做下去的必要。电视节目制作人都说，遥控器的发明是电视制作人的一场噩梦，如果观众发现节目不好看，他就会毫不犹豫地按下换台的按钮。要想让观众留下来看自己的节目，节目就必须有吸引力。奥普拉的节目是谈话类的，不能靠画面来吸引人，她长相平平，身材也不出众，她唯一能做的就是充分发挥自己语言表达的魅力。

奥普拉在节目中显得非常睿智，她的问题提得非常好，又准又狠，似乎什么都敢问，凡是想要上她节目的嘉宾都需有应对刁钻问题的心理准备。同时，奥普拉的反应也非常快，她能够对嘉宾的话语进行独特的点评，引发听众的共鸣。比如在 1993 年，她采访正处于巅峰时期的迈克尔·杰克逊，她先问了迈克尔一个无关紧要的问题："现在你有多紧张?"迈克尔回答说："一点儿也不紧张，我从不紧张的。"听到这个回答后，奥普拉马上说："真的? 第一次接受全球直播访问也不紧张? 这就好了，因为你不紧张，所以我也不紧张。"奥普拉通过这一个回合的问答，向迈克尔说明了这个节目的直播性质，然后她又说："我想让大家知道，我们有言在先，你答应过言无不尽，而今晚的问题未经商议。"在得到了迈克尔同意之后，她一连抛出了多个问题，许多问题都是观众最想知道，但也是过去迈克尔讳莫如深的，如"你风头最劲，兄弟会否眼红?""你从小就有名，是不是因此失去了童年?""你是否漂白过皮肤?"等，让观众看了大呼过瘾。

奥普拉的语言也极具煽动性，能够让观众感同身受，能够打动人。许多美国妇女都认为奥普拉给她们带来了信心，一位退休教师说道，在生活已经没有目标的情况下，正是奥普拉给了她希望，让她有勇气更好地生活下去。另一位 35 岁的销售代表谢丽尔·皮尔斯对记者说道，自从上年她做了子宫切除手术后，整个人都陷入了悲哀与绝望，生活仿佛变成了灰色，是奥普拉从前的节目和演讲才使她从沮丧中彻底恢复过来。

奥普拉另一件法宝就是很擅于用语言来调动访谈嘉宾的情绪。她认为，要想让嘉宾说出心里话，自己首先得坦诚，要让对方消除戒备。在节目中，她可以和嘉宾一起欢笑，一起伤心，一起抱头痛哭，很快与嘉宾成为知心朋友。那些在其他记者前三缄其口的影星，到了奥普拉这里都成了不吐不快的话痨。妮可·基德曼离婚后愿意在节目中向她诉苦;朱丽娅·罗伯茨怀孕了找她秀一秀准妈妈的感受;汤姆·克鲁斯在她的节目中展示自己的芭比女友凯蒂·赫尔姆斯;就连桀骜不驯从不将别人放在眼里的"坏小子"西恩·潘，在她面前都乖乖讲述起他与麦当娜那段失败的婚姻。

1984 年，她接手电视节目《芝加哥早晨》，那时这个节目已经在生死存亡的边缘，在她接手后仅仅一个月，节目收视率便扶摇直上，成为所在电视台的招牌节目，三个月后便在全美同类节目中排名第一。她的节目平均每周吸引 4900 万名观众，曾连续 16 年排在同类节目的首位。

2011 年 1 月 1 日，凭借着自己超高的人气，奥普拉甚至开通了一个以她的名字命名的电视台——奥普拉·温弗瑞有线电视台(OWN)。这一电视台是奥普拉与美国探索传播公司联手创立的，将依托探索传播公司的卫星信号，一天 24 小时、一周 7 天播出，收视面覆盖大约 8000 万户家庭。在开通该电视台时，奥普拉高兴地说："对我而言，这是令人兴奋的一天。与你们一起，我翻开了人生的另一个篇章。我承诺，电视台每一分钟(节目)都将由我亲手挑选。"这位脱口秀的女王，正在迎来更大的成功。

如果说奥普拉是一个美国人，和我们中国人还有所差异，做例子不好，那么我们就再来看一个纯粹的中国人——马云。

马云非常厉害，他创办的阿里巴巴网站一开始是赔钱的，到2002年，公司开始收费，全年的营业收入只有100万元，他却敢提出2003年每天营业收入100万元的目标，当时人们都觉得他说大话，但他却做到了。接下来，他又提出2004年每天利润100万元的目标，这时许多人都以为他疯了，神奇的是马云居然又做到了，接下来是2005年，他提出要达到每天上缴税收100万元，这次没有人认为他在发疯，因为大家都已经被马云征服了。

他创造了许许多多的商业奇迹，但留给我深刻印象的，却是他一个个成功的口才案例。其中一个是这样的：中国台湾人蔡崇信是全球著名的风险投资公司Invest AB的亚洲代表，他听说"阿里巴巴"之后立即飞赴杭州要求洽谈投资。一番推心置腹的谈话之后，蔡崇信竟然出人意料地说："马云，那边我不干了，我要加入'阿里巴巴'！"马云吓了一跳："不可能吧，我这儿只有500元的月薪啊！"但两个月后，蔡崇信就担任"阿里巴巴"的首席财务官(CFO)。后来蔡崇信的妻子告诉马云："如果我不同意他加入，他一辈子都不会原谅我。"

马云曾经对媒体说："阿里巴巴现在拿望远镜都找不到对手。"

他曾经说过："互联网是影响人类未来生活30年的3000米长跑，你必须跑得像兔子一样快，又要像乌龟一样耐跑。"

他曾经说过："如何把每一个人的才华真正地发挥作用，我们这就像拉车，如果有的人往这儿拉，有的人往那儿拉，自己就先乱了。"

凡是听过马云演讲的人都有一种感觉，那就是他说得太对了，每句话都那么有道理，鲜有不同意他说法的人。蔡崇信就是被他的话所打动，坚决要加入阿里巴巴团队的。

以马云和奥普拉这两个人为例子，是想给出一个好口才的标准。下面分析一下，为什么马云和奥普拉都能通过口才获得成功？马云在推广他的网站时，必须用语言表达让别人相信他的网站非常有前途，加入他的网站成为会员，就能获得非常丰厚的回报，如果能给他的网站投资，或者加入他的团队，更是能获得巨大的成功；奥普拉，虽然她并不需要说服别人给她投资，但她使用语言表达这一技能，也在实现着同样的目标，即让别人认为她讲的东西是正确的，认同她的话。如果不认同她的话，观众又怎么可能准时守在电视机前对她百看不厌呢？

通过以上的分析可以看出，无论是马云还是奥普拉，他们的语言表达都有一个突出的特征，就是能够得到别人的认同，这正是语言表达的主要目的。简单来说，语言表达的目的就是让听众"同意"。人们通过语言表达，就是想把自己的观点阐释出来，而说出自己的意见，无外乎为了让对方同意自己的说法。比如演讲，演讲就是为了让听众认同演讲者的倡议，被演讲者激发起来，去做出演讲者希望他们做的事情，这就是演讲的目的。又如谈判，虽然谈判是妥协的艺术，但谈判最终的结果，还是让对方接受自己的主张，这也是一种"同意"。那些表演性质的语言表达，如小沈阳的二人转、李伯清的散打，尽管目的是逗乐、搞笑，但这一目的必须建立在让观众"同意"，即观众接受观点的前提下，如果观众心生反感，表演则很难取得好的效果。就连生活中的交流，也要在对方同意你观点的前提下才能谈下去，如果双方都互不认同，那早就谈崩了。

可以说，能够让听众"同意"的语言表达，就是好的语言表达，虽然这只是一个非常简单、通俗的标准，却是好口才的一个重要而且核心的标准。

（一）实现"同意"目标的三个着力点

马云也好，奥普拉也好，他们的事业，都是通过把对方说服，让听众或者对手同意自己的观点而实现的。要做到这个"同意"，需要通过以下三个方面的共同努力来实现，即"三个力"，这是实现"同意"这一核心目标的三个具体的着力点。

1. 语言表达要有吸引力

好的语言表达应该让对方不走神，能够被吸引住，认认真真地听完。这可以看作实现语言表达最终目标的第一步。不能吸引别人，怎么传达内容呢？就像奥普拉，她主持的脱口秀节目是由观众自愿选择收看的，她不可能把观众绑在椅子上，强行让观众看。大部分的脱口秀节目频道是免费的，但越是免费的频道越要好看才行。因为大多数观众会带着这样一个想法去听脱口秀——我又没有花钱，好听我就听下去，不好听咱就换台，又没有什么损失。但常听奥普拉脱口秀的观众都表示，奥普拉可以在一分钟之内就抓住你，让你跟着她的节目走，一点儿也不会走神，听到感动人的地方，情不自禁要流泪，听到有趣的地方，忍不住要大笑出声。奥普拉的语言表达，把观众牢牢地吸引在自己的节目里，也为她成功开创其他事业打下了一个坚实的基础。

2. 语言表达内容要有说服力

语言表达吸引人只是第一步，这绝不是人们想要达到的最终目标。吸引人是让人"同意"的一个基础，但这还远远不够，要想让听众"同意"，语言表达的内容还必须能把人说服。首先，能够把人说服的内容要有自己的观点，这个观点应该独特和突出，独特是指观点应该新颖，不是人云亦云，应该是听众没有听到过或者认识不清的，这样听众才会有兴趣；突出是指观点要明确，不是模棱两可，要让听众很准确地把握住语言表达者的思想。其次，语言表达的内容还必须有理有据，论证充分，推理严密，语言表达的整个结构也要合理，张弛有度，听众听起来才容易接受。比如，马云在与软银公司的孙正义谈判时，不能只在孙正义面前说大话，他要证明自己的公司有投资价值，还必须举出实例来，只有真材实料，才能够真正说服对方，吸引到那2000万美元的投资。奥普拉也是一样，她的话许多观众都深信不疑，她所讲的自己追求成功的励志故事，使千千万万的美国人相信，只要努力不放弃，就一定会获得成功。

3. 在语言表达过程中要有控制力

这里说的控制力是指整个语言表达应该在自己的掌控之中，张弛有度，大方得体。其中包括能够控制时间，该讲多长时间就讲多长时间，我们小时候都特别佩服那些讲课时间控制得好的老师，能够在把粉笔头扔回粉笔盒的那一瞬间下课的铃声适时地响起。控制力也包括能够控制和调动现场的气氛，比如在演讲现场，演讲者应该注意和听众的交流，揣摩听众的心理，知道他们喜欢听什么，不喜欢听什么。听众群体的结构不同，接受能力也就不一样，当听众表现出反感时，要立即打住，转移话题，当听众表现出明显的兴趣时，应该再加些"料"，让语言表达更充分。通过对现场的掌控，演讲者可以让演讲环境变得对自己有利，形成一个"气场"，让听众的情绪更容易被调动。可以说，语言表达的控制力是语言表达成功的一个重要保障。

以上这"三个力"，如果都做好了，语言表达就一定是完美的，也就自然能够达到说服听众、让听众同意的目的。做到这"三个力"的演讲者，都具有非凡的魅力，其在整个语言表达过程中，仿佛被一个光环一直笼罩着，而听众的目光，会牢牢地定格在演讲者的脸上。

（二）实现"三个力"的手段

这"三个力"虽然好，但并不是具体的技能，仅仅是总目标下面的一些分解目标，没办法通过训练直接做到。下面开始进一步分析，看看如何通过具体的手段来实现这"三个力"。哪些手段好，就重点练哪些手段。

1. 实现吸引力的手段

有吸引力的语言表达具备以下特点。

🔊 声音要好听。好的声音条件是吸引人的第一步，没有人喜欢听拉锯般的声音、尖厉的音调，或者公鸭般的嗓音；也没有人喜欢听软绵绵的、有气无力的声音；另外，语言表达的字音也要准确，应该使用普通话时，就要使用标准的普通话，浓重的地方口音会影响听众的接受效果。

🔊 声音要有感情。要有音调的起伏，要有速度上的变化和适合的语气，不能像念经一样，用一成不变的调子和速度讲只会令人昏昏欲睡；另外，有吸引力的语言表达也应该是幽默的，在语言表达中适时地使用包袱，讲些笑话，会让听众在笑声中使情绪饱满起来。

🔊 语言表达者的着装、姿势、表情、动作等如果运用得当，也会在吸引力方面起到不错的效果。

从这些分析可以看出"吸引力"主要是通过声形能力的提升来实现的。

2. 实现说服力的手段

🔊 要让听众认同语言表达者的观点，语言表达者首先要有一个至少听上去正确的观点，不能天马行空，毫无中心地"漫谈"，整个语言表达过程都应该围绕着自己的观点，展开论述，并反复给听众加强印象；

🔊 语言表达者还要把自己的想法组织成为结构合理的语言，不能只是简单的"声明"，每一个语言表达，都是一次论证、推理的过程，语言表达者应该有严谨的逻辑思路，要用合理的例子和类比来维护自己的观点，整个过程要经得起推敲；

🔊 这些论证、推理过程还要传达给听众，必须做到清晰、简洁、准确地传达，有条理、有层次。

说服力的实现，主要靠语言表达者提高自己的逻辑思维能力来实现。逻辑思维能力的具体内容和运用方式，在后文中还将详细阐述，简单来说，逻辑思维能力的运用过程主要是好的观点的归纳过程和把观点进行论证的演绎过程。另外，还包括观点在脑海中翻译成语言并进行有条理的组织过程。逻辑思维能力是可以通过有针对性的训练迅速提高的。

3. 实现控制力的手段

控制力主要表现在控制时间、控制现场气氛两个方面。时间的控制是可以通过语速的练习来实现的，而现场气氛的控制能力则更多依靠语言表达者的心理素质，语言表达者要能够做到宠辱不惊，具备相当的抗干扰能力，并顺应现场而及时调整自己的语言表达，如和观众的目光交流、察言观色等。语言表达者要做到不管是顺境还是逆境，都能沉着应对。心理素质要过硬，除进行有针对性的训练外，实践更为重要，这在后面的章节中会有详细的叙述。

通过以上的分析，可以找到训练语言表达能力的三个关键点，即声形训练、逻辑思维能力训练和心理素质训练三个方面。从下一章开始将具体讲每个方面的标准，并且给出具体方法开始训练。

 训练项目

❖ **观看视频**

《奥巴马成名演讲——无畏的希望》和《奥巴马就职演讲》。

❖ **讨论**

什么是好口才？

在大学教育中，口头表达能力的训练也被提上了课改日程。其重要程度将与写作教学并驾齐驱。写作教学之所以更受重视，或许是因为教师给学生打分时，主要看平时成绩和考试成绩，而很少考虑课堂发言，或者说，书面表达比口头表达更强调严谨、探究式的思维。

但是，口头表达更具实效性，它在人际交流、团队交流、公众演讲方面的作用越来越显著。

口头表达的教学方法林林总总。一些人强调技巧训练，给学生提供大量的练习机会，并喜欢使用视频；一些人喜欢讲修辞理论，讨论不同表达方法对听众的影响；还有一些人喜欢完整地讲授公众演讲课。

口头表达的效果判断也并不那么明确，但进步还是有的，在一项针对 10 所大学 1600 名大一学生和 1400 名大四学生的口头表达成绩的比较调查中，大四学生的口头表达能力上升了 24.5 个百分点。有 24.6% 的学生认为自己在本科学习期间，在公共场合的表达能力有实质性提升，其原因是修习了公共演讲课。

第二章

提高沟通的实效性
——沟通的平等、换位和找利益训练

这一章，我们来谈一谈人际沟通这个话题。

一、人际沟通的重要性

戴尔·卡耐基曾经说过，"一个人的成功，只有15%归结于他的专业知识，还有85%归结于他表达思想、领导他人及唤起他人热情的能力"。表达思想、领导他人和唤起他人的热情，这三个方面，其实靠的都是谈判和沟通。戴尔·卡耐基作为一位著名的人际关系学大师、演讲家，他这句话，是没有根据的。什么意思呢，是因为他这句话，根本没有经过调研，没有数据支撑，他完全是拍脑袋，自己想出来的。

不过，后来的一些调研发现，戴尔·卡耐基，居然还蒙对了。

普林斯顿大学对1万多份人事档案进行分析发现：智慧、专业技术、经验三者只占成功因素的25%，其余75%取决于良好的人际沟通。虽然说75%和85%还有差距，但是大方向上已经一致了。

后来，哈佛大学的调查结果显示：在500位被解雇的员工中，因人际沟通不良而导致工作不称职者占82%。这个82%，就和85%非常接近了。

由此可见，人际沟通，真的是一种非常重要的技能。良好的人际关系，可以极大地提高个人事业的成功率和幸福感。在现实生活中，专业能力强而且人际关系处理得好的人比仅仅是专业能力强的人薪水会高出15%。另外，一项对1000多位大学生孤独心理及其影响因素的调查表明，有41.1%的同学认同"自己是个孤独的人"；当被问到"你当前存在的主要心理问题是什么"时，学生选择最多的就是为人际关系苦恼，其次才是学习上的焦虑、情感问题及其他。由此可见，人际沟通和交流在人们的生活中具有十分重要的作用，而且大学生有很强的交往需求，渴望交往成功，渴望被人接受与理解，渴望爱与被爱，无论是从事业的成功还是从情感的需要上，良好的人际沟通能力都是现代社会必备的素质。

二、沟通的定义和类型

（一）沟通定义

沟通是人与人之间运用信息媒介，进行信息传递和反馈，以相互理解协调关系的全过程。由定义可以看出，一方面，沟通和谈判是相互包容的关系，谈判是沟通的一种应用，而沟通也是谈判的一种手段。另一方面，两者所侧重的，都是人与人之间的信息传递和反馈。

如图2-1所示，沟通和谈判的一般流程，都是发送者把自己的思想，先进行编码，也就是写成文字，变成语音或者做成视频等，再通过通道，包括面对面、电话、短信、电邮等方式，传递给信息的接收者，接收者接收后，经过自己的理解，再把反馈的内容同样经过编码和通道传递给发送者，发送者再接收和理解。

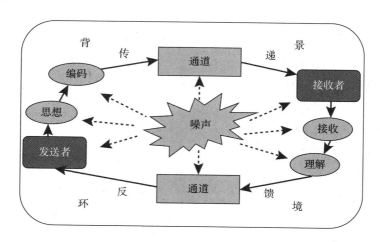

图2-1　人际沟通的过程

资料来源：贾启艾. 人际沟通［M］. 南京：东南大学出版社，2019：7。

在这一个过程中，每一环都可能因为一些因素影响而导致思想被扭曲，这个我们称为噪声，噪声多了，我们沟通谈判的效果就不理想。比如现在人们都喜欢用微信来进行交流沟通，我原来最喜欢给别人发送微笑这个表情。我以为这是表示友好，结果你们猜，这个表情是什么意思，最近我才知道，这个表情居然是"呵呵"的意思，也就是冷笑、嘲讽、无可奈何的意思，知道这个情况后，我真的是"呵呵"了，要表示你真的在笑，高兴的笑，要用大笑这个表情。

我们要做的，就是要尽量把噪声减小，也就是说，要把自己的意思准确地表达出来，减少扭曲。顺便说一句，面对面的沟通比短信、微信等沟通要好得多，更不容易产生扭曲和歧义。如果男女生谈恋爱吵架了，最好面对面解释沟通，因为中国文字博大精深，一不留神就有歧义了。比如，女生给男生发短信，"如果你到早了，你就给我等着；如果你到晚了，你就给我等着"。"你就给我等着"这两句话写出来一模一样，可是，它们是一个意思吗？只有用语音，才能把意思听明白。

我们这一讲的内容，主要是让学生掌握一些方法和技巧，来使沟通的噪声更少，传递的信息更准确，更能达成我们想要的沟通目标。

（二）人际沟通的类型

人际沟通的类型主要有以下三类。

1. 日常沟通

日常沟通包括我们和父母、亲人以及朋友的交流和沟通。所以，从某种程度上讲，一个人的日常沟通水平决定了他会交上什么样的朋友，以及和亲人处于怎样的融洽程度。在现实生活中，很多年轻人因为缺乏必要的人际沟通技巧，在家里，和父母经常争吵，觉得家里人不理解和支持自己；在外面，很难交到朋友，一直处于很苦闷的心理状态。

2. 职场沟通

（1）上下级沟通

在职场中，和上下级有效沟通是职场人士非常重要的一项能力。积极、主动、及时地与上级沟通，让上级了解自己对于工作的设想、取得的成绩、个人的素质和品格是获得发展的必要条件之一。

与下级进行有效的沟通，是一个成功的管理者必备的素质。现代社会经济市场化发展加速了人才的流动，所以作为一名优秀的管理者，也必须提高和下级沟通的能力，使公司的运作处于一种和谐的状态。

（2）同事沟通

在社会生活中，一个人和同事相处的时间甚至会多过与家人相处的时间。一方面企业战略的实施和团队目标的实现离不开同事之间的相互沟通与合作，另一方面如果在公司与同事相处不融洽也会让自己整天处于一种很不舒服的状态。

（3）客户沟通

与客户沟通是企业营销人员和服务人员每天的工作，与客户沟通的能力决定着一个企业的营销能力和服务水平。"客户就是上帝"，是企业创造财富的源泉。良好的客户沟通能力决定了企业的生存能力，只有通过良好的沟通获得客户的好感，才能与之建立长期而牢固的合作关系，从而为企业带来效益。

3. 跨文化沟通

跨文化沟通是指跨文化组织中拥有不同文化背景的人们之间的信息、知识和情感之间互相传递、交流和理解的过程。具体表现为拥有不同文化背景的人，通过一定的途径和方式，如经商、婚姻、求学等，在一定的时间和空间内互相碰撞、相互接触，从中互相学习，彼此融合，从而不断发展的一种文化现象。在跨文化交流中，需要考虑对方不同的风俗习惯和不同的思维方式，比如美国人最忌讳的数字是"3"、"13"和星期五，收到礼物时当面打开以示对客人的尊重等。跨文化交流如果不考虑不同文化之间的差异，则会使交流和沟通变得非常困难。

三、人际沟通的基本原则

（一）真诚

人际沟通的第一个原则是真诚。在人际沟通中，一定要真诚，以诚待人，首先是要信任对方，不要以猜疑的心对待他人。

林森浩投毒杀害室友

　　2013 年，复旦大学研究生林森浩以投毒的方式将室友黄洋杀害。林森浩将"N-二甲基亚硝胺"倒入饮水机，当时他只是希望黄洋在喝水后会难受，在做完此事情后，林森浩说自己也知道会被发现，因为是黄色液体，气味比较大，"应该会被发现，但是性格不够果断，就想随他去吧"。

　　林森浩说，从 2011 年 8 月起成为室友后，两人关系一般，"不是特别铁，有时互相之间看不惯，他觉得我生活没情调，我觉得他有点自以为是，但平时聊天也会讲到人生理想"。在林森浩看来，黄洋是个聪明、勤奋好学优秀的人，只是在为人上有些自以为是和自私，但自己与黄洋并没有出现太大矛盾。

　　对于动机，林森浩说自己对黄洋实施投毒行为是个巧合。"当时愚人节要到了，黄洋说他要整人，还拍拍我同学肩膀"，林森浩感觉像是要整自己。"我当时想，那我就整你一下，后来要去实验室，头脑闪过以前有同学用毒物害人的事情，头脑一热就……"

　　2014 年，林森浩一审被判决死刑。

　　资料来源：顾骁南. 解析畸变的心理和异变的人性——从林森浩个案探实青少年健康人格的塑造[J]. 中国青年研究，2014(9)。

　　猜疑心是一种由主观推测而产生不信任的情感体验。林森浩投毒固然有多方面的原因，但直接的导火索还是猜疑，一方面看对方不顺眼，另一方面怕自己是被戏弄的对象，结果给两个家庭都造成了无法弥补的损失。培根说，"猜疑之心犹如蝙蝠，它总是在黑暗中起飞。这种心情是迷惑人的，又是乱人心智的，它能使你陷入迷惘，混淆敌友，从而破坏人的事业。猜疑易使君王变得暴戾，使做丈夫的产生嫉妒之心，使智者陷入重重困惑"。在人际沟通中，人们总免不了猜疑，只是程度不同而已。但是，当猜疑过重就会造成对事物错误的判断，以后的相关信息便会被逐一纳入错误的轨道，陷入恶性循环而无法自拔。猜疑心过重的人一般都有人际信任危机，认为人人都不可信，人人都不可交，因此处于"人际孤岛"上。如果出现猜疑的信号，我们一方面要让自己保持冷静，不要做出冲动而没有理性的行为；另一方面要努力去寻求真相，而且如果有机会，可以开诚布公地和对方交换意见，以此解除误会或证实猜疑。

真诚也意味着不要说假话，不要戴着面具和人沟通。要真诚地对待沟通的对象，用真实的面目来面对沟通对象，"敬人者，人恒敬之"，只有自己先真诚，对方才会信任自己，才能沟通下去，而欺骗是不可能长久的。林肯曾经说过："你可以在所有的时间欺骗一部分人，也可以在一段时间欺骗所有的人，但你永远不可能在所有的时间欺骗所有的人。"如果我们向别人撒了一个谎，就可能要再用十个谎去圆它，而这十个谎，又分别要用十个谎去圆，这样一来，我们就会陷入一个恶性的循环，让自己的人际关系一团糟。

所以，以真诚的面目待人吧！

（二）互惠互利

人际沟通的第二个原则是互惠互利。这是非常重要的一个原则，甚至能够排到所有原则中的第一位。在任何一次人际沟通中，双方都应该是平等对待、互惠互利的。如果一味地追求所谓的"大获全胜""独赢"，必然会在以后尝到苦果，所以，沟通也是一种"妥协"的艺术。

在每次沟通之前，我们要多想想这句话："What's in it for me？"我能从中得到什么，而且，不仅是想我能从中得到什么，更应该想的是他能从中得到什么。

比如，你是单位的一个主管，如果你的下属小李最近忽然像变了一个人，不仅经常迟到早退，还经常犯错误，交给他的任务也不能按时完成。你的下属工作态度出现了问题，作为主管的你肯定要安排一次沟通。

在这次沟通中，作为主管，你的"What's in it for me？"即诉求很明确，就是要通过沟通，让小李的态度改变过来，让他变得积极向上。

不过，仅仅知道这一点是不够的，更应该先想一下，通过沟通，小李变得积极向上以后，他能从中得到什么好处，也就是他的"What's in it for me？"绝大部分的人是理性的经济人，如果没有好处，人们就不会朝着你建议的方向走。

也就是说，如果我们只想着自己的诉求，而不考虑互惠互利，不让别人有好处，沟通就很难成功。

美国印刷工会与报业主的谈判

当计算机排版技术被发明出来以后，美国纽约报业集团的印刷工人担心自己会因此失业。大家可能知道，过去我们的书籍和报纸都是手工用字钉排成铅版，再进行印刷的。而现在，都是用计算机来进行排版，不需要用到字钉，更不需要用手工排版了。印刷工人为了不失业，就让印刷工会与报业主进行谈判，工人们的诉求是：第一，不采用自动印刷技术；第二，不能解雇任何一个工人；第三，反正都在谈判了，不如多加一点好处，顺便把收入也提高了。

这些诉求显然对印刷工人来说，都是极好的，可是请问，这些诉求对报业主有没有好处？

对，一点好处都没有。

由于对报业主没有好处，所以这场谈判很艰难，拖了很长时间，对双方都造成了巨大损失，后来，在工会的压力下，报业主被迫答应了印刷工会的条件。

由于没有采取新技术，成本居高不下，很快，一些报社就破产了，在报社破产以后，这些报社的排版工人也就都失业了。

资料来源：李品媛. 现代商务谈判[M]. 大连：东北财经大学出版社，2013：18。

看来，追求"独赢"，结果多半是"双输"。

那么，我们应该怎么做呢？

看完这个负面的例子，再来看一个正面的例子。

 削减成本有望 美汽车三巨头展开劳工谈判

21世纪初，在以丰田汽车公司为代表的竞争对手的逼迫下，美国三大汽车公司——克莱斯勒、通用和福特出现巨额亏损，面临着倒闭的危险。三大汽车公司之所以会出现亏损，一个重要原因就是与竞争对手相比，美国工厂的小时平均工资和津贴要高出25~30美元。并且，绝大部分的成本差距是由后三者在退休健康医疗方面的压力所致。

在此背景下，克莱斯勒首席执行官汤姆·莱索达和美国汽车工人联合会（以下简称 UAW）主席罗恩·盖特芬格尔坐在了谈判桌前。"为了实现盈利和维持增长，我们不得不在更多方面进行转变，"通用汽车公司发言人丹·弗洛雷斯称，"我们将与 UAW 一起，为寻找一种共赢的解决办法而努力。"

有行业人士指出，低廉的劳工成本是亚洲汽车厂商比拼美国对手的"利器"所在。因此，此次与 UAW 的谈判结果，在某种程度上将决定底特律"三大"未来的命运走向。倘若其不能与 UAW 在大幅削减劳工成本的问题上达成一致，其中一家公司很有可能因此走上破产的不归路。

在谈判中，为了降低成本，UAW 的代表最终同意了削减退休健康医疗方面的成本，也同意裁员的决定。不过，UAW 的代表提出，一是要给这些被裁的工人合理的补偿，二是未来公司恢复正常营利了，这些被裁的工人应该有优先被雇佣的权利。

很显然，谈判沟通的双方提出的建议，对汽车公司和工人来说都是有利的，因此，谈判最终达成了共识，美国三大汽车公司也因此减少了成本，渡过了难关。在公司恢复正常经营之后，这些被裁的工人，很多又重新回到了工作岗位。

资料来源：消减成本有望 美汽车三巨头展开劳工谈判［N］. 财经时报，2007-07-28。

由此可见，追求"双赢"，不仅沟通容易达成共识，而且，真的是会得到"双赢"。

（三）平等

人际沟通的第三个原则是平等。在沟通当中，我们要尽量注意做到双方的平等。

如果做不到双方的平等，沟通很可能就是不成功的。如图 2-2 所示，X 轴左边是不认可对方，右边是认可对方，Y 轴上面是认可自己，下面是不认可自己。通过这两个轴，我们可以把人际沟通的地位分为四个象限。

左边上面的象限是认可自己，不认可对方，这样的人际沟通，就是一种父

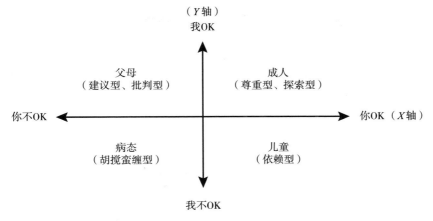

图 2-2　人际沟通分析学(TA)OK 图

资料来源：[瑞典]托马斯·欧瑞嘉. 人际沟通分析学[M]. 北京：中国人民大学出版社，2013。

母型的沟通，尽管说的人自己会觉得很开心，但是听的人觉得很难受。

左边下面的象限是不认可自己，也不认可对方，这种沟通就是一种病态型的沟通，也叫胡搅蛮缠，对方说的我听不进去，自己说的自己也不相信。

右边下面的象限是不认可自己，只认可对方，这种沟通叫作儿童型的沟通，在这种沟通当中，说话的人总是依赖对方，你看着办，都听你的，一切按你的来。这种沟通，会使对方觉得你没有价值，可能一两次以后就再也不会来找你了。

只有右边上面的象限的沟通，才是一种成人型的沟通，认可自己，也认可对方，双方相互尊重，这种沟通最具有探索性，能够在沟通中取得很好的结果。

（四）坚持不懈

人际沟通的第四个原则是坚持不懈。这也是非常重要的一个原则。谈判沟通中需要的坚持有两层意思：一是要用持之以恒的沟通来协调关系交流信息，把沟通作为生活和工作中经常要做的一件事情；二是要在沟通中坚持自己的原则，即"底线"，不要轻易放弃。

为什么要在生活和工作中坚持沟通。有一部很火的电影是在成都拍的，叫《前任3：再见前任》。在这部电影中，男主和女主没有在一起，那么各位，为什么男主和女主没有走在一起？

是不是就是因为缺少了沟通，电话输了号码，一直没有拨出，短信编好了又删了，走到了门口又退回来了，无数次他们有机会沟通，但是，他们没有，一直到错过。

这就说明，我们需要多和别人沟通。在生活中，夫妻双方要常常沟通，不然慢慢地心就远了；子女和父母也要常常沟通，不然父母会孤独；父母和孩子更要常常沟通，不然孩子可能会自闭。

在工作中，我们更要常常和别人沟通。

 案例 杜拉拉巧用电邮沟通

在《杜拉拉升职记》当中，杜拉拉有段时间是任行政主管，相当于办公室主任，事情很多很杂，她工作非常累，上级还以为她很轻松，不断地给她派新的任务。于是，她想了一个办法，每天早上，把今天的主要任务给领导列一个清单，通过电邮发给领导，每天结束的时候，再把今天任务的完成情况和进展情况列一个清单，再通过电邮发给领导。首先，领导点开电邮，看到杜拉拉这么辛苦，一天要完成这么多工作，而且发邮件时间这么晚，都是后半夜了，看来工作量的确很大，就不会再给她布置太多的工作了。其次，杜拉拉这么做，会显得自己很有管理能力，尽管任务繁杂，但都有进度、有追踪、有反馈，井井有条。这样的优秀员工，不提拔才怪，所以不久以后，杜拉拉就升职了。

其实，我也有这个习惯，但不是向杜拉拉学的，是我从一开始工作，就养成了这个习惯。不过，我不是每天都发两封邮件，我是周一早晨发一封邮件给上级，把这周的主要任务列出来。一周结束，周五我再写一封邮件，告诉领导这些任务的完成情况和进展情况。

另外，也要做好和同事的沟通，让自己和同事相处融洽，从而获得一个相对宽松舒适的工作环境。还要做好和下级的沟通，了解下级的期望，从而成为一个受下级拥戴的好领导。

这就是沟通谈判"坚持不懈"原则的第一层意思。

"坚持不懈"原则的第二层意思，是指在沟通谈判中，一定要善于坚持不放弃，特别是坚持底线。

资料来源：笔者根据相关资料改编。

案例 　　　　　　买衣服讲价的技巧

买衣服中男女的差异。假设，一位男顾客走进了一家服装店，看中了一件衣服想买，他和老板之间可能会有如下的一段对话。

（可以由教师和学员分别来扮演老板和顾客）

顾客：请问这件衣服怎么卖？

老板：800元。

顾客：可不可以少一点钱？400元怎么样？

老板：不可能少这么多钱，我这件衣服进价都是750元，你看，这个是进货单。我卖800元看起来赚了50元，其实算上房租、水电费，再算上小工工资，我卖这个价还亏呢，怎么可能少这么多嘛！

顾客：那就500元吧！

……

其实，只要顾客轻易加了价，从400元加到了500元，我认为，最终如果他买了这件衣服，他一定以差不多800元的原价买下。为什么呢？因为老板只要看到了顾客让步这么快，就会认为顾客还有很大的让步空间，他一定会步步紧逼，让顾客付出更多的钱。那么，与顾客沟通的正确方式应该是什么呢？

顾客：请问这件衣服怎么卖？

老板：800元。

顾客：太贵了嘛，我觉得，最多200元。

老板：不可能少这么多钱，我这件衣服进价都是750元，你看，这个是进货单。我卖800元看起来赚了50元，其实算上房租、水电费，再算上小工工资，我卖这个价还亏呢，怎么可能少这么多嘛！

顾客：说得凶，你进750元你才喊800元，哪个会相信，我就只给200元。

老板：那你好歹加一点。

顾客：一点都不加，就200元。

老板：那我不卖。

顾客：200元不卖？那算了。

顾客说着就向外走，准备离开，等到顾客走到门口，老板就会在后面喊：好嘛，就算你200元，开个张。

为什么后面这位顾客会以这么低的价格买到衣服，是不是就是因为坚持。这个坚持，会让对方觉得你没有让步空间，就可能满足你的要求。

而且，坚持还有一个好处，我后面马上会讲到。

这种坚持，不仅是在生活中讲价的时候要用到，在商务谈判甚至是国家谈判的时候，都会用到。

案例　　　　　　　中美入世谈判最后的较量

中国加入世界贸易组织谈判是一次艰难的较量，从1986年我国正式提交"复关"申请开始算起，谈判共经历了15年，谈判代表龙永图从一个中年人谈成了中老年人，其中与美国的谈判是最难打的"硬仗"。

1999年11月，美国来北京进行最后一次谈判。谈得好，中国就入世；谈不好，几年后再说。美方代表到华后，态度十分强硬，在谈判桌上撂下狠话，今天不签字，明天就回国。如此重压下，谈判代表龙永图仔细观察，发现转机。

根据朱镕基的指示，龙永图找到了负责美方谈判的卡西迪，接到电话的卡西迪竟意外地要求，15日凌晨双方一个小班子再谈一次。龙永图意识到，美方要有真正的动作了。

15日凌晨4时，龙永图与卡西迪各带几个人开始了"工作会谈"，他发现，美国谈判代表团在逐一的校对几百页的协议，龙永图意识到："美国人在核对文件细节，他们想签约。我们一定要抓住机会！"于是，6时，龙永图给朱镕基总理办公室打了电话。

9时30分左右，朱镕基给龙永图回电话问道："龙永图，你谈判这么多年，你给我一个判断，美国到底愿不愿意签？"龙永图说："根据我多年和美国人打交道的经验，他们是想签的。"朱镕基果断地说："你一定要和美国人谈成，不要让美国人跑了。"随后，朱镕基亲临谈判现场，坐镇指挥。

"朱总理，这次谈判共涉及七个方面。只有中国全部让步，我们才签字。"美国人上来就气势汹汹，搞得现场气氛非常紧张。"好啊，你倒说说，究竟是哪七个方面。"朱镕基镇定自若。

"能源、保险、农业、知识产权、关税、银行、资源开采权。"

关键时刻，朱镕基同意在"能源、农业、保险"三个领域让步，这让美方代表喜出望外，认为是获得了巨大的胜利，在接下来的四个方面，朱镕基不再让步，最终，美方同意签字。在搬掉了最后一个大障碍之后，中国终于在 2001 年加入世贸组织，这也让中国的对外开放进入一个飞速发展的新阶段。

资料来源：龙永图披露中美入世谈判细节[J].共产党员，2012(2)。

这里有一个细节需要强调一下，案例中朱镕基同意让步的几个方面，是中国早就决定可以最终让步的，那既然早就决定了可以让，为什么又一直坚持不让呢？

一方面，这样的坚持可以减少让步，更好地维护我国的利益；另一方面，由于长时间坚持，直到最后才让步，会让美方很有成就感，会让他们觉得取得了巨大胜利。人就是这样的，越容易得到的，越不觉得珍贵，而如果是历经千辛万苦才得到的结果，就会觉得非常珍贵，这就叫难能可贵。

美国人正是觉得这个让步很珍贵，所以才会觉得胜利了，才会同意签约。

因此，对于谈判，提一个建议，那就是只要能讲价的地方，就必须讲价。

这个建议看起来很"LOW"，但是，这个原则真的是必须做到，为什么呢？

不讲价害人害己

买衣服。

假设一位顾客去买衣服，他和老板的沟通情况如下：

顾客：请问这件衣服怎么卖？

老板：800 元。

顾客：可以，800 元就 800 元，你帮我包起来。

如果顾客真是一分钱价都没有讲，就把这件衣服买下来了，你们猜一下，老板的夜晚，会怎么度过？

他会一晚上睡不着觉，他会想，我为什么不叫 1000 元呢，可能 1000 元他也会买哦，我为什么不叫 1200 元呢，多个几百元他应该会接受吧。接下来，老板会想，为什么不叫 1500 元，为什么不叫 2000 元，为什么不叫 3000元，可能到凌晨的时候，老板已经在想怎么不叫 10 万元了。

所以，为了你的利益和他人的健康，我强烈建议，一定要讲价。

像这种不讲价的沟通，对方会觉得自己很亏，有可能会反悔后再提高报价。或者，对方会觉得可能里面存在欺骗，会不愿意签约。因此，就算对方提出的报价完全符合你的心理预期，也不要马上答应，一定要讲价。

而且，讲价也有可能为自己真的省一点钱。

(五) 换位思考

人际沟通的第五个原则是换位思考。换位思考是谈判沟通成功的关键原则。在谈判沟通中，不要只从自己的角度想问题，还要经常站在对方的角度上进行思考，理解对方的感受。这样做，既容易获得对方好感，也能够抓住对方的弱点。这一点和刚才的互惠互利很像，不过，互惠互利指的是要考虑到对方的利益，而换位思考则更像是一种技巧，能够让我们打开沟通谈判时的思路。有时候，从自己的角度去看问题会进入一个死胡同，而换到对方的角度，则可能柳暗花明。

 案例　　　　　　　**中国人在加拿大买房**

这是一个我在加拿大访学期间听来的故事。加拿大有一个很出名的高档社区，之前从来没有白人以外的有色人种在这个社区居住，这里清一色的都是白人。有一天，一位中国山西的富豪买下了这个小区的一套豪宅。

这位富豪把房子买下来以后，嫌以前的装修不够豪华，就请了施工队来敲掉重新装，几个月以后房子装好了，富豪准备入住，却没有想到，被邻居告上了法院。

这是怎么回事呢？

原来，在欧美很多国家，门前的土地是不能荒的，必须种上草坪，而且，也不能让草长得太高，不剪草不行。这位富豪房子前的草地由于几个月没打理，草长得太高了，邻居就以这个理由，把他给告了。

富豪了解了情况后，想，这算多大个事嘛。对邻居说："我马上剪还不行吗？"邻居说，"不行，现在剪晚了"。富豪又说，"那我知道错了，我表个态，今后我不仅按时剪我门前的草，整个社区的草我包了，我请人帮你们剪，反正我不差钱"。

邻居冷冷地说，"我们也不差钱，我们只有一个要求，你从这里搬出去，这个社区不欢迎你"。

富豪一听就火大了，这不是瞧不起人吗？他花大价钱请了一位知名律师，他对律师说："不管什么代价，我非得打赢这个官司。"律师思考了一下回答说："我保证你打赢官司，但是，你要有失去一套房子的心理准备哦。"富豪说："没问题，我不差钱，只要官司能赢，房子要不要无所谓。"

后来到了法庭上，律师站起来说道：我这位当事人已经知道错了，为了表明他的态度，他决定把房子捐出来，捐给流浪者救助机构，利用这套房子，建一个流浪者之家，今后流浪者如果没有地方睡觉，可以来这里睡，如果流浪者没有地方吃饭，可以到这里吃。

听到律师这么一说，那些邻居的脸色一下子就变了，在律师说完之后，邻居们赶紧要求休庭，说要讨论一下。

重新开庭以后，邻居们要求庭外和解，他们带着笑容对富豪说："我们非常欢迎你成为这个社区的一分子，欢迎你来入住，今后你没有时间剪草，没关系，我们帮你剪都可以。只要你不把房子捐给流浪者救助机构。"

于是，官司打赢了。

资料来源：笔者根据相关资料改编。

那么，为什么这一场官司律师能够帮富豪打赢呢？是不是就是因为他做到了换位思考。律师站在邻居的角度，想他们的诉求。邻居为什么要把富豪赶走，是不是害怕这个富豪拉低了这个社区的档次，那比这个富豪更能拉低这个小区档次的，是流浪者。两害相较取其轻，于是，邻居选择了富豪。

所以，在我们陷入困境的时候，不妨换位思考一下，说不定，很快就能豁然开朗。

| 第三章 |

准备好了再沟通
——沟通的方案准备训练

三思而后行，开始和他人沟通之前，最好先做好准备，可以在心里面想一想，也可以在本子上勾画一下。越是重要的沟通，越是要做好准备，准备得越充分，成功的概率就越大，像商业谈判这样的沟通，当然需要非常正式的准备，而重要的沟通，至少也要有一个书面的准备。公文包里面最好长期带一个小笔记本，如果遇到一些比较重要的沟通，先在本上做出沟通计划，把沟通的方案制定出来。

那么，该怎么准备沟通和谈判呢？

一、收集足够的信息材料

"知己知彼，百战不殆。"在沟通之前，收集的材料越充分，沟通成功的可能性就越大。一般的沟通是如此，重要的沟通，比如商务谈判，更是如此。

案例
日本人收集中国大庆油田的资料

20世纪60年代，中国大庆油田的位置、规模和加工能力是严格保密的。日本为了确定能否和中国做成炼油设备的交易，迫切需要知道大庆油田的位置、规模和加工能力。为此，日本情报机构从中国公开的刊物中收集了大量相关信息，对所收集的信息进行了严格的定性及定量处理后得出了有关大庆油田的位置、规模和加工能力的准确情报。

首先，日本情报机构从1964年的《人民日报》上看到了题为《大庆精神大庆人》的报道，从而判断出：中国的大庆油田确有其事。以此为线索，日本情报机构开始全面收集中国报刊上有关大庆的报道。在1966年的一期《中国画报》上，日本情报机构看到了王进喜站在钻机旁的那张照片。

他们根据照片上王进喜的衣着确定，只有在北纬46度至48度的区域内冬季才有可能穿这样的衣服，因此大庆油田可能在冬季为零下三十摄氏度的齐齐哈尔与哈尔滨之间的东北北部地区。之后，来中国的日本人坐火车时发现，来往的油罐车上有很厚一层土，从土的颜色和厚度日本情报机构得出了"大庆油田在东北三省偏北"的结论。

1966年10月，日本情报机构又对《人民中国》杂志上发表的王进喜事迹介绍进行了详细分析，从中知道了"最早钻井是在北安附近着手的"，并从人拉肩扛钻井设备的运输情况中判明：井场离火车站不会太远，在王进喜的事迹报道中有这样一段话："王进喜一到马家窑看到大片荒野说：'好大的油海！我们要把石油工业落后的帽子丢到太平洋去。'"，于是日本情报机构从伪满旧地图上查到："马家窑是位于黑龙江海伦县东南的一个村子，在北安铁路上一个小车站东边十多公里处。"经过对大量有关信息严格的定性与定量分析，日本情报机构终于得到了大庆油田位置的准确情报。

为了弄清楚大庆炼油厂的加工能力，日本情报机构从1966年的一期《中国画报》上找到了一张炼油厂反应塔照片，从反应塔上的扶手栏杆（一般为一米多）与塔的相对比例推知塔直径约5米，从而计算出大庆炼油厂年加工原油能力约为100万吨，而在1966年大庆已有820口井出油，年产360万吨，估计到1971年大庆年产量可增至1200万吨。通过对大庆油田位置、规模和加工能力的情报分析后，日本决策机构推断："中国在近几年中必然会感到炼油设备不足，买日本的轻油裂解设备是完全可能的，所要买的设备规模和数量要满足每天炼油一万吨需要。"在对所获信息进行剖析和处理之后，根据中国当时的技术水准和能力及中国对石油的需求，三菱重工做出了中国必定要大量引进采油以及炼油设备的判断。三菱立即集中相关专家和技术人员，全面设计出了适合中国大庆油田的设备，做好充分的夺标准备。果然不久以后，中国政府向国际市场寻求石油开采设备，三菱重工便以最快的速度设计出最符合中国要求的设备，在激烈的国际竞争中，一举中标。

资料来源：曾忠禄. 情报背后的情报——日本利用公开信息获得大庆油田情报的秘密［J］. 情报杂志，2016，35（2）。

信息的重要性，由此可见一斑。

我们在进行商务沟通或者谈判前，需要收集以下这四个方面的信息。

- 了解市场信息（容量、供求、竞争）。
- 了解各类环境信息（法律法规、经济形势、设施、气候后勤等）。
- 了解对方的信息（人员组成、风俗习惯、爱好信仰等）。
- 自己的信息（产品信息、公司资质、市场占有率、销售额等）。

市场信息如果清楚了，就像日本情报机构收集大庆的信息一样，知道应该提供什么样的设备，满足多大的需要。

随着国际交流越来越频繁，在进行跨文化沟通的时候，越来越需要注意对方的风俗习惯、爱好信仰。

案例　　**"绿帽子"当礼物：外商在中国面临文化冲突**

数年前，美国华盛顿州农业考察团前往中国访问时，每到一处，都会给中方人员一个小礼物，一个绣有该国标志的棒球帽，这本来是一件好礼物，坏就坏在帽子的颜色上，居然是绿色的，这下就尴尬了，当时美方人员还一个劲地说，"来，戴上试试"。然后，就没有然后了。

资料来源："绿帽子"当礼物：外商在中国面临文化冲突[EB/OL]. 中国新闻网，2006-08-09. https://www.chinanews.com/hrlt/news/2006/08-09/m185.shtm。

案例　　送礼上的文化差异

中国的一家企业和欧洲的一家企业谈判，也是在送礼物上出了问题。当时中方选的是丝巾这种礼物，丝绸是我们中国的特产，丝巾本应是很好的一件礼物，可惜，英国、意大利等国，认为丝巾类似于手绢，是与哭泣、眼泪联系在一起的，不能用作礼物。而且，丝巾上绣的图案，居然是菊花，欧洲人一拿到这个礼物，脸色就变了。

资料来源：张洁. 从"礼品馈赠"的角度分析中英文化差异[J]. 才智，2018(6)。

菊花在大多数国家，都是与葬礼、死亡联系在一起的，送给活人，的确不合适。

不过，不是所有的国家都不能送菊花，菊花可以送给日本人，菊花是日本的国花，是日本皇室的象征。不仅能送日本人菊花，而且，日本人都会买菊花放在客厅里面作装饰。

不能送日本人的，其实是荷花、莲花。在日本，人死了之后需要在寺庙做法事，寺庙里基本上都有莲花、荷花池，后来，日本人就把荷花和莲花与死亡联系在了一起，在日本，送荷花、莲花就相当于送有些国家的人菊花。

二、进行可行性分析

在收集足够信息的基础上，就可以进行可行性分析了，这个可行性，就是指沟通的时机、沟通的目标、沟通的环境等是否合适，能否开展沟通。

可行性分析包括三个方面：第一方面是评估对方，即对方的诉求可能是什么，我们能给对方什么样的利益；第二方面是成本与效益分析，即这样的成本我们给不给得起；第三方面是环境(政策环境、市场环境、技术环境等)和时机分析，即时机和大环境的评估。

(一)评估对方

评估对方，是研究能给对方的利益，如果这个利益不足以打动对方，那么这个沟通就没有必要进行。如21页的例子，如果工作中小李工作态度不好，主管和他沟通，一定要先想到小李的利益诉求——如果小李表现好起来了，能够带给他什么样的好处。

试想一下，如果你是主管，你觉得可以给小李带来什么好处，能使他工作态度好转起来？

要得到这个问题的正确答案，就必须进行成本与效益分析。

(二)成本与效益分析

成本与效益分析，就是要看给对方的利益是否给得起。

可能有同学会认为，能够给小李的好处是加薪。

加薪？

小李以前是工作态度不好，现在只是由后进变得正常了，你就给他加薪，那你让工作态度一直好的员工怎么办。

可能也有同学认为，能够给小李的好处是升职。

升职？

这不是和加薪一样的不合理吗？

学习？

小李喜欢学习吗？他可不一定认为这个是好处，他需要的是真正的利益。

所以，我们在进行可行性分析的时候，不仅要考虑能给对方的利益是什么，还要考虑，这样的成本是否付得起，会不会使我们亏损。

这方面如果不考虑清楚，很可能会造成重大损失。

 案例 秦池酒厂的广告

1995年，秦池酒厂拿出上一年利润的两倍多的钱，买下了央视黄金时段的广告，1996年，根据秦池对外通报的数据，当年度企业实现销售收入9.8亿元，利税2.2亿元，增长了5~6倍。在尝到甜头以后，1996年，秦池酒厂以3.21亿元的"天价"夺取该年度中央电视台广告"标王"。为什么利润只有2.2亿元，却要拿3.21亿元去做广告呢？秦池酒厂预测，按照这个增长速度，1997年厂里的销售额会达到几十亿元，没有想到，销售额不但没有增长，反而下降了。1997年，秦池酒厂销售额只有6.5亿元。为什么销售额增长这么少，秦池酒厂期望达到的销售额远远超过了自己的产能，在产能跟不上销售能力以后，就在四川省购买原酒到山东省勾兑，勾兑的丑闻一出，秦池的销量自然就下滑了。

1998年，秦池的销售额只有3亿元，再往后，就泯然众人矣。

所以，在谈判和沟通之前，不仅要想好给对方的利益，而且一定要好好测算，进行成本效益分析，看这样的成本能不能付得起。

资料来源：高素英. 昔日标王秦池资产整体出售 败局为业界敲响警钟［N］. 南方日报，2004-04-16。

再回到小李这个例子上，怎么办？

可以给小李的一个好处是：免予处罚的承诺。比如主管可以告诉小李，如果你再不好好工作，就会被开除；如果你工作态度好了，就可以保住工作岗位。当然，这个处罚也不一定是开除，降薪降职这样的处罚都是可以的。

这种免予处罚的承诺，是不是小李想要的利益？当然是，他肯定不想被开除，不想降薪，那这样的成本，承不承担得起？当然承担得起。

（三）环境和时机分析

环境和时机主要是指，适合不适合在此时、此地进行沟通。

 案例　　　　　　　　　买房子

　　2018 年初，为了孩子读书，王先生希望买一套学区房，在买房之前，他了解到成都的房价已经引起了中央政府的注意，被点名批评甚至约谈了，于是分析出成都马上会限购升级。

　　王先生想买的房子报价比较高，希望房东能够降一点价，但是中介告诉他，房东很强势，一点儿价也不会降。相反，由于来看房的人比较多，房东甚至还要准备涨价。于是王先生告诉中介，要和房东亲自谈。

　　王先生见到房东以后，把成都可能会限购升级的消息告诉了他，如果限购升级了，买房的需求就会减少，那么房子就会跌价。听到王先生的说法以后，房东不以为然地反问他，"既然要降价，那你为什么不等段时间限购以后再来买？"

　　这个问题是王先生在准备这次谈判前就想到了的，于是他马上回答说："我是因为孩子要读书才来买这套房的，是刚需，我是必须买，我在成都已经有几套房了，如果限购升级，我将在成都没有买房的资格，所以，尽管我知道马上要降价，我也只能现在买。"

　　王先生回答很迅速，一看就不是现编的理由，让房东有了松动。

　　接下来，王先生把自己收集的一些资料也拿给房东看，让房东相信，的确是要限购升级了。

　　在看了这些资料以后，房东脸色都变了，看到房东的脸色，王先生乘胜追击说道："我知道有其他人也在看这个房子，可他们不是刚需，他们不着急，说不定正等着限购了房子跌价呢。我是诚心想买这套房子，钱都准备好了，随时可以签，只是我的钱与你的价格还差了那么一点，如果你不卖给我，这套房子之后可能会跌更多，甚至会跌上百万元呢。"

　　最终，房东给王先生少了 40 万元，当天晚上就进行了网签，在他们签了三天后，成都真的限购升级了。

这位房东后来还感谢王先生，因为这套房子，后来真跌了60万~70万元。

王先生因为是刚需必须买，但至少通过一次成功的谈判，他减少了40万元的损失。

资料来源：笔者根据相关资料改编。

这个例子说明了两个方面：一是收集信息的重要性，在收集了充分的信息之后，王先生分析得出了正确的预测；二是时机的重要性，在合适的时间去谈判，就会起到事半功倍的效果。

此外，还有地点上的可行性分析。

还是刚刚小李的那个例子，如果主管决定和小李沟通后，就直接走到小李的工位上，当着办公室其他人的面，对小李说："你这段时间表现很不好，如果你再不改进，公司就准备开除你。"

试想一下，小李会怎么回复？

他有可能会一拍桌子，大吼一声："不用麻烦你们开除我，我先把你们开除了，大爷我不干了。"

那么，在什么地方谈比较好呢？

当然是只有主管和小李两个人的地方，而不是当着大家的面。

三、制定沟通的方案

这个方案主要包括沟通的目标、沟通的底线、沟通中期望得到的信息、可以告之的信息和沟通的顺序。

（一）沟通的目标

沟通的目标，也就是沟通想要达到的目的。沟通的目标要切合实际，要有实现的现实可能性。

比如，在一个大学里面，一位男生想向一位女生表白，这也可以看作一次沟通，这次沟通中男生的目标，自然是女生答应和他交往。如果事先女生对男生没有一点好感，甚至是初次见面，那么，这个目标就不切实际，没有多少实现的现实可能性。

又如，一位部门主管想找上级申请一笔资金，来建设一个融媒体实验室，让部门的工作跟上现代媒体发展的节奏，建设这个实验室假设最少需要 300 万元。这 300 万元，应该通过调研，来测算出装修多少元、书柜桌椅多少元、买计算机和外设多少元，每笔预算都要有依据，这样的目标才是合理的科学的。

（二）沟通的底线

沟通的底线，沟通的底线和目标并不是一样的，底线是一些不能让步、不能放弃的条件。如上例中，如果这个实验室最少需要 300 万元，300 万元就是一个底线。在这个底线之上，报价可以更高一些，当然，这个更高的报价也要在上级能给的可能范围之内。如果发现上级之前同类项目给了 200 万~600 万元，这位主管就可以报个上限 600 万元，上级可能会说，600 万元太多了，公司资金紧张，400 万元行不行？

按照必须讲价的原则，这位主管是不是还要讲价？

经过讨价还价，假设最终上级给了主管 450 万元，这是不是比主管的底线多了，是不是获得了更大收益？

在前面男生追女生的例子中，男生的目的是追到女生，假设女生同意交往，但要求是男生从此不和任何别的女性说话，这个要求就触碰了男生的底线。

（三）沟通中期望得到的信息、可以告知的信息和沟通的顺序

这个部分非常重要，在制订简略版的沟通计划时，绝不能忽视。

在前述部门主管找上级申请资金建设实验室这个案例中。主管见到上级，能不能一见面就伸手说："老总，给我 600 万元。"

上级会不会以为主管疯了？

那主管应该怎么做？

主管应该先听听上级的要求，也就是先得到一些有用的信息。

比如，主管可以这么开口："老总，这些年，在您和其他老总的关怀下，在兄弟单位的支持下，在全部门人员的共同努力下，我们部门还是取得了一些成绩。不过，我也知道，这跟您的期望，跟公司的发展战略相比，还有很大的差距，我今天来，就是想听一听，您对我们部门的建设，还有什么样的要求。"

如果上级说："你们这个部门工作做得都很不错，只是太没有创新，没有工

作的主动性，有点墨守成规。"

听到这里，主管就说："老总，您简直说到我心里去了，我就是觉得我们太缺乏主动性了，太被动了，太没有创新了，当今这个时代，新媒体的发展日新月异，融媒体是大势所趋，所以，我想建个融媒体实验室，让我们部门能够实现转型升级。这是我的计划，请老总过目。"

如果上级说："你们这个部门工作做得都很不错，上级交给的任务都完成得很好，不过，你们这个部门业绩增长有点乏力，这个季度，你们部门排在后50%了。"

听到这里，主管就说："老总，您简直说到我心里去了，我就是觉得我们部门业绩增长太慢，没有找到突破口，在当今这个时代，新媒体的发展日新月异，融媒体是大势所趋，这方面一定有很大的增长空间，所以，我想建个融媒体实验室，让我们这个部门打开一个新局面。这是我的计划，请老总过目。"

投其所好，这样的沟通还能不成功吗？

看到没有，得到什么样的信息，以及该给对方什么信息，还有先说什么，后说什么，是不是都应该先想好。

在生活中，甚至是恋爱中，也应该如此。听说，有一位男生喜欢同班的一位女生，他就每天给女生写情书，写了又不敢给对方，四年下来写了几十万字，在毕业前，男生鼓起勇气向女生表白，拿出了这厚达一尺的情书，女生十分感动，然后……

然后拒绝了他。这就是"十动然拒"。

现在很多男生，在追求女生的时候都会犯一个大错误，那就是把自己想给对方的，就当成了对方想要的。其实不同的女生需要用不同的追求方式，只有先知道女方喜欢什么，投其所好，成功率才会高。

比如，在《恋爱先生》这部电视剧中，男二号想追求女二号，当男一号把女二号喜欢的东西都详细地告诉男二号时，男二号就按照男一号说的，约这个女二号去看她的星座，还把自己塑造成这个女孩最喜欢的类型，女二号被感动得不行，终成眷属。

四、沟通场地的选择

（一）重要商务沟通的场地选择

重要的商务沟通，主要有三种场地可以选择，分别是主场、客场和中立场地，针对不同的沟通要求，我们可以选择不同的场地。

1. 主场

有利的方面：方便让对方了解自己，是一个招待对方的好机会，而且在安排上也比较主动，对一些资源和设施比较熟悉。不利的方面：自己的人不利于全身心投入，可能今天某某被叫去写材料了，明天某某又被安排去解决问题了。

2. 客场

这个有利于自己的人全身心投入，而且，到客场是到对方的公司，也是了解对方的机会。缺点是在安排上比较被动，获得资源比较困难。

那么，究竟是该选择主场沟通还是选择客场沟通呢？这就看我们的主要目的了，如果我们是想向对方展示我们的实力，就可以请对方过来谈。如果我们对对方的情况不了解，想借这个机会了解一下对方，那不妨在客场谈。

3. 中立场地

中立场地对双方很平等，在中立场地进行沟通和谈判要花费不少的精力和时间，所以这种场地选择一般比较少见，是信任程度不高时的选择。意思是，我害怕你有阴谋，我不敢到你那里去，你也害怕我设了圈套，所以你也不敢过来，那怎么办？中立场地最合适。

在历史上，有很多这样的政治谈判，都选在中立场地。以色列和巴勒斯坦会谈，多次选在了以色列和巴勒斯坦以外的地方，比如巴黎、海牙、沙姆沙伊赫等，几乎从来没有在以色列和巴勒斯坦土地上谈判过。

（二）一般职场商务沟通场地选择

一般的职场沟通，还有三个地方可以选择，分别是办公室、会议室和非正式场所。

1. 办公室

这个地点沟通的双方不够平等，适合于上级对下级布置工作时使用。

2. 会议室

这个地点沟通的双方比较平等，适合于讨论、开会。

3. 非正式场所

主要是指办公地点以外的地方，比如餐厅、咖啡厅、茶楼等。这个地点不仅平等，关键是放松。像前面举过的小李的例子，主管和他沟通，就可以考虑非正式场所。比如在下班前，主管可以问问小李："晚上有空吗？请你喝酒。"

等小李几杯酒喝下去，估计心里话都会说出来的。

不过，非正式场所不适合布置工作，想一想，这是为什么呢？

五、沟通座位的选择

在职场，常见的沟通座位有以下三种，一是办公桌面对面，二是会议桌周围，三是办公室沙发。这三种不同的座位，适用于不同的沟通场景。

（一）办公桌面对面

这是上级与下级进行沟通时的坐法，坐在上级或者领导对面的下属，会有一种被压迫感，因此，这种座位最适合于进行布置工作时坐，这也是一种不平等的座位。

（二）会议桌周围

这是平等讨论时的坐法，坐在会议桌周围，尤其是圆桌周边，大家相对是平等的。这种坐法，最适合于讨论，不适合布置工作。

另外，长方形的会议桌是有主次之分的，面向正门一侧是主位，应该由领导坐，如果是主场的沟通或者谈判，客人就应该坐这一边。背门（窗）一侧是次位，由下级坐，如果是主场的沟通或者谈判，就由主人坐。也就是说，离门近的反而不是最好的座位，因为面向正门，是我们中国传统文化中的上八位，本来就应该让尊贵的人坐。

（三）办公室沙发

办公室的沙发，一般是长沙发，可以坐两三个人，加上一个到两个短沙发，放在长沙发的两头，呈"U"形。

这种沙发，比办公桌椅显得休闲一些，不适合布置工作，适合于不太正式的沟通。

其中，长沙发只适合下级同坐，上级或者领导是不能和下级同在长沙发上坐的。上级或者领导只能坐在侧面的短沙发上，这样一来，上下级侧面相对，不用大眼瞪小眼，自然会相对放松一些。

六、沟通的开局

沟通的开局，重在气氛的建立，特别是要拉近与对方的距离，尽可能得到对方的信任，让沟通谈判有一个良好的开端。

为了做到这一点，不要忙着涉及主题，可以先聊一些软性的话题，也就是让大家都觉得轻松的话题，使气氛融洽起来。像女性之间，可以聊化妆品、包包、衣服，如果是有孩子的女性，则可以聊孩子。男性之间，可以聊体育、科技、军事，也可以聊电影、游戏。通过这些软性话题的交流，双方就会亲密起来。

案例 王岐山华盛顿演讲赢得满堂喝彩

在金融危机以后，美国采取一系列对中国的贸易反制措施，为了解决中美贸易的争端，2008 年 6 月 18 日，国务院副总理王岐山赴美进行贸易协商，他在欢迎晚宴上发表了 40 分钟精彩幽默的演讲。他一开始就说道："来美之前，有朋友警告我，这次去要小心，美国的大门要关了。"这个大门是双关语，一是说美国谈判厅的大门，二是指美国贸易保护主义。他这么说了以后，现场观众发出了会心的笑声。王岐山接着说道："我回答他说，我不怕，因为我老婆这次专门给我选了一条红色的领带，在我们中国，红色代表幸运，我相信，凭着我老婆给我的幸运，我是一定能够挤进美国这扇大门的。"讲到这里，现场已经笑成一团，气氛就这么融洽起来了。

资料来源：翁翔. 王岐山华盛顿演讲赢得满堂喝彩[N]. 中国青年报，2008-06-20。

这就是我们开局要做的，拉近距离和融洽气氛。

另外，还要注意两点，在商务沟通时不要急着一开始就亮出底线，过早亮底线会使自己很被动。

还有，最好在开始沟通的时候就要明确互利原则。比如，还是小李态度不好的例子，主管在和小李开始沟通时，应该这么讲："小李，今天我找你谈，不是说要处罚你，也不是要责怪你，我是希望通过这次交流，能让你以后在公司发展得越来越好，当然，也希望通过你的努力，使公司变得越来越好。"

这就是你好我好大家好，这种互利原则的明确，就有可能让小李放轻松下来，为后面的沟通奠定一个良好的基础。

| 第四章 |

提高沟通的技巧
——沟通的"听、问、答、说服"的技巧训练

在做好沟通的准备之后，我们就可以进行人际沟通了。接下来我们要学习的，是沟通的技巧，这部分内容主要讲的是商务管理沟通中我们应该用到的技巧，不过，我们不仅可以在商务管理中用到这些沟通技巧，也可以在我们的生活中去使用这些技巧。

这一部分要学习的，主要是四个方面的技巧：

- 商务沟通中"听"的技巧。
- 商务沟通中"问"的技巧。
- 商务沟通中"答"的技巧。
- 商务沟通中"说服"的技巧。

请问各位，这四种技巧，哪一个最重要，是听、问、答还是说服？

答案是"听"，"听"这个环节是我们沟通中最重要的，马云讲过一句话，真正的谈判高手，是只听，不说，一出剑，对方就倒下了。那么，为什么"听"最重要呢？

一、沟通中"听"的技巧

 案例　　　　　　三个小金人的故事

曾经有一名国王想要选一位可以值得托付的重臣，他拿出了三个小金人让三个候选人选。这三个小金人各有各的特点，用一根稻草从小金人的耳朵中穿过，第一个小金人的稻草从另一只耳朵中穿了出来，第二个小金人的稻草从嘴巴里掉了出来，第三个小金人的稻草掉进肚子里，不从任何地方出来。

最终，选第三个小金人的大臣得到了重用。

国王认为，选择第一个小金人的人，是左耳进右耳出，听不进意见。选择第二个小金人的人，是耳朵听到，嘴巴马上说出来，这种人保守不住秘密。只有选择第三个小金人的那个大臣，才是既能听进话，又可以保守秘密的人，这样的人，值得托付。

资料来源：刘晓树. 修身励志的 160 个哲理故事[M]. 天津：天津科学技术出版社，2009。

案例分析：虽然这个故事是虚构的，但它表达出来的意思却是正确的。最有价值的人，不一定是最能说的人。老天给我们两只耳朵一个嘴巴，本来就是让我们多听少说。善于倾听，才是成熟的人最基本的素质。

除了这个理由之外，更重要的一个理由是，听能使我们获得更多的有用信息。获得的信息越多，沟通就越可能取得成功。

在物理学上，有一个黑箱理论，黑箱是未知的世界，我们看不到里面的构造，但可以通过观察黑箱中"输入""输出"的变量，推理出关于黑箱内部的情况，寻找、发现其内部规律，实现对黑箱的控制。这种研究方法叫作黑箱方法。得到的信息越多，我们的判断可能就越准确。

同样的道理，要想了解谈判对手，就需要用"听"去得到更多信息。

 案例　　　　　理赔员与谈判专家的谈判

保险公司的理赔员与专家谈判，专家内心只要求 3 万元，但他决定先不提出自己的要求，而是等理赔员先说出来再表态，他采取了"听"而不说的策略。

一开始，保险理赔员的态度很傲慢，他说："这个案子我看过了，按这个情况，只能赔你 3 万元。"

专家没想到一开始就达到了他的心理价格，不过，他打定主意只听不说，于是，他抱着双臂，冷冷地看着对方，面无表情，不回应。

看到专家这个样子以后，保险理赔员心里想，难道这个人知道我们还有余地，要不，还是给一点好处吧！于是理赔员说："当然，如果你对这个赔偿依然不满意的话，我还可以帮你争取一下，不过，最多再加 1 万元，总共 4 万元。这样你满意了吧。"

结果专家依然抱着双臂，继续冷冷地看着对方，不开口。

理赔员这时已经有点慌了，他想，他怎么还是不回话呢，难道他有一些我不知道的情况，或者，他了解了我们的内幕。

理赔员咬咬牙，说："要是你还不满意的话，我可以让主管授权，再给你1万元赔偿，一共5万元。"

专家还是没有开口。

理赔员都要崩溃了，他完全没有想到对方会这样对待他，于是他带着哭腔说："你究竟想怎么样吗？我们公司有史以来，你这样的案子，就没有超过5万元赔偿的，我最多不要报酬了，再给你加2000元，你要再不答应，我也没有办法了。"

听到理赔员这么说，专家终于开口了，"那好吧，我接受，就52000元。"

资料来源：赫布·科恩. 优势谈判：沃顿商学院谈判实战课[M]. 北京：中国科学技术出版社，2022。

这个例子说明，不用开口，只听，也会有超出预期的收益。

拉夫·尼可拉斯是位专门研究如何"听"的大学问家。他发现，即使是积极地听对方讲话，听者也仅仅能记住不到50%的讲话内容，而且其中只有1/3的讲话内容按原意听取了，1/3讲话内容被曲解地听取了，另外1/3讲话内容则丝毫没有听进去。这说明，我们真正有效听到的，一般只有整个讲话内容的15%左右，而且不同的人对于自己听取的1/3讲话内容理解也是不同的。一系列试验表明，"听"是存在障碍的。这些障碍主要包括：

- 判断性障碍。
- 精力分散或思路比对方慢，或观点不一致而造成的少听、漏听。
- 带有偏见的听。
- 受听者文化知识、语言水平等的限制。
- 环境干扰形成的听力障碍。

为了减少障碍，要采取一些措施，来提高听的效率。下面推荐几个提高"听"的效率的技巧：

倾听的技巧之一：要把注意力集中在对方所说的话上，不要被别的因素所干扰，如对方的长相、衣服、现场的环境等。要集中注意力抓住对方谈话的主题。

我很喜欢踢足球，在上中学的时候，我不知道自己后来长不高，居然选了一个场上最不适合我后来身高的位置，你们猜是哪一个？对，就是守门员，你别说，我虽然个子不高，但守门效果一直很好。当时客串的比赛，是打四川女足，她们其中的不少人，都是后来国家队的铿锵玫瑰。

为什么我个子不高守门守得还不错呢？一个重要的原因就是，只要球一过了中场，我就会全神贯注地只看球，心无旁骛，并且时刻做好准备，只要对方球员一起脚，我就会很快做出反应，进行扑救。

一样的道理，要想听的效果好，就不要注意别的东西，要把所有的精力，都集中在对方的讲话上面。

倾听的技巧之二：要努力表达出理解，让别人知道自己在认真听。

听是一个双方共同参与的过程，听的一方认真，讲的人才会讲得起劲。为了让自己听到更多的信息，我们必须让对方知道自己是在认真听。以下是让对方感觉我们在认真听的几个方法：

(1)眼睛注视正在讲话的人，不时与对方交流眼神。

(2)根据对方谈话内容，适时地用点头、摇头、微笑或手势来回应对方。

(3)讲一些表示积极迎合的话，作适当回应，如"我明白""这样啊!""是吗"或"哦"。不要小看这几个回应的词，其实男女沟通，男方很多时候只需要说这几个词就够了。女生找男生说，主要是找一个倾听的对象，只要男生作出这样的回应表示在认真听，就足够了。反过来，如果男生找女生说，一定是希望听到有价值的回应，如果男生说了一大堆，女生回应一个"哦"字，估计男生会很失落。

(4)适当地复述对方一句话的最后几个字。比如对方说："男女生真不是一种生物呢"，你就接着说："不是一种生物，差异可大了"，当然，不要每一句话都这么接。

(5)当对方说话有错误时要作出反应(但不是专门挑刺)。对于明显的口误，你给对方指出来，对方不但不会生气，还会觉得你真是听得很认真。当然，其他的一些错误，包括一些常识性的错误，一些专业方面的错误，建议还是不要指出的好。

倾听的技巧之三：要通过记笔记来集中精力。

记笔记不是为了记下来之后方便查阅，而是为了提高自己的收听效率。只要在记，人就会不由自主地努力去听别人讲的话，就会争取一个字都不放过，这样一来，听的效率就提高了，就能听到更多的信息了。

倾听的技巧之四：要防止先入为主。

在听的时候，自己要尽量处于一种空杯心态，不要预先有判断，因为只要有了判断，就会听得不够认真，也容易出现误听。

笔者是学经济学的，虽然创新不多，但自认为经济学的理论还是比较扎实的，在听非经济学专业的人讲经济的时候，曾会有一种抵触情绪，会固有地认为，这些人都不是学经济的，怎么可能讲得好呢，一定会有不少错误。有一次，笔者试着认认真真地去听了一次作为一名记者出身的财经评论家吴晓波的讲座，他不是从理论角度，更多的是从实践角度来总结规律和做出判断，很多视角，让笔者耳目一新，学到了很多。

从此，笔者更相信那句话了，三人行，必有我师，一定不要先入为主，一定要空杯心态。

二、沟通中"问"的技巧

下面谈谈"问"的技巧，先给大家讲一个故事。

教堂里的故事

据传在某国的教堂里曾发生过这样一件事。一天，A教士在做礼拜时忽然觉得烟瘾来了，便问主教："我祈祷时可以抽烟吗？"主教狠狠地训了他一顿，说："你怎么这么不虔诚，在祈祷的时候还想着要抽烟。"一会儿，B教士觉得烟瘾难熬，便问主教："我在抽烟的时候可以祈祷吗？"主教一听，夸赞他说："你简直是太虔诚了，居然在抽烟的时候也不忘了祈祷，这当然可以啦。"于是，B教士就抽烟去了。

资料来源：王勇，郭山. 人际沟通教程[M]. 上海：上海交通大学出版社，2018。

这个故事说明了，同样的一个问题，不同的问法，可能得到的结果是完全不一样的。

商务沟通中推荐使用的提问类型有以下四类。

（一）封闭式发问

封闭式发问是指在一定的范围内，在特定的领域得出特定的答复，一般引出用"是"或"否"答复的问法，或者把对方的回答框在自己的范围内，让对方朝着自己想要的方向走。

家长带孩子出去玩的时候，孩子总是想一直玩不回家，家长就可以对孩子说："乖乖，你是想再玩十分钟呢还是想再玩半个小时。"孩子肯定会选择半个小时，其实不管选哪一个，他都已经答应了要回家。

再举两个例子：

你是希望星期一来办还是星期二来办呢？

不管是星期一还是星期二，是不是都要来？

既然要做，那你是准备现在就开始呢还是明天开始？

不管什么时候开始，是不是都要开始？

案例　　休息室提问的技巧

某商场休息室里经营咖啡和牛奶，刚开始服务员总是问顾客："先生，喝咖啡吗？"或者是："先生，喝牛奶吗？"其销售额平平。后来，老板要求服务员换一种问法，"先生，喝咖啡还是牛奶？"结果其销售额大增。原因在于，第一种问法，容易得到否定回答，而后一种是选择式，大多数情况下，顾客会选一种。

资料来源：王勇，郭山. 人际沟通教程［M］. 上海：上海交通大学出版社，2018。

（二）强调式发问

旨在强调自己的观点和己方的立场，或者提醒对方已经答应的方面。在和别人沟通的过程中，有时候我们会达成阶段性的共识，但是在继续讨论的过程中，这种共识有可能会被忘掉，于是讨论就变成绕圈子，为了防止出现这种绕圈子的情况，就可以进行强调式的发问。

例如：

你不是说过，安全最重要吗？

我们已经达成了一致，要把费用减下来，是吧？

你不是告诉过我，要双赢不要独赢吗？

怎么能够忘记，我们上次的愉快合作呢？

（三）诱导式发问

给予利益附加，旨在开渠引水，强烈暗示对方的答案，使对方的回答符合己方预期的目的。这种提问方式非常重要，建议多多采用。

 案例　　　　　　　　　　买水果

人们在买水果的时候，可能会碰到如下的场景。

走进水果店的时候，顾客如果看中了苹果，就会问老板："请问老板，苹果多少钱一斤？"对于这个问题，老板的回答一般是，"请问你想买多少？"那么对于这个问题，该如何回答呢？正确的回答方式就是，"哎呀，看你这个苹果卖多少钱一斤呢？如果卖得便宜的话呢，我肯定会多买一点。"这样一个回答就是一种诱导，会让水果店老板觉得，如果他报的价足够便宜，你就可能买很多，他就会给你一个相对低的报价。

案例　　　　　　　　和下属的交流

如果下属的工作态度不太好，要想把他的积极性调动起来，可以这么对他讲："我们这个部门有一个副职缺编，上面正在考察，所以我们对今年目标的完成很重视，可不能在上级面前掉链子，你在完成目标方面还有什么困难吗？"听到这儿，下属肯定回答，"没有困难，保证完成任务"。

案例分析： 因为下属从提问中听到的意思就是，只要自己任务完成的好，工作努力，就可能得到提升，不过请看一看这个问题，里面有承诺吗？其实没有，它只是一种诱导而已。

所以，在使用诱导发问时，一定不要有承诺。只需给予一种诱导就可以了。

（四）借助式发问

这种发问方式是指借助第三者的意见来影响或改变对方意见的发问方式。在自己的说话分量不够的时候，就可以借助他人的力量来提问。

比如：张书记认为我们应该把工作重心放在健全市场机制，而不是招商引资上，他是这么说的吧？

我看到国家出台了一份文件，要求公共场所不能吸烟，你听说了吗？

三、沟通中"答"的技巧

首先要明确一点，在沟通中，正确的答案不一定就是好的答案，比如下面的案例：

约翰巧妙回答摩根的提问

美国沟通专家尼伦伯格举了这样一个例子：

美国大财阀摩根想从洛克菲勒手中买一大块明尼苏达州的矿地，洛氏派了手下一个叫约翰的人出面与摩根交涉。见面后，摩根问："你准备开什么价？"如果直接回答价格就很被动，约翰答道："摩根先生，我想你说的话恐怕有点不对，我来这儿并非卖什么，而是你要买什么才对。"这句话绕开了对方的问题，并掌握了谈话的主动权。

资料来源：[美]尼伦伯格. 谈判的奥秘[M]. 郑丽淑，译. 成都：四川文艺出版社，1988。

对于摩根的提问，正确的答案是应该回答价格，但是，约翰能直接回答价格吗？在谈判沟通一开始就报价，会很被动，所以，这个时候正确的答案，不是好的答案。

答复技巧之一：留足思考的时间。

"三思而后行。"回答问题前，要进行认真的思考。有些提问者会不断催问，迫使你在对问题没有进行充分思考的情况下仓促作答。

在这种情况下，作答者更要沉着，不必顾忌谈判对手的催问，而是转告对方你必须进行认真思考，因而需要时间，或者要求对方把问题再复述一遍，如"请您把问题再说一遍好吗？"这样可以为自己赢得思考问题的时间。可以喝一口茶，整理文件，拖延回答时间。

答复技巧之二：分析对方真实的意图。

对方的问题背后，可能还藏着其他的目的，要尽量把它理解清楚，了解对方问的真正目的是什么。

 "今天晚上你有时间吗?"

假设在单位，女神忽然问你这个问题，该怎么回答？如果你回答："我有时间。"女神可能会说："那太好了，本来我约了男朋友一起看电影，结果领导让我加班。你有时间的话，那正好可以帮我加班，这样我就可以去约会了。"是不是很窝心？

如果你回答："我没空。"说不定女神又会说："太可惜了，我晚上约了闺密一起听音乐会，结果她临时有事走不了，我本来说约你一起去呢，多了张票，现在只有浪费了。"你是不是很遗憾？

正确的回答应该是反问一句："请问，你有什么事情吗？"

 "你觉得×××领导怎么样?"

在职场中，一定不要在背后议论他人，特别是不要议论领导。如果同事突然问你："你觉得×××领导怎么样？"这个问题很凶险，背后很可能藏着阴谋。如果你说这位领导的好话，对方要是对这位领导不满，就会把你归到敌对面，如果你说这位领导坏话，那对方也有可能去打小报告，你一样会死得很惨。

正确的回答应该是："你觉得呢？"听听对方的话再思考对方的意图。

答复技巧之三：不应该说的不要说。

许多沟通专家认为，针对问题的回答并不一定就是最好的回答。回答问题的要诀在于，知道该说什么和不该说什么，而不必考虑所答的是否对。凡是不该说的，就绕过去，不要说出来。

案例   赔偿问题

政府的工作人员在和拆迁户沟通时，拆迁户问："政府最多可以补偿多少钱？"如果这时马上报价比较被动，一开始就把底线亮出来，自己就没有了回旋的余地。这时，无论说什么样的报价都是不合适的。政府工作人员可以这样回答："这要根据情况而定，不同的情况都是不一样的。"

用外交辞令，也是回答这类问题的好办法，什么是外交辞令呢？假设中美在进行贸易谈判之后，我们的媒体发表了一篇通讯，上面写着："双方进行了深入的交谈，发表了各自的意见。"猜一猜，这是表示达成了共识吗？当然不是，这句话的真实意思就是：我们各说各话，谁也不同意对方的观点。这种外交辞令在工作当中具体应怎么用呢？

案例   和不称职的小李的沟通

（还是用前面举过的小李的例子）在沟通的过程中小李忽然问道，"是不是公司准备把我开除掉？"这个时候主管回答不开除，不合适，这样小李就有恃无恐。主管回答开除，显然也不合适，这时小李就知道说什么都没用了，不会愿意再继续沟通下去。所以，这时就应该用外交辞令，主管可以这么回答，"这个问题公司一定会慎重地对待，当然还要看你具体业绩，以及你在今后的改进情况"。

答复技巧之四：不知道的不回答。

任何人都不是全能全知的人。尽管我们准备得充分，但也经常会遇到陌生难解的问题，这时，沟通者切不可为了维护自己的面子强作答复。因为这样不仅有可能损害自己的利益，而且对自己的面子也是丝毫无补。

经验和教训一再告诫我们：谈判者对不懂的问题应坦率地告诉对方不能回答，或暂不回答，以避免付出不应付出的代价。

对方问："我这个条件应该算离休吧？"如果不知道政策，就应该说："真对不起，我不清楚这方面的规定，您等我查了之后回复好吗？"

四、沟通中"说服"的技巧

请问：下面的做法是否正确？

🔊 先想好几个理由，然后才去和对方辩论。

🔊 站在领导者的角度，指点他人应该怎样做。

🔊 对对方不合适的言论，进行批评，强迫对方接受其观点。

这些做法，其实都未必能说服对方。因为这样做，其实质是先把对方推到错误的一边，也就等于告诉对方，我已经对你失去信心了，因此，效果往往不会十分理想。

所以，要想说服对方，一定要尽量先得到对方的信任。

（一）说服的技巧之一：防止闭门羹

什么是闭门羹？

一天，一位同学不想下楼去买早饭，就对正要出门的同学说，等一下你回来的时候，能不能帮我代买一份早饭。如果同学说："你怎么这么懒，你自己不会去买吗？"拒绝了他的要求，这就是闭门羹。

那么，在请你的朋友帮忙的时候，不想吃闭门羹，你应该怎么说呢？

防止闭门羹技巧一：把真正的目的放在一个看似大的假目标之后。

巧让丈夫同意

丈夫和妻子的故事。一天晚上，妻子在睡觉的时候渴醒了，就把丈夫也推醒，说："老公，你能不能去客厅给我倒杯水来？"她丈夫很困，不耐烦地回答："你自己去。"说完翻身又睡了。过了一会儿，妻子又把丈夫推醒，她说："老公，你听，客厅里面有声音，我们家是不是进贼了，我好怕啊。"抓贼肯定是丈夫的责任，再不愿意也得去。等丈夫走到客厅以后，妻子在后面喊道："老公，等一下回来的时候，给我倒杯水哈。"

资料来源：笔者根据相关资料整理改编。

这就是第一种技巧，把真正的目的藏在假的目标之后。这种技巧，不仅在生活中可以用，在商务谈判中可以用，在国家谈判中也可以用。

回到本节开始时买早饭的例子，要想不吃闭门羹，如果是你，应该怎么说呢？

你可以这么说："杨老师上周给我们布置了一个作业，要写一篇论文，今天就要交了，我还没有写出来，你能不能帮我写这篇论文。"

写论文是一件很难的事情，同学肯定会一口回绝。

在同学回绝之后，他一定会有一点点愧疚，趁着这个时候，你要装着十分委屈地说："那好吧，我自己写，不过，如果我现在抓紧时间写的话，就没有时间去吃早饭了，哎，对了，能不能你等下回来，帮我带一份早饭？"

同学肯定会痛快地回答说："好啊，论文你自己写，早饭，没问题，我帮你买回来。"

这样就达到目的了。

防止闭门羹技巧二：精简目标，防止对方一口拒绝。

像刚才那个例子，要是你开口说："你回来的时候，能不能帮我带份早饭，同时，顺便帮我缴话费，帮我取快递，帮我复印一份资料，再帮我取一下干洗的衣服。"你如果这么说，对方肯定觉得不可思议，一定是会回绝的。

如果你只要求："能不能顺便帮我买点吃的回来。"对方就可能会答应。

（二）说服的技巧之二：站在他人角度

要说服对方，就要考虑到对方的观点或行为存在的客观理由，亦即要设身处地地为对方想一想，从而使对方对你产生一种"自己人"的感觉。

这样，对方就会信任你，就会感到你是在为他着想，说服的效果将会十分明显。

案例　　　　　西装销售

一个人在商场买了一件高档西装，结果第一天穿的时候西装就掉色了，把他的衬衣染上了颜色，他去找商场的售货员，他的诉求：一是要退钱给他；二是最好还能给一些补偿，送他一套西装也可以。

顾客找到售货员说明情况以后，售货员回复："我在这个专柜卖几年西装了，卖的西装也有几千件了，从来没有听说过这样的事情，你是第一个来说西装会掉色的，恐怕不是我们的西装有问题，是你别的衣服掉色染上的。"

售货员这样说了以后，顾客觉得很不高兴，就和售货员争执起来，他们的争执把旁边柜台的另一个售货员也吸引了过来。这个售货员一开口，就更不得了了。

这个售货员说："我听说啊，有些人为了占便宜，就专门在网上买一些高仿的A货，然后再冒充正品退给商场，用这样的办法低价买正品。"

这个售货员的说法，已经在诋毁顾客的人品了，顾客愤然大怒，说："你们居然这么说，太不像话了，你们把经理找过来，不解决好，我跟你们没完。"

最终经理被叫过来，经理就是经理，他的处理方法完全不一样，他先不管三七二十一，当着顾客的面，把两个售货员狠狠地教训了一顿。

经理说："顾客就是上帝，无论如何，这就是你们的错，你们和顾客吵架，是最大的错误。你们必须给顾客道歉，而且接下来你们必须写检讨。这个月的钱，扣；态度不好，下个月还扣；而且，不改正就开除。"

看到经理这样骂售货员，顾客心里的怒火已经消掉了一半。

经理在骂完售货员以后，满脸笑容地转头对顾客说，"您好，我是这个商场的总经理，有什么问题，您说给我听，我一定帮助您解决"。

在听顾客说话的过程中，经理不断地赞同，不断表示支持，不断地说："就是要退，他们这样做太不像话了，一定要让他们退钱，还要赔偿。"

讲到快完的时候，顾客已经有了一种错觉，感觉这个经理就是他的家人朋友，是来帮助他的，顾客对经理已经产生了信任感。

看到顾客的表现，经理装着不经意地说了一句，"我听说这种西装，在没有干洗之前，都会有少量的掉色，但是只要干洗之后，就没有这样的问题了，要不这样，我们商场有干洗服务，你先拿去免费干洗，这边我帮你申请退赔的事情，只要干洗之后还有问题，我们一定让他们赔得肉痛"。

听到经理的建议，顾客放心地把衣服拿去干洗了，等干洗以后，顾客发现自己上当了，一是干洗之后不能退，二是干洗之后不再掉色，退的理由也没有了。在不知不觉之间，顾客居然被这位经理说服了。

资料来源：笔者根据相关资料整理改编。

案例分析：要想说服对方，就要尽量让对方信任自己，我们可以运用矛盾法的结构来获得这种信任，从而说服对方。

这种说服方式就是先顺着别人说，再希望说服对方的时候，千万不要一开口就说，"你是错的，我才对"。只要你这么说了，对方就把你当成了对手，当成了敌人，一定要说，"你说的很有道理"，甚至可以说，"你说的就是对的"，而且别空说，对方为什么有道理？对方为什么是对的？都要把理由列出来，这些理由呢，都是对方之前说过的，只要你顺着对方这样说，对方就容易对你产生信任。在取得别人的信任之后，再引出自己的观点，形成一个对比，也就是欲抑先扬。

关于矛盾法的结构（见图4-1），在后面的部分还会讲到。

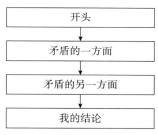

图4-1 沟通的矛盾法结构

（三）说服的技巧之三：创造"是"的气氛

苏格拉底是两千多年前古希腊的哲学家，他以辩论见长，他创立的苏格拉底式问答法至今还被世人公认为"最聪明的劝诱法"。

案例 司仪捉弄新郎

在婚礼上，司仪想捉弄一下新郎，他就问新郎："新郎官，今天的新娘子漂不漂亮？"

新郎说："当然漂亮，漂亮漂亮。"

司仪又问了："那这样的新娘你喜不喜欢？"

新郎说："当然喜欢，喜欢喜欢。"

司仪马上接着问："那这样的新娘你想不想再要一个？"

新郎说："当然想，想想想。"

新郎为什么会上当呢？其实就是上了苏格拉底式问答法的当。

苏格拉底认为：从谈话一开始，就要创造一个说"是"的气氛，而不要形成一个"否"的气氛。人有一个惯性思维，在沟通一开始就说了"是"，就可能一直说"是"，一开始赞同对方，就可能一路赞同下去，而如果一开始就在反对对方，很可能就会一直反对下去。

那么，怎么才能一开始就让别人说"是"表示赞同呢？你可以说一些别人无法反对的，无关痛痒的内容，来得到对方的赞同。比如"我知道你是有这个能力的""你肯定想把事情办好""今天天气真好"等。

案例　　　　　　　　**聪明的推销员**

　　一个业务员在进入真正的推销话题前，总会随便说几句话，如"您好啊！今天的天气真的非常好"或"好漂亮的院子，一定是您整理的吧"等，以这种方式询问对方，对方一定回答"是"。

　　在趁着对方连续说"是"的时候，业务员可以进入主题说："我是某某产品的业务员，我担任这个地区的推销工作，这里有一些产品的目录，请随便看看。"对方或许不经意地回答："哦！是吗？"业务员在此时又会说："对于这一点我可以稍加说明，我是否可以为你解释一下？"在这种情况下，对方一般会回答："好的。"以上就是一个老练的业务员所采取的推销步骤。

　　资料来源：张宏梁，倪妮. 从"苏格拉底回答术"说起[J]. 阅读与写作，2009（5）。

"苏格拉底式问答法"能很好地抓住人心，我们在运用这种方法诱使对方说"是"时，一定要注意在谈话的开头不要涉及有争议的观点，而应顺着对方的思路，强调彼此有共同语言的话题，从对方的角度提出问题，诱使对方承认你的立场，让对方连连说"是"。

（四）说服的技巧之四：顾及对方面子

在沟通中，维护面子与自尊是一个极其敏感而又重要的问题。许多专家指出，在洽商中，如果一方感到失了面子，即使是最好的交易，也会留下不良后果。当一个人的自尊受到威胁时，他就会全力防卫自己，对外界充满敌意，有的人反击，有的人回避，有的人则会变得十分冷淡。这时，要想与他沟通交往，则会变得十分困难。

要想说服一个人，首先要把这个人永远留在理智的范围以内，如果这个人是理智的，他就会听得进道理，就会进行成本收益分析。如果一个人已经丧失了理智，他就会什么都不管了，不计后果，不计得失。

 冲口而出惹的祸

曾有一位保险公司的推销员，在几次拜访了一个客户后，却未能说服他，临走时，他说了一句话："我将来会说服你的，老家伙！"这句话表明了他值得称赞的毅力，但"老家伙"却是他绝不该说的话。对方立刻嚷道："不，你做不到——绝无希望！"后来，这位推销员在近十年的时间持续不断地拜访他，但最终还是没有成功。

那怎么办呢？

我建议，如果再说下去就要谈崩了，应该退一步海阔天空，把那些想脱口而出的话都咽下去，寻找另外的说服途径。

 萨克斯说服罗斯福

第二次世界大战期间，一些美国科学家试图说服罗斯福总统重视原子弹的研制，以最有效地打击德国法西斯，尽快结束战争，减少无谓的人员伤亡。他们委托总统的私人顾问——经济学家萨克斯出面说服总统。但不论是科学家爱因斯坦的长信，还是萨克斯的陈述，总统一概不感兴趣，为了表示歉意，总统邀请萨克斯次日共进早餐。

第二天早上一见面，罗斯福就以攻为守地说："今天不许再谈爱因斯坦的信，一句也不谈，明白吗？"萨克斯知道这个时候再说就会让罗斯福没有面子，很可能就会弄僵。于是，他想了想说道："我给你讲个故事吧，当年，拿破仑在陆地上所向披靡，但是在海上却经常打败仗，科学家就给他建议，应该把木船都换成铁船，这样就能增强战斗力。拿破仑听不进去，他认为铁比水重，一定会沉。无论谁劝他，他都不答应换铁船。后来，有历史学家在评价这件事情的时候写道：'如果当初拿破仑答应了科学家的建议，整个人类历史，将会被改写。'"

　　说完以后，萨克斯也不看罗斯福，只是低头喝自己的咖啡。

　　经过一会儿的沉默之后，罗斯福开口了："好吧，你说服我了，我们搞原子弹吧。"

　　资料来源：晓梅. 萨克斯说服罗斯福[J]. 共产党员（辽宁），2019（11）。

案例分析：在马上就要撕破脸的时候，不如退一步，说不定就能海阔天空，柳暗花明。

| 第五章 |

让你的声音好听起来
——语音、普通话、语速训练

 **训练目标**

让声音变得好听，包括四个子目标：一是音质清亮；二是普通话标准；三是语言表达干净；四是语速得当。

训练项目

☞ **发音训练**(包括呼吸训练、发声训练、吐字训练三项)

项目性质：可选项目(对自己声音不够满意的人可选择此项目)。

训练时长：10～15天，每天10～30分钟。

☞ **普通话训练**

项目性质：可选项目(普通话不标准的人应该选择此项目)。

训练时长：30～60天，每天10～30分钟。

☞ **净化语言训练**

项目性质：必选项目(不识庐山真面目，只缘身在此山中)。

训练时长：20～30天，每天10～30分钟。

☞ **语速训练**

项目性质：必选项目(语速一定要慢下来)。

训练时长：30～60天，每天10～30分钟。

注：以上几项训练可以合并进行。

下面从最简单的训练开始，解决声音的问题。

请思考一个问题：为什么有的人声音很好听？

也许有人会说，那是别人生得好，先天性的声音就好听。其实，这话只说对了一小半，在语言表达的声音方面，天赋只占据较小的部分，绝大部分是由后天养成的说话习惯决定的。

先来看看语言表达中声音好听的标准吧！所谓好听的声音，应该是音质清亮、普通话标准、语言表达干净、语速得当。

第一，音质清亮。它是指吐字清晰，说话音量适中，声音频率也适中，既不尖厉，也不太低沉，这种声音听起来轻松，感觉说话的人并不费力，不累。声音还带有共鸣音，显得有穿透力。

第二，普通话标准。它是指把普通话说准，不带有地方口音。其实各地方言各有各的特点，如江浙话柔美、云南话婉转、四川话火暴、东北话豪爽、湖北话干脆等，但是，受地域所限，各地的方言只能在一定的范围内通用，换成不同地域的人，就会造成听力障碍。为了保证语言表达准确、完整地传达给别人，说好普通话还是很必要的。

第三，语言表达干净。它是指说话不拖腔拿调，也不含混不清。在语言表达中没有口头禅，没有废话，更没有脏字，话语简洁自然。

第四，语速得当。它是指字与字之间、句与句之间的间隔和停顿合理，既能使听众听清，又不会使听众觉得太慢而不耐烦。另外，合理的语速也是控制时间的关键。

请试着从这四个方面开始训练。

一、拥有清亮悦耳的语音

人说话的声音各有差异，有些人的声音好听一些，有些人的声音却听着刺耳，让人感到难受，虽然这些差异有先天生理方面的原因，但笔者认为，更大的原因是后天发声习惯不好。就像唱歌，虽然天赋很重要，但通过练习，一般人也能唱得比较好听。为什么那些演员在演艺事业成功以后都会出唱片，成为影、视、歌三栖明星，哪有这么巧的事儿，演得好嗓子就一定好？其实，这些演员在准备进入歌坛时，都会接受专业的训练，练习发声，掌握一些演唱技巧，让自己的声音好听起来。

这里完全可以借鉴上述经验，用于声音的训练。具体的训练方法如下：

（一）先练气再练声

歌唱演员唱歌时有时一口气要延长十几秒，甚至更长，而且吸气时间短，呼出时间长。讲话也是如此，在长时间说话时，如果不处理好说话时的出气、运气，就会上气不接下气。古希腊的演讲家德摩斯梯尼最初登台时就是老喘气，让人听起来着急、难受。他的训练方法就是一边向山顶上跑，一边大声朗诵诗歌。我们当然也可以这样做，不但可以把气出顺了，还可以强身健体。不过，这个方法动作比较大，而且如果家附近有山还好，家在平原地区又该如何训练呢？

来看看歌唱演员的训练方法吧！

他们并不用向山上跑步，他们的训练方法很科学。人在正常的情况下，每分钟呼吸约 16 次，每次呼吸过程长 3~4 秒，在唱歌的时候，气越长越好，也就是呼吸过程要尽量的长。

呼吸训练

❖ 训练方法

（1）绷紧腹肌，尽量的放慢呼吸频率，进行深呼吸。用鼻子吸气，吸气要饱满。要想象自己是把气吸到胸中再往下压，一直压到丹田位置，这就是所谓的气沉丹田。当然，气是不可能被吸到丹田的，之所以会感觉到气被吸到了丹田，是因为人们吸气是靠腹肌运动，使横膈膜下移，带动胸腔扩张，肺部扩大，气就被吸进来了，其过程如图 5-1 所示。

在呼吸的过程中，腹部的肌肉要始终处于绷紧的状态。为什么需要这样呢？

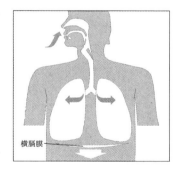

图 5-1　吸气过程

常见的一些弦乐器，比如二胡、琵琶、吉他等，在琴弦的下面或者琴弦的后面，都会有一个腔体，正是因为有这个腔体产生共鸣，乐器琴弦震动所发出来的声音才能被放大。我们要想让自己的声带发出的声音被放大，也应该在身体里面建立起腔体。如果我们的腹部肌肉处于放松的状态，就像是鼓的皮面没有绷紧或者是破了，发不出好听的声音。一旦腹部肌肉处于绷紧的状态，腹腔就建起来了。可以试一试，绷紧你们的腹肌，用手拍一拍，是不是像一个鼓一样，会"嘭嘭嘭"地响。而且，一旦腹肌被绷紧了，胸腔、口腔、鼻腔也都不会"破漏"了，放大声音的效果将得到很大的改善。所以，在进行呼吸训练、发声训练以及公开演讲的过程中，腹肌要一直处于绷紧的状态。

另外，整个呼吸的频率要尽量低，其中呼气的过程更要尽量延长，整个过程要保持均匀，不要忽快忽慢，时间越长越好，可以用表计时，算算自己每分钟的呼吸频率，在练习时需要把呼吸次数控制在4~6次/分钟，平时我们的呼吸频率是每分钟15~20次。

（2）在呼气的时候数数字。上一步训练是单纯的呼吸，现在增加一点内容，在吸气的时候不说话，在吐气的时候数数字，声音不用大，在口中快速地数"1、2、3、4、5、6、7、8、9、10"，反复循环，数到数不下去为止，看自己能够数几次，目的是控制气息，延长呼气的时间，放慢呼吸频率。

当然，也可以不数数，改成练童谣，同样是在吐气的时候轻声地念："飞来一群大白鹅，扑通扑通跳下河，一只鹅两只鹅三只鹅……"，也是一直数到数不动为止，看看自己能够数到几只鹅。或者数青蛙："一只青蛙呱，两只青蛙呱呱，三只青蛙呱呱呱，四只青蛙呱呱呱呱……"，看看能够数到几个"呱"。

数数字、数鹅和数青蛙这几种训练方式都是为了练习控制气息，在练习的时候，会觉得腹部酸痛，但多练习时症状会减轻。

❖ **训练要点**

永远绷紧腹肌，吸气用鼻子，呼气用嘴，尽量放慢频率。

❖ **训练时长**

此项训练要想有效，至少要练习10天，建议练习两周左右，每天练习10~30分钟。建议长期坚持。

（二）发声练习

戏曲演员经过多年的练习，可以喊出又高又亮的声音来。普通人不可能有那么长的时间来练习，而且对普通人的要求也没有那么高，只需要声音清亮就行了。有的人说话声音不好听，一般会用公鸭般的嗓子来形容。之所以会这样，就是因为他发音时几乎只用嗓子来发声，声音像是从窄小的喉咙里挤出来的，自然不会好听。有的女孩子说话声音特别小，细声细气，怎么放也放不大，也是因为她发声时只用嗓子。

发声时只用嗓子，不但声音很难放大，而且说话特别伤声带。有的教师在初登讲台时不会发声，扯着嗓子吼，不仅学生听起来难受，自己也很受伤，一堂课下来，嗓子哑半天。

要改掉这个坏毛病，首先要放松心情，自然地发声，而不是紧绷着喉咙来说话。在《修女也疯狂》这部电影中，有一个害羞的小修女，说话声音不大，唱歌唱不上去。迪劳丽丝就鼓励她，让她勇敢一点儿，增加自信心，别紧张，要学着去享受自由歌唱的快乐。在她的鼓励下，小修女尝试着放开声音，越唱越放松，越唱越有信心。结果她的声音既好听又嘹亮，而且唱歌能够把音唱得很高。讲话也是一样，不要觉得讲话是一项任务，要把讲话想象成在唱歌、在表演，也要学会享受声音自由发出的快乐。只有这样，才能为发好声打好基础。

要学会引起胸腔的共鸣。有共鸣的声音既好听又有穿透力。俗话说的"胸音""浑厚"就是指这个意思。在上一步的练习中，已经学习了如何绷紧腹部进行呼吸，现在来学习如何在呼气的时候发出声音。

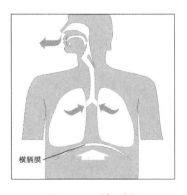

图 5-2　呼气过程

我们想象气从丹田里出来，腹肌收缩，带动横膈膜向上运动，压缩胸腔，让气从肺部涌出，过程如图 5-2 所示。

在呼气的同时，声带振动，声音自然会随之发出来。这种发声要求口别张太大，声音略放低沉，发声时下颌放松，牙关松开，要感受声音是从口腔后部甚至是从脑后部发出来的，而不是直接从口中向前吐出。如果发声正确，手抚胸口，可以感觉到胸口的颤动。在发音训练中，会感到腹部在运动，练久了有酸痛感，这是对的。如果连续大声讲几十分钟，只是嗓子累，那说明没有利用好腹部来带动胸部，如果是全身累，特别是腹肌发酸，那就说明已经避免了单纯用嗓子发声，做到了正确的发声。

发声训练

❖ **训练方法**

（1）像戏曲演员那样吊嗓子，男的发"啊"的音，女的发"咿"的音，不是连续发声，而是一下一下的，从低音渐渐向高音迈进，在这一过程中，要用腹肌的力量带动横膈膜运动，仿佛是"啪"的一下弹动，引起胸腔共鸣，把声音弹了出去，每弹一下，发出一次声音。练习后，以腹部发酸为有效的标志。

（2）发声时微微张开嘴巴，放松喉头，想象自己已经闭合声带，没有用嗓子，而是在用胸腔发声。

（3）播音发声学中把口腔控制要领分为四个要点："提颧肌、挺软腭、打牙关、松下巴。"其中，"颧肌、软腭、牙关、下巴"如图5-3所示。

这四个动作主要都是为了改善发声时的口腔条件，具体做法分别如下：

做法一：提颧肌。颧肌属于运动系一类，是面部肌肉的一部分，可随人的意志而收缩，使人

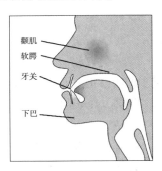

图5-3　颧肌、软腭、牙关、下巴所在位置

出现各种表情，这里说的提颧肌，是收缩嘴角微微向上翘，同时感觉鼻翼张开，这样不仅看起来表情生动，呈现出微笑，而且会把嘴变得更大，发出的声音也清亮一些。音响系统中的音箱，一般是体积越大，效果越好，因为较大的体积可以让声波有更好的振动放大空间。同理，我们的口腔开得越大，发声的效果相对就会越好。大家可以试一试，如果刻意缩小口腔，发出的声音又小又尖厉，不好听，扩大口腔后，声音相对就会大一些、好听一些。该动作如图5-4所示。

做法二：挺软腭。软腭指上颌后部柔软的地方，也就是舌头向后舔能够刚好够到的那部分上腭，它与舌根相对。软腭挺起，即软腭部分向上用力，这个动作可以使口腔后部空间加大，并减少灌入鼻腔的气流，避免过多的鼻音色彩。在练习时，可以用舌头去顶它，直到顶得发酸为止，如图5-5所示。

做法三：打牙关。就是打开上下槽牙，感觉喉咙向后退，让口腔的空间更大一点，更易产生共鸣。打牙关的效果可以用手去检验，摸摸耳根前大牙的位

置，看看是否张开。从外面摸，不用把手伸到嘴里去。

图5-4　提颧肌效果

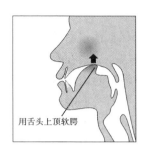

图5-5　用舌头上顶软腭

做法四：松下巴。这个比较好理解，即在吐字发音过程中，下巴处于放松、从容的状态。松下巴就是不要把注意力和重心放在下巴上，可以用牙疼时说话的感觉来体会下巴的放松。

（4）发声时，要感觉声音是从口腔后部出来的，甚至感觉是从脑后部发出，而不要平淡地从口腔前部发出。当然，我们脑后部不可能有洞，声音肯定是从前面发出去的。但是，只要我们想象着声音从后面发出来，我们就会感到口腔在向后上方扩张、隆起，这样一来，我们的口腔空间就可以变得更大，振动的效果也自然会更好。

（5）音调渐渐升高时，如果发不出高音，可以把身子弯成90°，再感觉从口腔后部发声，音调上去会变得容易得多，在能发出高音后，把身子逐渐放直，边放边发高音，直到能够在站直的状态下发出高音。

（6）整个训练过程不要操之过急，要循序渐进。京剧演员在发声前，练气都要练很长时间，喊高音前更是要经过较长时间的其他训练。因此，大家在训练时不要急于求成，一定要先经过一段时间的呼吸练习，学会用气后再发声。发声时也不能一上来就发高音，得慢慢练习。

❖训练要求

尽量扩大口腔，让声音从后面出来。

❖训练时长

此项训练需要进行约10天，在吐气训练的基础上进行，每天练习10~30分钟，不要超过半个小时。

（三）吐字训练

德摩斯梯尼最初演讲时吐字含混不清，让听众听起来很吃力，听众自然就不买账了。他的解决办法是在嘴里放一颗鹅卵石，含着石头说话。无独有偶，美国前总统林肯初学演讲时说话也是很不清楚，不知道他是不是听说过德摩斯梯尼的故事，也放了一颗石头在嘴里，练习发声，后来说话不清楚的毛病真的就去掉了。

其实，鹅卵石的作用主要是训练舌头，让舌头变得灵活，使舌头可以控制气流在口中的速度和方向，并配合形成口腔的共鸣。人说话之所以不清楚，主要的原因是舌头没有控制好。"大舌头"就是指这种情况。如果舌头受到了损伤，甚至失去了舌头，人说话就会有困难，发音就会不清楚。不过，舌头从来都不是单独在战斗，它需要借助唇来共同发挥作用。我们在说话时要学会操纵唇舌，把唇的重心集中到唇的中央部位，把舌的重心集中在舌的前后中心线上，说话时，有意识地感受唇和舌在改变字音中发挥的作用。

吐字训练

❖**训练方法**

（1）大声地朗读。

（2）找一个圆润干净的石头，含在嘴里说话，感受唇舌的作用。

（3）防止吞音。"吞音"是指字音没有发完，被省略掉了。英语中有不少略读的音，但汉语的要求是"字正腔圆"，音必须发全。在发音时，可以感受一下字的韵母，要尽量把韵母的音发长。

（4）绕口令训练。尽量把绕口令读得又快又准确。

❖**训练要求**

字正腔圆，尽量把每个字音都发清楚。

❖**训练时长**

此项训练需要进行约15天，在发声训练的基础上进行，每天朗读时间不少于10分钟。

二、普通话练习

普通话是"以北京语音为标准音，以北方话为基础方言，以典范的现代白话文著作为语法规范"的通用语。普通话的音节包括声母、韵母和音调。能够说一口流利、准确的普通话，无疑已经成为现代职场的一项基本要求。带着浓重的乡音说话，会让人觉得不够"专业"，而且会影响别人对语言表达者意思的理解。

在讲普通话方面，北方的朋友有很大的优势，他们的语言和普通话很接近，基本上不需要训练就可以说。不过，北方的方言和普通话还是有区别的，比如北京话的儿化音太重，天津话的音调有变化等，所以要想把普通话说得完美，进行训练还是有必要的。

目前，各地语言文字工作委员会都提供普通话的培训和考级服务，普通话不好的朋友，可以考虑去参加他们的培训，报名考一下级，如果能够考到一级甲等，就达到了播音员的标准，可以去当主持人了。只不过这个很难。

普通话的练习，要注意以下几个难点。

（一）要分清前鼻音和后鼻音

前鼻音是指 an、en、in 韵母，后鼻音是指 ang、eng、ing 和 ong 韵母。发前鼻音的时候，n 前面的元音一般发音部位都比较靠前，如在 an、en、in 的发音中 a、e 的发音都比较靠前，a 发为前 a，e 发为中 e，i 本来就是舌尖前元音，发音就在前面，在发元音的过程中舌尖逐步上抬与上齿龈形成阻碍，使气流从前鼻腔流出，形成前鼻音。前鼻音发音时口腔不能开得太大，以免气流往后进入后鼻腔。后鼻音如 ang、eng、ing 的发音，前面的元音发音靠后，a 发为后 a，e 本来就是一个发音靠后的元音，元音 a、e 在后面发的同时舌根往上抬，使舌根与软腭形成阻碍，使气流从后口腔进入鼻腔，发出后鼻音，i 是舌尖前元音，在前面发音，因此发 ing 时，在发 i 的同时舌根往后拉，才能使舌根与软腭形成阻碍，产生后鼻腔共鸣。

（二）要分清 n 和 l

n 是鼻音，而 l 是非鼻音，两者的发音是不一样的。发 n 时，嘴微张，舌尖抬起贴在上齿龈处。随着声音的发出，舌尖从上齿龈处弹开，声带颤动，气流和声音随着舌的动作向上从鼻腔发出。发l时，嘴微张，舌尖抬起抵在上齿龈中部。随着声音的发出，舌尖从上向前下方落下，声带颤动，气息从舌的两边通过发声。这两个音的最大区别就是n是通过鼻息发声的。

（三）要分清h和f、p和b、d和t

在某些地方方言中，这些音是不分的，比如在四川和重庆的部分地区，h和f就被混用，这些地区的人学普通话，容易造成这几组声母的混用。

（四）要区别翘舌音（卷舌音）和平舌音（不卷舌音）

翘舌音如zh、ch、sh，平舌音如z、c、s。翘舌音发音时，舌尖翘起（卷起）与口腔上腭前端形成阻碍，声音发出的感觉是靠后的，所以称为翘舌音。而平舌音则是舌头放平，声音发出时感觉靠前，有气流从前端冲出。

训练项目

普通话训练

❖**训练方法**

（1）找一些朗读材料，尽量准确地朗读。

（2）听中央人民广播电台的广播或者观看电视台的新闻播报，播音员说一句，跟着学一句。在学的时候，仔细揣摩播音员的发音，把容易发错的音发对。

（3）把电台、电视台的播音以及自己的声音录下来，对比发音的情况，找出那些发得不准的音，在重新读的时候加以重视，避免再犯同样的错误。

不用太为难自己，每天找到一两个字加以改正，只要能坚持一两个月，发错的音基本上就可以被找出来改正，普通话就能比较标准了。

❖**训练要求**

字正腔圆，尽量把每一个字音都发准确。

❖**训练时长**

此项训练要想有明显效果，应坚持一个月以上。普通话不好者建议训练此项目，并且在整个60天训练期内都进行，每天练习10~30分钟。

三、没有废话

这部分的练习标准是，让自己的语言表达干净，没有废话，更没有脏话。

废话主要是口头禅，口头禅是口才的天敌，其不是招牌语言。像魔术演员刘谦的"下面是见证奇迹的时刻"，007 的"我是邦德，詹姆士·邦德"和阿诺德·施瓦辛格扮演的终结者的"I will be back"等都只是招牌语言，它并不是被人时常挂在嘴边的，更不会几乎每句话都出现，并且这些话都有其实际意义。这里说的口头禅，是在语言表达中没有什么实质意义，去掉也不会影响内容表达，但却经常甚至每句话都要讲一次的那些词、短句。语言表达者在使用口头禅时，自己并没有什么感觉，完全是条件反射般地脱口而出。正因为如此，要想知道自己说话是否有口头禅，有哪些口头禅，就需要请别人帮你找，或者把自己的声音录下来自己仔细听。

常见的口头禅有"嗯""这个""就是""老实说""等于说""说句实话""我觉得""我真的觉得""你知道不？""你说是不是？""其实是这个样子的""要不"等，其中最令人不喜欢的就是"这个"。

口头禅不仅是中国人的敌人，其他国家的朋友也都深受其害。美国人常见的口头禅，像"I see""good""absolutely""well""wa"等。如果说"这个"是中国人最常见的口头禅，那么"you know"就是美国人语言表达的头号天敌。美国已故总统肯尼迪的爱女卡罗琳在接受《纽约时报》采访时，短短几分钟之内，竟然说了 142 个"you know"，使自己的讲话支离破碎，记者在报上毫不客气地指出，她的口头禅已经使她的讲话重点全失。这个受访的视频在网上流传，虽然提高了卡罗琳的知名度，但她希望进入政坛，接替希拉里议员职务的理想算是完全落空了。这真是一个"you know"引发的悲剧。

当然，说话的时候带有脏字就更不好了。好莱坞的电影《真爱至上》中，唐宁街 10 号里首相的生活秘书 Natalie，第一次见到休·格兰特饰演的首相时，居然说："I mean, sir. Shit, I can't believe I've just said that.""Shit"这个词，她一连说了两次，甚至在后面还脱口而出"I was gonna fuck up on my first day"。在社交场合，这是非常不礼貌的事情，虽然她与首相最终有情人终成眷属，但那毕竟是电影，如果在现实生活中，一位在首相身边工作的生活秘书，开口闭口说"Shit，Fuck"，她的饭碗早就保不住了。

如果平时说话带脏字习惯了，会无意识地在语言表达中说出这些词。

Natalie之所以初次见到首相就满口脏字，就是她平日里说话就喜欢带这些词。语言表达训练者在训练中要有意识地去掉这些脏字，改掉这个坏习惯。

净化语言训练

❖训练方法

去掉口头禅和脏字可以用"标记法"。该项训练可以和第六章中的即兴发言训练合并进行。具体方法如下：

(1)进行数分钟的即兴发言，主题和演讲方法可以参照第六章。

(2)用录音设备将自己的即兴发言内容录下来，或者将自己在公众场合的其他语言表达(如讲课、导游介绍、导购介绍、面试、前台接待等)录下来。

(3)认真地听自己的讲话录音，把那些口头禅、脏字写下来。仔细地分析自己究竟有哪些口头禅或脏字，把这些字、词记住，即标记。

(4)数一数这些字、词的出现次数，把它记下来。比如，在3分钟的录音里，说了几个"这个"。

(5)在今后的语言表达中，要刻意避免说那些口头禅、脏字，宁愿说慢一点儿，也不要在忙中说出这些字、词。

(6)隔几天后，再次进行录音分析，数一数自己说这些字、词的次数，看看在同样的时间里，有没有减少，如果是在刻意避免，它们是会明显减少的。

(7)重复以上几个步骤的训练，直至习惯成自然，让那些口头禅和脏字不用刻意控制，也会在自己的语言表达中永远消失。

❖训练要求

用"标记法"让自己知道有哪些口头禅，尽量避免。

❖训练时长

此项训练因人而异，经过标记检查，如果没有口头禅，则可以不进行这项训练；如果有口头禅，则需要反复进行检测，直到口头禅完全去掉为止，总时间需要一个月左右。隔两天检查一次，每次练习时间约10分钟。

不过，去掉口头禅和脏字，只是让自己的讲述没有废话的第一步，第二步

才是关键，即让自己的语言表达准确而且简洁。

在没有口头禅和脏字之后，想要做到进一步的简洁，需要做的是去掉那些可有可无的多余内容，其中最突出的就是单调的重复。2010年春节晚会中，用电视剧宫廷版的相声段子，女演员不断地问男演员："真的吗？你是真的吗？你是真的这么认为的吗？你是真的真的觉得这是不公平的吗？"不断地重复，让男演员几乎疯掉。还有《大话西游》中的唐僧，他那段经典的台词："你要是想要的话你就说话嘛，你不说我怎么知道你想要呢，虽然你很有诚意地看着我，可是你还是要跟我说你想要的。你真的想要吗？你不是真的想要吧？难道你真的想要吗？"这虽然是夸张的表演，但在实际的语言表达中，与其相仿的语言表达比比皆是，明明两三句话就可以说清楚的事情，说了几十句，还没有说清楚。

口语表达不像书面语言表达。书面语言表达辞藻优美，读起来会满口生香，但口语表达如果用了太复杂的词汇，会影响听众的理解。所以，口语表达要做到尽量简洁，把事情讲清了、说准确了，就行了，如"年华在一弹指的时间里独自盛开，在荒芜的彼端演绎寂寞的姿态。陌路流年，繁花盛开"之类的句子，还是放在书面语言里欣赏吧！

还有一些语言表达，虽然没有华丽的辞藻，但无意义的词句太多，占用了大量的时间，对语言表达也没有任何益处，纯属浪费。比如下面这段话："最近有那么一部电影，你知道不？实在是太好看了，真的很好看，就是那部电影，你看了没有？哦，就是那部《阿凡达》，你看了没有？就是那个《阿凡达》，《阿凡达》确实是好看。它的导演就是那个，就是那个卡梅隆，这个你知道的啊。那个卡梅隆，是导演卡梅隆，导演过那部片子，很有名的那部片子。你知道的啊，就是那部《泰坦尼克号》，也很好看，真的很好看。不过《阿凡达》还要好看些，怎么说呢，就是那种……唉，我也说不清楚，嗯，反正你去看了就知道了。"

整段话里废话占了一多半，其实它表达的意思就是："电影《阿凡达》你看了没有？它是《泰坦尼克号》的导演卡梅隆导演的，很好看，建议你去看一下。"

使语言简洁的具体做法：凡是不发挥作用，去掉也不影响整段话意思的句子和词，就把它们去掉，只留下必需的，话就简洁了。这是一个很简单、很有效的方法。

例如：（原文）因为时间很紧，任务又非常重，所以我们需要进一步多方面努力，想方设法去不断提高工作效率。

（第一步改为）时间很紧，任务也非常重，我们需要进一步努力，不断提高工作效率。

（再一步改为）时间紧，任务重，我们要进一步努力提高工作效率。

最终的话语与原文相比，语言所表达的意思基本一致，但简洁了许多。

 **训练项目**

简洁语言训练

❖ **训练方法**

（1）可以用上文所说的"标记法"，记一段自己的话，进行分析，把那些习惯性的废话标出来，在今后的语言表达中加以注意，有意识地去掉它们。

（2）指定一个主题，如介绍一件产品、一本书、一部电影等，语言表达时用表计时，在讲完后回想一下，有哪些话是可以更简洁的，然后再讲一次同样的内容，尽量用较少的时间，如此反复。

❖ **训练要求**

不会影响语义的废话就坚决去掉。

❖ **训练时长**

此项训练为可选项目，可以选择 3～5 天训练一次，每次不要超过半个小时。

四、使自己讲话的速度慢下来

公共场合说话的速度应该比我们平时说话的速度慢一些。两三个人之间的对话，由于声音较小，声音传递的距离近，语速快一些也没有什么，但在公开场合的讲话，如演讲、播音、辩论等，就需语言规范、吐字清晰、语音准确。普通话的发音都是由"字头、字腹、字尾"组成的。为了吐字清晰、语音准确，每个字或词的发音都应该按一定的规律发全，如鼻音、气音、儿化音等，如果语速过快，就会把发音过程压缩，省略掉一些应有的发音，容易造成声音急促、发音不全，以致难以辨析，使听众听错。太快的语速，也会在短时间内增加信息量，加重听众的听力负担，让听众觉得压力大。还有，在较大的室内，使用播音器材演讲时，声音会产生一定的回声，造成混响，如果语速过快，前一个字的回声还没有结束，后一个字又切进来，结果"嗡、嗡、嗡"响成一片，听众根本听不清。

初学演讲的人，一个常见的问题就是语速过快。在训练中，使自己的讲话速度慢下来是口才训练的一项重要任务。那么，是不是越慢越好？慢到多少比较合适？

说话太慢当然也是不行的，说话慢会减少信息量，以每分钟讲 200 字的速度，一个小时就比每分钟讲 300 字少讲 6000 字的内容，这已经是一篇学术论文的长度了。说话太慢，会让听众觉得演讲者缺少激情，难以形成适当的气场。因此，语速绝对不是越慢越好。

慢到多少合适？有些播音训练教程中写道，播音员应该把语速控制在每分钟 220 字以下，但这个标准目前还存在着争议。随着生活节奏的加快，播音员的语速有不断加快的趋势。有人统计，中央人民广播电台的《新闻和报纸摘要》节目的播音员在 20 世纪 60 年代时，每分钟播出约 185 字；20 世纪 80 年代，每分钟播出 200~220 字；20 世纪 90 年代上升到了每分钟播出 240~260 字；近几年则达到了每分钟播出 250~270 字，最快时甚至每分钟播出 300 多字。300 多字/分钟肯定是太快了，要是一直用这样的速度，肯定会有不少听众吃不消。从经验上来看，220~240 字/分钟是比较理想的讲话速度，以这样的速度在公开场合演讲，效果是最好的。

如果年纪偏大的男性，可以适当地再降低一点语速，但建议不要小于 180 字/分钟，年轻女性可以适当地提高语速，但建议不要大于 300 字/分钟。

此外，不同的语速也可以表达不同的情绪，这一点在后面的章节中还会阐述。一般来说，在辩论中语速可以稍快一点，在旁白和朗诵中，可以相对慢一点。

说话养成适当语速的另一个好处就是便于控制时间。在文中，我们已经总结出，好的口才意味着控制力要强，该讲多长时间就讲多长时间，不要浪费时间，该用的时间要用足，也不要拖时间。养成在公共场合以每分钟适当的速度讲话后，多长时间对应多少内容就好把握了。对于读稿的演讲，一个小时为 270 字×60 分钟，稿子写 16200 字就可以了。对于不照稿读的即兴发言，也要学会说话内容和时间之间的对应关系，一分钟能说几句话，讲完一个例子需要几分钟，心里要把握住，在演讲中才能更合理地安排每部分内容，该展开就展开，该结尾就结尾，从容不迫。

 训练项目

语速训练

❖ **训练方法**

(1)朗读训练材料，记时间，数字数，将语速控制在每分钟220～240字，每次训练后，都回想一下，尽量找到按每分钟220～240字说话的感觉。

(2)结合第六章的即兴发言训练，进行3分钟定时演讲练习。在开始讲时按下秒表，在演讲过程中不看时间，通过自己的估计，尽量使演讲时长为3分钟。

(3)讲完后也要进行总结，如果时间不到3分钟，讲短了，下次就增加一些内容，展开一些，如果时间超过了3分钟，就尝试着减少内容。在增减过程中，要体会时间与内容之间的对应关系，把字数形象化为几句话、几个例子、几个类比、几个故事等，增强对时间的控制能力。

❖ **训练要求**

尽量找到适当语速讲话的感觉，在以后的演讲中复制它。

❖ **训练时长**

此项训练为必选项目，每天都要进行训练，需要坚持30～60天，可以把该项与发声训练、普通话一起合并进行，每次10～30分钟。

附 录 训练材料

一、绕口令

(1)肩背一匹布，手提一瓶醋，走了一里路，看见一只兔。卸下布，放下醋，去捉兔。跑了兔，丢了布，洒了醋。

(2)扁担长，板凳宽，板凳没有扁担长，扁担没有板凳宽。扁担要绑在板凳上，板凳偏不让扁担绑在板凳上。

(3)九月九，九个酒迷喝醉酒。九个酒杯九杯酒，九个酒迷喝九口。喝罢九口酒，又倒九杯酒。九个酒迷端起酒，"咕咚、咕咚"又九口。九杯酒，酒九口，喝罢九个酒迷醉了酒。

(4)街南来了个瘸子，右手拿着个碟子，左手拿着个茄子；街上有个橛子，橛子绊倒了瘸子，右手摔了碟子，左手扔了茄子。

(5)打南边来了个哑巴，腰里别了个喇叭；打北边来了个喇嘛，手里提了个獭犸。提着獭犸的喇嘛要拿獭犸换别着喇叭的哑巴的喇叭；别着喇叭的哑巴不愿拿喇叭换提着獭犸的喇嘛的獭犸。不知是别着喇叭的哑巴打了提着獭犸的喇嘛一喇叭；还是提着獭犸的喇嘛打了别着喇叭的哑巴一獭犸。喇嘛回家炖獭犸，哑巴嘀嘀嗒嗒吹喇叭。

(6)四是四，十是十，十四是十四，四十是四十，谁能分得清，请来试一试(该绕口令可以用于普通话中翘舌音和平舌音的区别训练)。

(7)黑化肥发灰，灰化肥发黑。黑化肥发黑不发灰，灰化肥发灰不发黑(该绕口令可以用于普通话中 h 和 f 的区别训练)。

(8)牛郎恋刘娘，刘娘念牛郎，牛郎年年恋刘娘，刘娘年年念牛郎，郎恋娘来娘恋郎，念娘恋娘，念郎恋郎，念恋娘郎(该绕口令可以用于普通话中 n 和 l 的区别训练)。

(9)树上卧只猴，树下蹲条狗。猴跳下来撞了狗，狗翻起来咬住猴，不知是猴咬狗，还是狗咬猴。

(10)哥哥弟弟坡前坐，坡上卧着一只鹅，坡下流着一条河，哥哥说：宽宽的河，弟弟说：白白的鹅。鹅要过河，河要渡鹅。不知是鹅过河，还是河渡鹅。

(11)哥哥挎筐过宽沟，快过宽沟看怪狗，光看怪狗瓜筐扣，瓜滚筐扣哥怪狗。

（12）八百标兵奔北坡，炮兵并排北边跑，炮兵怕把标兵碰，标兵怕碰炮兵炮。

（13）断头台倒吊短单刀，歹徒登台偷单刀，断头台塌盗跌倒，对对单刀叮当掉。

（14）嘴说腿，腿说嘴，嘴说腿爱跑腿，腿说嘴爱卖嘴。光动嘴不动腿，光动腿不动嘴，不如不长腿和嘴。

（15）六十六岁刘老六，推着六十六只大油篓，六十六枝垂杨柳，拴着六十六只大马猴。

（16）白石塔，白石搭，白石搭白塔，白塔白石搭，搭好白石塔，白塔白又大。

资料来源：张慧. 绕口令[M]. 北京中国广播电视出版社，1996。

二、普通话训练材料

1. 双音节词语

玻璃	明年	谈话	肯定	风景	便宜	剧场	合作	超过	小孩
我们	动员	工人	军队	才干	平方	姿态	口号	气象	老头
摩擦	扭转	墙壁	路程	侵犯	选手	创建	寻求	审批	霸占
顺序	准则	日夜	装饰	庸俗	疟疾	宽广	揣测	贼心	藕节
刺耳	森严	加法	迥然	亚麻	翠鸟	刷洗	内河	酸枣	旦角
友谊	暂时	衔内	恶霸	暗语	嘴巴	少爷	坠落	湍急	老头
应酬	一阵	渲染	垂涎	玉坠	翁婿	囤积	雷霆	下榻	地摊
虽然	琼浆	牦牛	屡次	吝啬	累计	旷日	渴求	竭诚	身板
光明	琥珀	抬杠	抚恤	陡峭	村寨	悲怆	稠密	澄清	嗔怪
拌蒜	不怕	猖獗	触目	葱绿	急慢	炙热	播音	牛奶	写字
打听	产品	奋斗	可爱	旁边	创造	名字	农民	整理	天真
学费	位置	毕业	全体	迅速	铁路	招呼	破坏	群众	人缘
偶尔	规矩	火山	挂念	内脏	此时	亮光	审查	恰当	仍旧
热带	冷饮	测算	纽扣	困守	被窝	卷尺	送信	胶鞋	小曲
月牙	宽窄	花腔	用语	论语	论说	能人	碎步	火车	投入

环境	允许	激烈	暖和	控制	冷却	抓紧	天气	口语	煤气
思想	损失	品种	矛盾	田野	商量	儿子	爆炸	用功	迫切
人类	桑树	扭转	能源	增加	拼命	宣传	墨水	外电	感慨
烦躁	恰巧	采集	发愁	插嘴	脆弱	丢人	女士	合并	抚育
拜会	云彩	床铺	衰退	爱情	雄壮	化学	纳闷		

2. 儿化音词语

那儿	这儿	哪儿	把儿	字儿	水儿	事儿
词儿	盆儿	坠儿	准儿	错儿	子儿	座儿
叶儿	信儿	气儿	腿儿	调儿	瓷儿	尖儿
味儿	顺儿	伴儿				

掉渣儿	号码儿	盖盖儿	抽签儿	鞋带儿	下坡儿
门槛儿	脸蛋儿	快板儿	笔杆儿	下班儿	小车儿
豆芽儿	药方儿	一下儿	小辫儿	一撇儿	差点儿
沿边儿	聊天儿	土豆儿	雨点儿	凉席儿	麦芒儿
书本儿	有事儿	一片儿	拐弯儿	圆圈儿	小院儿
大婶儿	火星儿	心眼儿	压根儿	打盹儿	三轮儿
对门儿	电影儿	半道儿	自个儿	大伙儿	酒窝儿
模特儿	多会儿	八成儿	没法儿	一对儿	秦桧儿
干活儿	喜字儿	旁边儿	花瓣儿	串门儿	手印儿
早早儿	年头儿	跟前儿	熊猫儿	松子儿	窍门儿
绕远儿	半截儿	使劲儿	面条儿	纽扣儿	人缘儿

3. 播音稿

节后春运返程高峰　务工流成为"主力军"

北京 2 月 22 日消息。昨天是春运第 23 天，当日全国铁路发送旅客 613.8 万人，同比增加 76 万人。全国铁路开行临客 779 列，创下今年春运单日临客开行数的新高。

眼下务工流成为节后返程"主力军"，而且流量和流向呈高度集中态势。铁路部门预计今年外出务工客流将延续到 3 月 1 日左右。务工客流有可能与返校、探亲、商旅等多重客流叠加，形成节后春运客流的又一个高峰。西安火车站副站长王钢说："节后往珠江三角洲、长江三角洲这两个区域去的人比较多，我们在积极受理，留足票额，保证他们能走得了，走得比较有序。"

目前学生返校客流陆续增加，铁路部门提醒学生在购票时务必携带附有减价优待证的学生证及学生优惠卡。广铁集团新闻发言人黄欣介绍说："我们现在积极组织了学生票发售，专门为学生设置了发售学生票的窗口，优先发售学生票。"

交通部预计今天全国道路旅客输送量将达到6420万人次，大致和昨天持平，与上年同期相比增长约5.6%。预计全国主要省市水路客运量将完成94万人次，同比增长4.6%左右。受大雾影响，山东境内今天有4条高速公路部分或全线关闭。

民航方面，今天考验民航运力的不只是客流量，还有天气。由于大雾原因，海口美兰国际机场等24个进出港航班延误，造成900多名旅客滞留海口。机场和各航空公司已妥善安置滞留旅客。另外山东省的大雾也导致济南国际机场18个航班延误，烟台国际机场飞往广州的航班延误。

（558字，按220字/分钟朗读需要2分33秒，按240字/分钟朗诵需要2分20秒。摘自中央人民广播电台）

气温明显回升　黄河下游封冻河段全部平稳开河

东营2月22日消息。随着近几天气温的明显回升，山东黄河封冻河段冰凌迅速融化，昨天15点，最后一段封冻河段顺利开通，标志着黄河下游封冻河段全部平稳开河。

记者从黄河防办获悉，黄河下游历时57天封河后，目前实现了平稳开河。随着黄河下游封冻河段的开河，目前水势比较平稳，已经看不到明显的冰凌，只是偶尔看到或大或小的浮冰逐水东流。黄河最后一个水文站——利津水文站今天的流量大约是200立方米/秒。黄河下游的53座浮桥已经有部分陆续恢复通车。

据记者了解，山东黄河今冬凌情有四个特点：一是前期气温较高，隆冬气温低，低温持续时间长。1月1日以后，3个测量点的平均气温比历年均值低了 3℃ 左右。二是封河流量偏大。本年度封河当日利津站流量 318 立方米/秒，仅次于 2005~2006 年度的 543 立方米/秒。三是封河日期偏晚。本年度首次封河在河口河段清八断面，时间是 2009 年 12 月 27 日。四是封河长度较长，累计封河 60 段，最大长度 255.37 千米，为 2003 年以来黄河下游封冻长度最大值。

黄河下游封冻期流量较小，封冻冰盖较低，冰下过流能力小。当上游河段因气温升高或流量增加时，冰下蓄水量自上而下顺河道释放，流量逐渐增大，加上下游河道狭窄，因气温差异开河较晚，在上游来水的动力作用下，容易形成水鼓冰开的"武开河"，致使水位陡涨，形成冰坝，壅高水位，漫滩偎堤造成严重的凌汛灾害。加之凌汛期间，天寒地冻，取土困难，不利于防守和抢险，致使险情不能得到有效控制而造成较大灾害。

据悉，国家防总、黄河防总和山东省对黄河防凌工作高度重视，多次对黄河下游防凌工作进行安排部署，提出明确要求。黄河防总加强了对黄河上中游水库的调度，较好地控制了黄河下游封河期流量。山东沿黄各级政府和有关部门凌汛前都进行了充分的防凌准备，凌汛期间，都加强了防凌值班和凌情观测，做好了冰凌爆破和抢险准备，及时拆除了影响流凌的 53 座浮桥，在建的济南黄河高速铁路大桥和建邦公路大桥施工便桥也都落实了破冰措施。通过各级的共同努力，使黄河下游封河平稳，开河顺利，没有发生卡冰壅水漫滩和防洪工程出险等情况，确保了沿黄人民群众的生命财产安全。

（851 字，按 220 字/分钟朗读需要 3 分 52 秒，按 240 字/分钟朗诵需要 3 分 33 秒。摘自中央人民广播电台）

构思精巧表现完美　外媒盛赞北京奥运会开幕式盛会

8 月 9 日消息。第 29 届奥运会 8 日晚在北京拉开帷幕，世界各国电视台纷纷对北京奥运会开幕式盛况进行实况转播，开幕演出所展示的浓郁中国文化深深打动了外国电视媒体人，节目的精巧设计赢得了赞叹。

德国电视一台 8 日全程实况转播了北京奥运会开幕式盛况。电视一台在有关评论中说，这是一场"构思精巧、表演得完美无瑕、令人印象深刻"的奥运开幕式，划过"鸟巢"中 9 万多名观众眼帘的是中国几千年的历史。绚烂多彩的图案、众多的象征意义和人们脸上绽放的幸福笑容，北京奥组委努力向全球观众展示了一幅幅动人心魄的画面。

英国广播公司(BBC)是英国奥运会和残奥会的独家广播公司，拥有本届奥运会的电视、广播、在线、移动手机的英国转播权。广播公司所属的电视一台、高清晰频道、欧洲体育台都对北京奥运会开幕式进行了实况转播。BBC 主持人休·爱德华兹在实况转播北京奥运会开幕式时评论说，开幕式充分显示了中国人的自信。欧洲体育台主持人称，北京奥运会的规模超出任何想象，它简洁、超常、令人惊叹。

法国国营电视二台实况转播了北京奥运会开幕式盛况，电视台解说员对中国文化十分了解。当四大发明和丝绸之路等场景出现时，解说员详细介绍了相关的历史。开幕式上展现古人阅读竹简场景时，解说员同步介绍了竹简的来历和功用，并称孔子的儒家学说和思想就是通过竹简流传下来的。

瑞典电视台 8 日全程转播北京奥运会开幕式，评论员称赞开幕式古香古色、气势宏大。此外，瑞典电视台同时在其网站上发表评论，认为开幕式从色彩、灯光、舞蹈到大型表演都体现了"和"的主题，尤其是大型集体表演更让人获得了非凡的视觉冲击。

西班牙国家电视台 8 日一早即开始北京奥运会开幕倒计时，并全程转播开幕式实况。电视台主持人赞叹开幕式场面非常精彩，完美地将中国传统文化和现代中国的风采结合在一起，展示在全世界观众面前。

葡萄牙国家电视台二频道解说员在北京奥运会开幕式转播节目中评价说，中国人通过北京奥运会开幕式以其独特的方式向世界诉说着自己的悠久历史和传统文化，中国人向世界诉说自己的历史和文化的方式具有不同寻常的、丰富的想象力。

保加利亚国家电视台解说员在转播北京奥运会开幕式盛况时说，北京奥运会的开幕式简直"完美无缺""无可挑剔"，很好地展现了中国的历史和文化。解说员还评论说，开幕式的电视播出效果无与伦比。

俄罗斯国家电视台对北京奥运会开幕式进行全程转播并给出积极评价，认为本届奥运会开幕式反映了改革开放 30 年来中国发生的巨大变化及取得的巨大成就，中国人民不仅在物质生活上，在精神生活上也富足了起来。

日本广播协会电视台在转播时评论说，开幕式上的表演具有强烈的中国特色，如京剧、提线木偶等节目，表演壮观而有气势，融合了传统和现代。

主持人不时为精彩的表演发出由衷的赞叹。

新西兰电视一台向新西兰和南太平洋岛国的电视观众实况转播了北京奥运会开幕式。其解说员说，"今天是中国人民历史上最伟大的一天"，开幕式相当成功、精彩。解说员还特意指出，当中国运动员入场时，中国代表团旗手、著名篮球运动员姚明和四川省汶川县映秀镇渔子溪小学二年级学生林浩，走在队伍的最前列，"这是非常感人的一幕"。

越南中央电视台8日晚间实况转播了北京奥运会开幕式，解说员评论说，开幕式惊喜连着惊喜，"鸟巢"的舞台上充满了光与声的变幻，以极高的艺术表现力展现了中国五千年的璀璨文明和现代科技的发展。开幕式演出中浓重的中国符号被越南解说员一一辨认出，解说员将孔子、四大发明、书法、丝绸之路等历史文化娓娓道来。解说员还特别提到，由刘欢和莎拉·布莱曼共同演绎的本届奥运会主题歌《我和你》打动人心，展示了和谐的精神。

巴基斯坦多家电视台8日晚实况转播了北京奥运会开幕式，称"精心准备的开幕式给人们留下深刻印象"。巴基斯坦黎明新闻电视台特别邀请体育界人士现场解读开幕式盛典，并表示北京奥运会是中国向世界展示自己文化和国家形象的好机会，开幕式非常有特色，让人印象深刻。

乌拉圭蒙特卡洛电视台当地时间8日上午开始对北京奥运会开幕式进行实况转播。电视台记者马里奥·乌贝迪在从北京"鸟巢"发回的现场报道中说，北京奥运会开幕式精彩动人、气势恢宏，令人"难以置信"。开幕式表演中传递出和谐、祥和的气息，是奥林匹克精神的体现。

科特迪瓦国家电视台8日全程转播了北京奥运会开幕式。主持人表示，举办奥运会是全体13亿中国人的梦想，这一梦想到今天终于实现，中国人为此而欢欣鼓舞。他祝愿北京奥运会圆满成功，并希望所有运动员取得好成绩。

芬兰、韩国、捷克、阿尔巴尼亚、印度尼西亚、科威特、卡塔尔、印度、罗马尼亚、加拿大、柬埔寨、斯里兰卡、马尔代夫等国的电视台也都实况转播了北京奥运会开幕式盛况。

（1894字，按220字/分钟朗读需要8分37秒，按240字/分钟朗诵需要7分54秒。摘自中央人民广播电台）

奥运是中国融入世界的重大事件

当"祥云"主火炬在"鸟巢"上空腾起夺目的光焰，世界80多个国家、地区的领导人和贵宾与10万名现场中外观众一同仰首，一同激动，一同祈祷。

这次出席北京奥运会的国际贵宾包括54位国家元首、16位政府首脑、9位王室代表、1位地区负责人和4位总统夫人。

在奥运五环旗下，众多国际政治舞台上的"重量级"人物聚首北京，其规模之宏大，场面之热烈，无不在中国外交史上书写出新的篇章。

开放、自信的中国迎来五大洲贵宾，在奥林匹克精神感召下，共同会聚在五环旗飘扬的北京。

一、运动员入场，元首成了"啦啦队队长"

当运动员入场时，这些政要就不仅是观众，而且还成了各自国家和地区的"啦啦队队长"

"满分——10分！"这是澳大利亚总理陆克文对北京奥运会开幕式的评价。

"开幕式精彩纷呈，令世界难忘。我感受到中国人民的激情，也看到了中国在举办奥运会过程中所做的大量卓有成效的工作。"菲律宾总统阿罗约说。

"开幕式既有中国传统文化特色，又有高科技含量，规模宏大。我作为亚洲人，看到开幕式的成功，感到很自豪。"韩国总统李明博说。

"奥运会开幕式的水平相当高，在现场观看深受震撼。"土库曼斯坦副总理萨帕尔雷耶夫说……

谈到8月8日那个充满了激情和梦想的夜晚，政要们接受采访时仍难掩内心的激动。

国家元首或政府首脑应本国奥委会邀请，作为注册贵宾来出席奥运会的有关活动，是奥运会的惯例。这次出席北京奥运会的国际贵宾包括54位国家元首、16位政府首脑、9位王室代表、1位地区负责人和4位总统夫人。

在开幕式上，担任国际奥委会委员职务的国际贵宾坐在国际奥委会委员区域，其他贵宾坐在主席台一侧的国际贵宾看台。一落座，政要们便开始饶有兴趣地欣赏北京奥组委为他们准备的折扇，扇面是华贵的明黄色，图案是水墨长城。

开幕式文艺演出精彩纷呈，很多贵宾情不自禁地抛掉了往日的严肃和矜持，与全场中外观众同样兴奋地鼓掌、欢笑、挥手，还不时用望远镜仔细观看。当运动员入场时，这些政要就不仅仅是观众，而且还成了各自国家和地区的"啦啦队队长"。每当自己的代表团走过主席台，这些国家和地区领导人都会起立、挥手，为自己的运动健儿加油助威。

二、按惯例每位政要抵达都未安排欢迎仪式

众多贵宾抵达使外事接待工作与以往外事礼宾活动有很大不同。遵循国际奥委会惯例，对每位政要抵达都没有安排欢迎仪式

近几天来，国际政要密集抵达北京，吸引了全世界的目光。如此众多贵宾抵达使外事接待工作与以往外事礼宾活动有很大不同。遵循国际奥委会惯例，对每位政要抵达都没有安排欢迎仪式。

外交部工作人员表示，由于来京出席奥运会相关活动的国际贵宾访华属于非国务访问，因此并未特别安排欢迎仪式。中方将通过提供周到服务表达对每一位来自远方贵宾的热忱欢迎。

这次国际贵宾奥运会期间到访，也开创了不少先例。日本首相福田康夫是20年来第一位到国外观看奥运会的日本首相。法国总统萨科齐是以法国总统和欧盟轮值主席的双重身份来华参加奥运会开幕式的。布什则是第一位在任期间出席在他国举办的奥运会的美国总统。布什说，北京奥运会"是一个告诉中国人民我们尊重你们的传统、尊重你们的历史的机会"。

各国和地区政要的到来表现出世界对北京奥运会的支持。早些时候，陆克文说："澳大利亚是作为中国的一个坚定朋友来参加今年的奥运会的。回顾我们自己的经历，2000年悉尼奥运会是我们国家引以自豪的时刻。北京奥运会将是中国融入世界的一个重大事件。"

三、把筹办奥运比作运动　赞同把金牌发给中国

北京奥运会的筹备工作展现了当今中国的形象——雄心勃勃，充满生机和活力，现代化而且意志坚定

8月8日中午，国家主席胡锦涛举行隆重宴会，代表中国政府和人民欢迎来京出席奥运会开幕式的五大洲贵宾。胡锦涛与国际贵宾在人民大会堂北大厅合影留念，背景是一面绘有万里长城雄壮画卷的翠绿色调巨幅苏绣。

在宴会前的短暂歇息中，政要们注意到人民大会堂西大厅摆放了8件中国文物精品：西周伯矩鬲、西汉虎牛铜案、元代清白釉水月观音菩萨像等。这8件国宝无不巧夺天工，美轮美奂，各国和地区贵宾纷纷驻足观看。

中国五千年传统文化的非凡魅力，是政要们抵达北京以来感受最强烈的元素之一。"中国是一个伟大的文化发源地，再加上奥运会，使得此次北京之行意义非凡。"阿富汗总统卡尔扎伊这样介绍他出席北京奥运会开幕式的原因。

而北京奥运会出色的筹备工作得到了国际政要的高度赞赏。萨科齐认为，北京奥运会的筹备工作展现了当今中国的形象——雄心勃勃，充满生机和活力，现代化而且意志坚定。他说："中国已经为筹备奥运尽了最大努力，如果把奥运会的组织工作比喻成一项体育运动的话，我相信所有人都会和我一样，赞同把'金牌'发给中国。"

巴西总统卢拉则表示，中国筹办奥运会的经验对巴西奥运会申办工作有重大借鉴意义。他出席北京奥运会开幕式的重要原因之一，是想近距离了解奥运会的组织工作和相关基础设施建设情况。加蓬总统邦戈在中国的发展历程中看到了非洲的希望。"对发展中国家来说，中国是一个楷模。"

中国通过筹办和举办奥运会，彰显出致力于和平、合作、发展的国际形象，得到国际社会的广泛认同。以色列总统佩雷斯说，一个国家的对外政策能够通过体育赛事的组织得以体现，北京奥运会向所有国家张开欢迎的双臂，没有任何歧视和偏见。"中国一直以'丝绸'而非'钢铁'来发展对外关系。"他说，"中国是世界未来的希望，我愿毕生致力于发展以中友好关系。"

四、奥运是运动员的比赛不是国家间的较量

本届奥运会取得的成功将不仅表现在体育方面，还将体现在人类社会通过体育、文化及教育的有机结合进一步发展现代奥运理念及价值观，推动建设一个更美好的世界

8月9日，在奥林匹克篮球馆进行的女篮揭幕战中，澳大利亚队以83：64轻取去年欧锦赛铜牌得主白俄罗斯队。作为观众之一，澳大利亚总理陆克文说："比赛真是太棒了！"

在各国和地区政要中，很多人本身就是体育运动的超级爱好者。正是基于对体育精神的深入体会，多位政要明确表示反对国际上少数人将奥运会政治化的企图。

　　普京认为，这是"对奥运精神的践踏"。他引用顾拜旦的话说，奥运会是运动员的比赛，而不是国家间的较量。奥林匹克运动具有基于团结、理解与合作的价值观，不信任和对抗有悖于奥运精神。

　　奥林匹克宗旨代表着人类和平与和谐的梦想，各国和地区政要分别从不同角度解读着这一梦想。

　　"我们的国家正从战乱中走出来，人们生活贫困。"卡尔扎伊说，"我希望年轻人聚在一起，为了奥运全心付出，展现竞技之美，然后开开心心地回家。"

　　"北京奥运会得到了世界各国的积极响应。"越南国家主席阮明哲认为，"本届奥运会取得的成功将不仅表现在体育方面，还将体现在人类社会通过体育、文化及教育的有机结合进一步发展现代奥运理念及价值观，推动建设一个更美好的世界。"

　　莱特姆给记者讲了一个故事：他在一次旅行时与一个太平洋岛国的总统坐在一起，这个岛国很小，他问这位总统他的国家在做什么，总统竟然告诉他，他的国民正在为参加北京奥运会做准备。"这就是奥林匹克之梦，贵在参与，同一个世界，同一个梦想，这就是奥林匹克精神"。

　　（2831 字，按 220 字/分钟朗读需要 12 分 53 秒，按 240 字/分钟朗诵需要 11 分 48 秒。摘自《南方日报》2008 年 8 月 10 日）

第六章

如何让说话富有感情
——语气、重音、变速和停顿训练

训练目标

要使语言表达有变化，富有感情，应达到以下三个子目标：一是正确使用音调；二是学会用重音说话；三是学会变速和使用停顿。

训练项目

☞ **语气训练**

项目性质：可选项目(想让自己说话更有感情色彩的可选此项)。

训练时长：30~60天，每天10~30分钟。

☞ **重音训练**

项目性质：必选项目(因为重音实在是太重要了)。

训练时长：30~60天，每天10~30分钟。

☞ **变速和停顿训练**

项目性质：必选项目(请结合重音训练一起进行)。

训练时长：30~60天，每天10~30分钟。

注：以上训练项目可以与上一章的训练项目合并进行。

上小学时，老师告诉我们，读课文千万不要像念经。什么样的说话像念经？念经的时候需要心如止水，语气要没有丝毫感情色彩，声音应该是平平淡淡的，速度应该是没有变化的。当然，如果用念经那样的方式来做演讲，其后果是非常严重的，听众不是走光了，就是睡着了。

与念经相对应的、截然不同的一种语音表演方式是诗朗诵。诗朗诵有着强烈的感情色彩，语速放得非常慢，字的腔调拉得很长，声音的变化非常丰富。这是一种夸张的语言表达方式。然而，用这种方式来和别人说话，后果也比较严重，听众不是走光了，就是被吓晕了。

因此，在公众面前的语言表达，既不能像念经那样毫无感情，腔调一成不变，也不能像诗朗诵那样夸张，感情澎湃，而应该有适当的感情色彩。我们形容语言表达者讲得好时，常会用"有激情"这个词。这里所说的"激情"，主要是指语言表达者在表达过程中流露出来的自信、对内容的熟悉以及充沛的活力。这种"激情"的语言表达才具有煽动力，才能让听众相信语言表达者所讲的内容。此外，为配合语言表达的内容，感情也需要有适当的外露，如果表达的内容是喜悦的，音调就应该是略高亢的，如果表达的内容是悲哀、严肃的，无疑声音就应该是低沉的。

同时，面对公众说话时，音调、语速都应该有适当的变化。就像平原上的高速公路，有些弯道是故意加上的，目的是防止司机睡着。同样，如果演讲没有音调的变化，没有速度的变化，一字一顿的，不仅不能传递感情，而且容易把听众都催眠了。笔者在听讲座时碰到过不少内容虽然非常不错，但声音过于平淡，疑似念经般的讲座，这种讲座当然毫无激情可言，每次都是用猛喝茶水、撑眼睛、掐手臂的方法才能非常"痛苦"地听下去。

其实，语言表达时的感情和变化是密不可分的。语言表达者的感情都是通过其音调的高低、声音的大小、语速的快慢以及停顿这些变化来体现的，没有音调、音量、语速和停顿的变化，感情不可能体现出来，而语言表达只要有感情的流露，就必然会出现各种变化。可以说，变化是感情外露的载体，而感情则是变化的主要目的，在两者的共同作用下，语言表达就会变得精彩，变得吸引人。同样的内容，通过语言表达者不同的感情演绎，听众会产生不同的感受。有些优秀的演员或者播音员能够把一篇毫无文采的文章念得饱含感情，让人听起来有字字珠玑的感觉。虽说形式不可能有取代内容的作用，但形式的力量有时候是非常惊人的。不夸张地说，优秀演员就算只是念篇电视机使用说明书，也能把人念得潜然泪下。曾经有一位著名的波兰话剧演员，邀请一些外国朋友吃晚餐。席间，朋友们请她表演一段，她一开始推托说没有剧本，后来在朋友们一再坚持下，她只好拿起一张纸，说这是一个悲剧选段，然后用波兰文表演起来。她的语言恳切，感情充沛，旁边的外国朋友虽然不懂波兰语，也被她的表演打动了，甚至有人感动得流下了眼泪。正当大家沉浸在她动人的表演中时，她的丈夫忍不住大笑起来，原来，这个波兰演员所朗读的只不过是一张菜单。

综上所述，感情和变化，主要体现在正确地运用音调、重音、变速和停顿四个方面。

一、合理使用音调

音调就是我们平常说的语气。例如，妈妈责怪孩子："你怎么能用这种语气跟爷爷说话。"就是指小孩子在跟长辈说话的时候用了错误的音调，使自己的语言表达听起来不够尊敬他人，或者不够庄重。

音调这一概念来自声学，是指声音频率的高低起伏。我们都知道，歌曲和乐曲都有音调，有高音和低音的不同变化，说话其实也有高音低音的变化。音调和声调是不同的概念，汉语声调是指拼音的一、二、三、四声和轻声。音调则是指声音频率的高低，与声调关系不大。频率越高，音调越高，相当于音乐中的高音；频率越低，音调越低，相当于音乐中的低音。

汉语不像英语，英语有明显的升降调，一般疑问句用升调，特殊疑问句用降调。汉语中音调的变化要小一些，但是，不能因此认为汉语不讲音调，不管哪一种语言都有音调的变化，音调是用语言来表达感情的重要途径，同样一句话，用不同的音调读出来，意思可能会完全不同。

在语言表达中，音调与语速、音量配合时，会产生以下四种主要的变化。

（一）平缓调

整个音调变化小，语速较为缓慢，音量适中。这种语言表达效果会给人一种压抑感，常常用来表达一种冷淡、哀伤、庄重的语气。比如："我非常失望""我再也不想做这种事情了""马丁·路德·金的被刺是一件让人哀痛的事件"。

（二）急升调

音调变化先低后高，音量在后面放大，语速较快。这种语言表达常用在焦急、疑问、鼓动、斥责的语气中。比如："你还不走""你怎么能这样""我们还去不去""我们难道就只能袖手旁观吗"。

（三）急降调

音调变化是先高后低，音量前面大，后面小，语速较快。这种语言表达常常用在肯定、赞扬、赞同、自信等语气中。比如："你太棒了""我太感动了""我相信没有什么是我们做不到的""只要功夫深，铁杵磨成针"。

（四）变调

音调高低反复变化，飘移不定，语速也可以不断变化，这种语言表达与前一种恰恰相反，体现了语言表达者的不自信、恐慌、害怕的心情，也可以用来演绎一种藐视、调侃、满不在乎的语气。比如："早知如此，你又何必当初呢""我也不太确定，这事到底是能做还是不能做"。

音调的种类有很多，以上四种并不是所有的音调。著名的戏剧家萧伯纳曾经说过：书面的东西，就算修辞再出色，在语言表达音调方面也无能为力，比如"是"在语言表达中可能会有 50 种语气，而"是不是"则可说出 500 种音调，但是在书面上，则永远只有一种。的的确是这样，在纸面上死板的东西，在艺术家的口中就会变得鲜活起来，同样一句话，在不同的演绎下会有截然不同的感觉。

在日常的说话中，我们要学会使用正确的音调，但要注意的是，音调变化不宜多，要恰如其分地使用在该用的地方。音调如果使用错，会让听众误会；过多地使用音调，又会让人觉得是拿腔拿调，听起来很不舒服。

语气训练

❖训练方法

1."同句多义"训练法

这种训练方法有点儿像电影《喜剧之王》中周星驰接受的表演测试，但这里用的不是表情，而是音调。请大家用不同的语调来读同一句话，揣摩不同音调下的不同含义。

比如，请尝试用不同的语气，来读"你也是这个学院的"这句话。

（1）用表示藐视的语气，含义是"你也配是这个学院的人?"

（2）用表示高兴的语气，含义是"你也在这里，真是太好了。"

（3）用表示愤怒的语气，含义是"你给这个学院抹黑了。"

（4）用表示失望的语气，含义是"要是你不在这个学院就好了。"

（5）用表示怀疑的语气，含义是"你是不是这个学院的?"

（6）用表示满不在乎的语气，含义是"你是不是这个学院的都无所谓。"

（7）用表示惊讶的语气，含义是"你竟然是这个学院的。"

2. 多看多听一些影视作品中的对话

推荐大家看话剧，看看那些演员是如何正确表达自己的情感的。可以找一些话剧的音频、视频片段，尽量模仿他们的说话方式，体会一下音调和情感之间的联系。

❖ 训练要求

一定要切合应有的情感。

❖ 训练时长

此项目为可选项目，觉得自己对语气把握不好的人可以开展此项训练，需要进行约 15 天，每天练习 10~30 分钟，不要超过半个小时。

二、一定要学会使用重音

在口语语言表达中，重音是一种最重要的语音变化，它在公共场合的语言表达中起着不可替代的重要作用。在训练的时候，一定要学会使用重音说话，这就是要养成在语言表达时使用重音的习惯。在日常的交流中，重音表现得并不突出，很多人都没有注意到重音的存在，这就造成了许多语言表达者不知道使用重音或者不会正确使用重音。但在公共场合的语言表达中，重音是必不可少的，特别是在演讲时，可以说，没有重音的演讲就是催眠曲。而且，演讲者的情感也主要是通过重音来体现的，不使用重音，演讲者又如何感染听众呢?

英语口语是非常讲究重音的，每句话中都有重音词(stress)，这些重音词常常由名词、动词、数词、形容词等关键的词构成，在每一句中，有一个词是全句的关键，是最需要重读的词。在发音的时候，把这些重音词都重读，那个最需要重读的词特别突出一下，其他的词读轻一点儿，会让听者更准确和更轻松地把握说话者的意思。

重音不是英语的专利，在中国许多的地方方言中都有强调重音的习惯，特别是四川话和重庆话，这些地方的人说话，在每句当中都有一个字或者词的声音要拉得长一点，或者要比别的字声音大。比如，"咱们袍哥人家，绝不拉稀摆带"。前一句中的"袍"字和后一句的"拉"字，都要拖一下，声音大一些，这样的变化可以使这两句话听起来有起伏，特别有味道。不是有人说，四川人、重庆人说话像在唱歌吗？其实，四川话、重庆话说起来之所以有这种音乐感，主要就是因为它们有重音。

（一）重音

所谓重音，就是一句话中通过声音的放大、音调的升高和语速的放缓来突出的字和词。请注意这一概念中的"放大""升高""放缓"三个关键词，多听一些诗朗诵或主持人饱含深情的话语，从中你能轻易地发现重音的存在。

（二）重音的作用

使用重音主要有以下三个作用：

1. 突出关键词，让听众充分听清说话人要表达的意思

学过英语，练过听力的人都知道，要听懂英语，抓住关键词是最重要的，只要抓住了关键词，别的单词没有听清也不影响对整句意思的理解。但反过来，如果只听明白了一些代词、助动词、介词，偏偏没有听懂关键的那个数词、名词、动词，那么就算其他词听懂得再多，也不会明白这句话是什么意思。在这点上，汉语和英语的语言表达是相通的，如果说话的人把关键的字、词说得大声一点、慢一点，听众听起来就会好理解一些。在公众场合讲话，混响声强，杂音大，如果不把关键字、词突出成重音，听众很容易听混。

2. 重音用在不同的地方，意思会不一样

同样的一句话，把重音标在不同的地方，会使句子表现出不同的意思。我们假设以下场景：警察在审问嫌疑犯时，警察问：你是不是杀死了人？

嫌疑犯回答："我没有杀死过人"（重音放在"我"上，强调是我，而不是别人）。

警察追问："那么你知道谁杀了人，你的同党？快交代清楚。"

嫌疑犯回答："我没有杀死过人"（重音放在"死"上，强调是杀死）。

警察追问："这么说来你杀过人，只是没有杀死，那你赶快交代，你杀过谁？"

嫌疑犯回答："我没有杀死过人"（重音放在"人"上，强调杀死的是人，而不是其他东西）。

警察追问："没有杀死过人当然好，但是，如果你杀死的是保护动物，我们可还是要过问的。你不会杀过大熊猫吧？那也是死罪啊。"

嫌疑犯彻底崩溃了，其实他只要把重音放在"没有"上面，这句话就非常清楚了，警察也就不好挑出毛病了。

再来看一个例子："我也喜欢吃面条。"

如果是"我也喜欢吃面条"重音放在"我"上，强调的是主语"我"，这句话就可能是有别的人说了喜欢吃面条之后，接着说的一句话；如果是"我也喜欢吃面条"，把重音放在"吃"上，强调"吃"这一动作，那这句语的意思就主要与"擀"面条、"煮"面条等相对应，说明自己又会做又会吃；如果是"我也喜欢吃面条"，把重音放在"面条"上，强调吃的东西，那这句话的意思就是为了说明自己不仅喜欢吃面条，还可能喜欢吃米饭、吃面包等。

因此，说话可得把重音放准了，没放正确，让听众理解错了就麻烦了。

3. 重音的使用，可以使句子富有感情

这当然是最重要的一点。前面已经讲了音调的作用，音调必须与重音一起，才会产生效果。没有重音的句子，音调是很难表现出来的，除非平调，没有变化。重音字词一般就是音调中的高音部位，如果把一句话比喻为一座山，那么重音位置就是这座山的山峰。通过重音在句子里面的闪现，整个句子就变得跌宕起伏，呈现出了韵律感。所以说，音调和重音是密不可分的，在它们的共同作用下，句子呈现出了丰富的感情。

把握句子的重音可以参照以下四个原则。

◎ **在每一句话中，可以有一个到几个重读的词。**

这里所说的"一句话"不是指以句号结尾的一整句话，而是指任何一个短句。

◎ **通常情况下，一句话仅能有一个最重读的字词。**

说话时，既不能在句中缺乏重音词，也不能在句中读出几个平行的重音词，平行读出几个重音词听起来是非常奇怪的。在列举事物的句子中也是如此，如

"接待工作一定要做到细致、热情、耐心和周到"，四个并列的词都是重音词，但四个词有一个递进关系，一般会把最重读的词放在倒数第二个词——"耐心"上面，其他三个词相对要弱一些。之所以不把"周到"作为最重读的词，是因为在高峰之后有一个收尾，会让句子更有韵味。

◎**重音词一般由代词、名词、动词、数词、形容词构成。**

代词、名词、动词、数词、形容词通常是句中的关键词，规定着事物的性质。连词、叹词、副词等一般不会成为重音词。

◎**在一句话中传达新信息的词语通常就是最需要强调的词语，也就是最需要重读的那个词。**

例如："做女人难，做名女人更难，做单身的名女人难乎其难。"在这三句话中，第一句"做女人难"，"难"字是语言表达的关键，所以难字应该重读；第二句"做名女人更难"，新的信息是"名"这个字，这个字当然应该最重读；第三句"做单身的名女人难乎其难"，新的信息是"单身"，因此"单身"应该被重读。由于三句话是递进关系，最后一句中的"单身"是三句话中最为突出的一个词，因而是"重中之重"。

综合以上规则，来体会一下下面这段话的重音。

道德是石，敲出星星之火；道德是火，点燃希望之灯；道德是灯，照亮前行的路。

通过分析，我们不难得出，"石""星星""火""希望""灯""前行"是各句中的重音。在朗读的时候，从前往后，音调渐渐上升，在"灯"字达到高峰，然后最后一句音调放低，速度放缓，进行一个回收。

如果把音调和声音画成山状的曲线，其情形应该如图 6-1 所示。

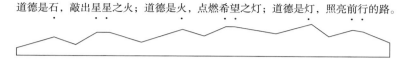

图 6-1 山状曲线

虽然在日常对话中，我们不需要特别地突出重音，但在公众面前进行语言表达时，一定要正确使用重音。因此，在训练中我们要有意识地使用重音，甚至在平时说话时也坚持每句话都有重音，这样才能养成好的习惯，以后在公众面前进行语言表达时，重音就会自然地脱口而出了。

 **训练项目**

重音训练

❖ 训练方法

1."同句多义"训练法

对同一句话的不同字词使用重音标读，体会在不同重音下，同一句话所表达出来的不同含义。

例：我也会修理汽车。

分别重读"我""也会""修理""汽车"，体会在不同读法中该句的意思。

2. 把朗读材料中需要重音读出的字词都标记出来，再进行朗读

例如：天空还是一片浅蓝，很浅很浅的。转眼间，天水相接的地方出现了一道红霞。红霞的范围慢慢扩大，越来越亮。我知道太阳就要从天边升起来了，便目不转睛地望着那里。

果然，过了一会儿，那里出现了太阳的小半边脸，红是红得很，却没有亮光。太阳像负着什么重担似的，慢慢儿，一纵一纵地，使劲儿向上升。到了最后，它终于冲破了云霞，完全跳出了海面，颜色真红得可爱。刹那间，这深红的圆东西发出夺目的亮光，射得人眼睛发痛。它旁边的云也突然有了光彩。

有时太阳躲进云里。阳光透过云缝直射到水面上，很难分辨出哪里是水，哪里是天，只看见一片灿烂的亮光。

有时候天边有黑云，而且云片很厚，太阳升起来，人就不能够看见。然而太阳在黑云背后放射它的光芒，给黑云镶了一道光亮的金边。后来，太阳慢慢透出重围，出现在天空，把一片片云染成了紫色或者红色。这时候，不仅是太阳、云和海水，连我自己也成了光亮的了。

资料来源：海上日出，https://baike.so.com/doc/6831065-7048263.html。

❖ 训练要求

学会使用重音来表达情感。

❖ 训练时长

重音训练需要进行30~60天，与语音、普通话、语速等训练一起进行，每天练习10~30分钟。

三、语速的变化与适当的停顿

在语言表达中，语速应该是有所变化的，它与音调、重音一起，使语句呈现出高低起伏的效果，从而反映出语言表达者的感情。

（一）语速变化的基本规则

在重音字词上，语速应该放缓，把尾音拖足。

音调低沉时，语速较慢，音调上升时，语速加快。

在排比句中，从前往后，语速应该有逐渐加快的趋势，但在最后一句上，则应该放缓下来。

停顿是语言表达中必要的组成部分。句与句之间，都应该有适当的停顿，这是句子间划分间隔所需要的。要是一个人说话没有停顿，听起来就像是念经，听的人肯定也会犯糊涂的。另外，在大段语言表达中，适当的停顿能够给语言表达者和听众一个休息的机会，没有谁能一口气不停地说完所有的话，听的人也需要时间来消化听到的内容，要是语言表达者一刻也不停地说话，语速又快，会给听的人造成强大的压力，使听的人觉得紧张不适。

（二）在语言表达中使用停顿的原则

句与句之间有适当的停顿。这种停顿不宜过长，能把句子和句子区分开就可以了。

在需要特别强调的句子后，需要较长的停顿。比如："未来是你们的，也是我们的，但归根结底是属于你们的。"在说完最后这句后，需要一个停顿来突出此句的重要性，这时候的停顿会有此时无声胜有声的效果。

在自问自答的句子中，提出问题后，应该有较长的停顿。目的是给听众思考的空间。例如："我们能够放任这种事情的发生吗？当然不能。"在问号之后，应该略停一秒。

要避免在句中出现停顿。句中重音后有拖长尾音的现象，但那不是停顿，出现在句中的停顿会让听众觉得不舒服，认为语言表达者是忘词了。在句中出现停顿，除了习惯使然外，有些人是因为气接不上，不得已在句中出现停顿。想要避免出现这样的现象，就要避免出现长句。对于那些较长的书面句子，可以把它拆成较短的口语化的句子，比如"将这战场上的一小块土地奉献给那些为国家生存而英勇捐躯的人们，作为他们最后的安息之地"这句话，拆成"在这战场上，我们把一小块土地，奉献给那些，为了国家的生存，而英勇捐躯的人们，把这作为他们，最后的安息之地"这样就不难找到机会换气了。

变速和停顿训练

❖ **训练目的**

学会变速，正确运用停顿。

❖ **训练方法**

(1)使用朗读的办法，和音调、重音练习一起进行。

(2)在朗读时，配合音调、重音，进行变速训练。

(3)在朗读时，注意体会句子间的停顿，碰到强调句和疑问句，要注意多加停顿。

(4)碰到较长的句子，请自行在中间断句，加上停顿。

❖ **训练时长**

此项训练需要进行30~60天，与语音、普通话、语速、重音等训练一起进行，每天练习10~30分钟。

附 录 训练材料

一、"同句多义"训练材料

1. 请尝试用欣喜、赞叹、自信、失望、愤怒、惊讶、伤心、调侃、轻蔑、疑问等不同语气，来读下面的句子，可以请你的朋友听你读，猜猜你要表达的语气。

（1）整整一天，我都饿着肚子。

（2）你这个人。

（3）你也是北京大学毕业的学生。

（4）这是一支很长的队伍。

（5）我们一定会再见面的。

（6）这件事情可真是。

（7）你已经20岁了。

（8）你会比我先到那里。

（9）地球上不是只有一个国家。

（10）今天是个下雨天。

2. 请朗读下面这些句子，尝试把句中的不同词语分别作为重音读出来，体会一下句子所表达意思的不同。

（1）我也会修理汽车。

（2）他是我们这个班上的学生。

（3）我不想这件事情出问题。

（4）你知道我有多么伤心吗？

（5）你一点儿都不关心我的事。

（6）这碗面要是再放一点儿盐就好了。

二、重音训练朗读材料

下面的材料中，重音已经用着重号标注出来，请在朗读的时候通过音调、音量和语速的变化，将这些重音字突出来，在读不同材料时，应该注意不同材料各自的感情色彩。

葛底斯堡演说

八十七年前，我们的先辈们在这个大陆上建立了一个全新的国家，它受孕于自由的理念，并献身于人人生而平等的理想。

如今我们正在从事一场伟大的内战，以考验我们或任何一个受孕于自由并献身于上述理想的国家是否能够长久生存下去。现在，我们聚集在战争中的一个重要的战场上，我们来到这里，是要把这个战场土地的一部分奉献给那些为使这个国家能够生存下去而献出了自己宝贵生命的烈士们作为最后安息之所。我们这样做是完全应该而且是非常恰当的。

但是，从更广泛的意义上来说，不是我们奉献、圣化或神化了这块土地，而是那些活着的或者已经死去的、曾经在这里战斗过的英雄们使得这块土地成为神圣之土，其神圣远非我们的渺小之力可增减。世人不会注意，也不会记住我们在这里说过什么，但是他们永远无法忘记那些英雄们的行为。这更要求我们这些活着的人去继续那些英雄们所为之战斗的未竟事业。我们应该在这里把自己奉献于仍然留在我们面前的伟大任务——要从这些光荣的死者身上汲取更多的献身精神，来完成他们已经完全彻底为之献身的事业；我们要在这里下定最大的决心，不让这些死者白白牺牲——要使这个国家在上帝保佑下得到新生——要使这个民有、民治、民享的政府永世长存。

资料来源：葛底斯堡演说［EB/OL］. https://baike.so.com/doc/308709-326854. html。

提示：《葛底斯堡演说》是美国前总统林肯在南北战争中为纪念在葛底斯堡战役中阵亡战士所做的一篇演讲，是他最出名的演讲，虽然用时不到2分钟。

葛底斯堡战役(1863年7月1日至3日)是美国南北战争中最为残酷的一战，也是南北战争的转折点。这场战役交战双方共死亡51000人，而当时美国只有几百万人口。四个月后林肯总统到葛底斯堡战场访问，为这场伟大战役的阵亡将士墓举行落成仪式。

虽然这是一篇庆祝军事胜利的演讲，但它没有好战之气。相反，这是一篇感人肺腑的颂词，赞美那些做出最后牺牲的人们，以及他们为之献身的那些理想。因此，我们在模仿林肯读这篇材料时，语气应该是庄严、自信和充满激情的。

我有一个梦想(片段)

我梦想有一天,这个国家会站立起来,真正实现其信条的真谛:"我们认为这些真理是不言而喻的——人人生而平等。"

我梦想有一天,在佐治亚的红山上,昔日奴隶的儿子将能够和昔日奴隶主的儿子坐在一起,共叙兄弟情谊。

我梦想有一天,甚至连密西西比州这个正义匿迹,压迫成风,如同沙漠般的地方,也将变成自由和正义的绿洲。

我梦想有一天、我的四个孩子将在一个不是以他们的肤色,而是以他们的品格优劣来评价他们的国度里生活。

资料来源:马丁·路德·金. 我有一个梦想[EB/OL]. https://baike.so.com/doc/5372456-5608389.html。

提示:《我有一个梦想》是马丁·路德·金于 1963 年 8 月 28 日在华盛顿林肯纪念堂发表的著名演讲,目的是争取黑人民族平等。在他发表演讲时,美国的黑人正遭受不公正的待遇,他的演讲中有着悲愤和不屈的因素,但同时又在竭力向听众展示一个未来的美国前景。我们在模仿马丁·路德·金读这篇材料时,声音要略高亢,语气中满含激情。

匆匆

燕子去了,有再来的时候;杨柳枯了,有再青的时候;桃花谢了,有再开的时候。但是,聪明的,你告诉我,我们的日子为什么一去不复返呢?——是有人偷了他们罢:那是谁?又藏在何处呢?是他们自己逃走了罢:现在又到了哪里呢?

我不知道他们给了我多少日子;但我的手确乎是渐渐空虚了。在默默里算着,八千多日子已经从我手中溜去;像针尖上一滴水滴在大海里,我的日子滴在时间的流里,没有声音,也没有影子。我不禁头涔涔而泪潸潸了。

去的尽管去了,来的尽管来着;去来的中间,又怎样地匆匆呢?早上我起来的时候,小屋里射进两三方斜斜的太阳。太阳他有脚啊,轻轻悄悄地挪移了;我也茫茫然跟着旋转。于是——洗手的时候,日子从水盆里过去;吃饭的时候,日子从饭碗里过去；默默时，便从凝然的双眼前过去。我觉察他去的匆匆了，伸出手遮挽时，他又从遮挽着的手边过去，天黑时，我躺在床上，他便伶伶俐俐地从我身上跨过，从我脚边飞去了。等我睁开眼和太阳再见，这算又溜走了一日。我掩着面叹息。但是新来的日子的影儿又开始在叹息里闪过了。

在逃去如飞的日子里，在千门万户的世界里的我能做些什么呢？只有徘徊罢了，只有匆匆罢了；在八千多日的匆匆里，除徘徊外，又剩些什么呢？过去的日子如轻烟，被微风吹散了，如薄雾，被初阳蒸融了；我留着些什么痕迹呢？我何曾留着像游丝样的痕迹呢？我赤裸裸来到这世界，转眼间也将赤裸裸地回去罢？但不能平的，为什么偏要白白走这一遭啊？

聪明的，你告诉我，我们的日子为什么一去不复返呢？

资料来源：朱自清. 匆匆[EB/OL]. https://baike.so.com/doc/5390413-5627062.html。

提示：《匆匆》是作家朱自清的一篇著名散文诗，写于1922年3月。当时是五四运动低潮期，现实不断给作者以失望。但是作者在彷徨中并不甘心沉沦，他仍然执着地追求着。他认为："生活中的各种过程都有它独立的意义和价值——每一刹那有每一刹那的意义与价值！每一刹那在持续的时间里，有它相当的位置。"因此，他要"一步一步踏在泥土上，打上深深的脚印"（朱自清《毁灭》）以求得"段落的满足"。全诗在淡淡的哀愁中透露出诗人心灵不平的低诉，这也反映了五四运动低潮期知识青年的普遍情绪。因此，在朗读这篇文章时，语气应该是略带忧伤的、舒缓的，要尽量表现出对逝去时间的不舍。

三、其他朗读材料

以下的材料没有将重音标注出来，请读者先轻声读一遍，揣摩一下重音应该在的位置，然后用笔将它们标注出来，再进行大声地朗读。在朗读时，请正确使用音调，给予适当的停顿，并体会一下语速的变化。

阳光散落一地

飞过人间的无常，才懂爱才是宝藏，不管世界变得怎么样，只要有你就会是天堂，像孩子依赖着肩膀，像眼泪依赖着脸庞，你就像天使一样，给我依赖，给我力量，像诗人依赖着月亮，像海豚依赖着海洋。

我在世界中寻找着我的背影，在瞬间中寻找永远不属于我自己的永恒，在刹那间感觉它存在的轨迹，没有理由地任性，是我相信于沧海间若真无真心，枉费我来过世间；没有理由地坚持，是我相信于万人中若真无真诚，枉费我们曾经的回眸一笑。惜缘人世烟火，不是我宛如世外仙人，而是最平凡的期许和等待。

有一种感觉不是爱，而是喜欢在一起，没有理由地喜欢在一起，那种感觉是一种吸引力，并非容颜抑或是美貌，而是一种天然的感召力，没有修饰，六宫粉黛无颜色的完美，这是最好的时代，也是最坏的时代，道德的缺失和理性工具的膨胀，我们无法避免，我们也在追寻属于我们自己的梦，希冀着能在毛里求斯玩耍，去芬兰游荡，去阿尔卑斯滑雪，带着温暖上路，也许并未有许多方式，也许并未有很多事，那简单的一句话、一件小事，都能缅怀于心。

我就像个长不大的大男孩，永远保持着童年的本真，偶尔在某些人面前严肃，但是那并不是我的本质，那不是我喜欢的面具，不是我刻意地装扮，而是那个时点那样的人需要我这样。

人生若只如初见，何事秋风悲画扇。等闲变却故人心，却道故人心易变。

难掩与难言，均为心中不解的情怀。

笔直的电线杆，径直的道路，我们又会何去何从？

纵使人间劳苦愁烦，也不过来世成空，转眼如风。

若寻找一个人，若今生缺少了他或者她，人生终将残缺，那么他或她注定不平凡，人间烟火为何物，孰又是无情物？

承重与负担都不是心中最难的承诺，万难与千难若真是天公为敌，众生又只能是孤独接受，若是上帝给了你一丝机会，遍是全力以赴。

阴天的成都是心中的冷静，而真诚如感化坚冰的纯真将隐埋心底，若真是有一天，晴天霹雳，你也会保守住你心中的最后一份凝望，若真是不满与愤怒，也做到你的最好，而至于你不能把握的天公，又何必呢？

倘若天使的翅膀断了，她还是会坚持地飞翔，因为那是她的梦，若无梦，灰暗，万马齐喑究可哀。

露出一个微笑，期待着下一秒，不是迎接，而是自然地到来，如此自然到你正在享受这一秒的快乐，下一秒就接踵而至。

资料来源：摘自西南财经大学"沟通与写作"课堂习作，作者周丽聪。

故都的秋

秋天，无论在什么地方的秋天，总是好的；可是啊，北国的秋，却特别地来得清，来得静，来得悲凉。我的不远千里，要从杭州赶上青岛，更要从青岛赶上北平来的理由，也不过想饱尝一尝这"秋"，这故都的秋味。

江南，秋当然也是有的，但草木凋得慢，空气来得润，天的颜色显得淡，并且又时常多雨而少风；一个人夹在苏州、上海、杭州，或厦门、香港、广州的市民中间，混混沌沌地过去，只能感到一点点清凉，秋的味，秋的色，秋的意境与姿态，总看不饱，尝不透，赏玩不到十足。秋并不是名花，也并不是美酒，那一种半开、半醉的状态，在领略秋的过程上，是不合适的。

不逢北国之秋，已将近十余年了。在南方每年到了秋天，总要想起陶然亭的芦花，钓鱼台的柳影，西山的虫唱，玉泉的夜月，潭柘寺的钟声。在北平即使不出门去吧，就是在皇城人海之中，租人家一椽破屋来住着，早晨起来，泡一碗浓茶，向院子一坐，你也能看得到很高很高的碧绿的天色，听得到青天下驯鸽的飞声。从槐树叶底，朝东细数着一丝一丝漏下来的日光，或在破壁腰中，静对着像喇叭似的牵牛花（朝荣）的蓝朵，自然而然地也能够感觉到十分的秋意。说到了牵牛花，我以为以蓝色或白色者为佳，紫黑色次之，淡红色最下。最好，还要在牵牛花底，教长着几根疏疏落落的尖细且长的秋草，使作陪衬。

北国的槐树，也是一种能使人联想起秋来的点缀。像花而又不是花的那一种落蕊，早晨起来，会铺得满地。脚踏上去，声音也没有，气味也没有，只能感出一点点极微细极柔软的触觉。扫街的在树影下一阵扫后，灰土上留下来的一条条扫帚的丝纹，看起来既觉得细腻，又觉得清闲，潜意识下并且还觉得有点儿落寞，古人所说的梧桐一叶而天下知秋的遥想，大约也就在这些深沉的地方。

秋蝉的衰弱的残声，更是北国的特产，因为北平处处全长着树，屋子又低，所以无论在什么地方，都听得见它们的啼唱。在南方是非要上郊外或山上去才听得到的。这秋蝉的嘶叫，在北平可和蟋蟀耗子一样，简直像是家家户户都养在家里的家虫。

还有秋雨哩，北方的秋雨，也似乎比南方的下得奇，下得有味，下得更像样。

在灰沉沉的天底下，忽而来一阵凉风，便息列索落地下起雨来了。一层雨过，云渐渐地卷向了西去，天又晴了，太阳又露出脸来了，着着很厚的青布单衣或夹袄的都市闲人，咬着烟管，在雨后的斜桥影里，上桥头树底去一立，遇见熟人，便会用了缓慢悠闲的声调，微叹着互答着地说：

"唉，天可真凉了——"（这了字念得很高，拖得很长。）

"可不是吗？一层秋雨一层凉了！"

北方人念阵字，总老像是层字，平平仄仄起来，这念错的歧韵，倒来得正好。

北方的果树，到秋天，也是一种奇景。第一是枣子树，屋角，墙头，茅房边上，灶房门口，它都会一株株地长大起来。像橄榄又像鸽蛋似的这枣子颗儿，在小椭圆形的细叶中间，显出淡绿微黄的颜色的时候，正是秋的全盛时期。等枣树叶落，枣子红完，西北风就要起来了，北方便是沙尘灰土的世界，只有这枣子、柿子、葡萄，成熟到八九分的七八月之交，是北国的清秋的佳日，是一年之中最好也没有的 Golden Days。

有些批评家说，中国的文人学士，尤其是诗人，都带着很浓厚的颓废的色彩，所以中国的诗文里，赞颂秋的文字的特别的多。但外国的诗人，又何尝不然？我虽则外国诗文念的不多，也不想开出账来，做一篇秋的诗歌散文钞，但你若去一翻英德法意等诗人的集子，或各国的诗文的 Anthology 来，总能够看到许多关于秋的歌颂和悲啼。各著名的大诗人的长篇田园诗或四季诗里，也总以关于秋的部分，写得最出色而最有味。足见有感觉的动物，有情趣的人类，对于秋，总是一样地特别能引起深沉、幽远、严厉、萧索的感触来的。不单是诗人，就是被关闭在牢狱里的囚犯，到了秋天，我想也一定能感到一种不能自已的深情，秋之于人，何尝有国别，更何尝有人种阶级的区别呢？不过在中国，文字里有一个"秋士"的成语，读本里又有着很普遍的欧阳子的《秋声》与苏东坡的《赤壁赋》等，就觉得中国的文人，与秋的关系特别深了，可是这秋的深味，尤其是中国的秋的深味，非要在北方，才感受得到底。

南国之秋，当然也是有它的特异的地方的，比如廿四桥的明月，钱塘江的秋潮，普陀山的凉雾，荔枝湾的残荷等等，可是色彩不浓，回味不永。比起北国的秋来，正像是黄酒之与白干，稀饭之与馍馍，鲈鱼之与大蟹，黄犬之与骆驼。

秋天，这北国的秋天，若留得住的话，我愿把寿命的三分之二折去，换得一个三分之一的零头。

资料来源：郁达夫. 故都的秋［EB/OL］. https：//baike. so. com/doc/5645449 - 5858084. html。

哦，香雪（片段）

如果不是有人发明了火车，如果不是有人把铁轨铺进深山，你怎么也不会发现台儿沟这个小村。它和它的十几户乡亲，一心一意掩藏在大山那深深的皱褶里，从春到夏，从秋到冬，默默地接受着大山任意给予的温存和粗暴。

然而，两根纤细、闪亮的铁轨延伸过来了。它勇敢地盘旋在山腰，又悄悄地试探着前进，弯弯曲曲，曲曲弯弯，终于绕到台儿沟脚下，然后钻进幽暗的隧道，冲向又一道山梁，朝着神秘的远方奔去。

不久，这条线正式营运，人们挤在村口，看见那绿色的长龙一路呼啸，挟带着来自山外的陌生、新鲜的清风，擦着台儿沟贫弱的脊背匆匆而过。它走得那样急忙，连车轮碾轧钢轨时发出的声音好像都在说：不停不停，不停不停！是啊，它有什么理由在台儿沟站脚呢，台儿沟有人要出远门吗？山外有人来台儿沟探亲访友吗？还是这里有石油储存，有金矿埋藏？台儿沟，无论从哪方面讲，都不具备挽住火车在它身边留步的力量。

可是，记不清从什么时候起，列车的时刻表上，还是多了"台儿沟"这一站。也许乘车的旅客提出过要求，他们中有哪位说话算数的人和台儿沟沾亲；也许是那个快乐的男乘务员发现台儿沟有一群十七八岁的漂亮姑娘，每逢列车疾驰而过，她们就成帮搭伙地站在村口，翘起下巴，贪婪、专注地仰望着火车。有人朝车厢指点，不时能听见她们由于互相捶打而发出的一两声娇嗔的尖叫。也许什么都不为，就因为台儿沟太小了，小得叫人心疼，就是钢筋铁骨的巨龙在它面前也不能昂首阔步，也不能不停下来。总之，台儿沟上了列车时刻表，每晚七点钟，由首都方向开往山西的这列火车在这里停留一分钟。

这短暂的一分钟，搅乱了台儿沟以往的宁静。从前，台儿沟人历来是吃过晚饭就钻被窝，他们仿佛是在同一时刻听到大山无声的命令。于是，台儿沟那一小片石头房子在同一时刻忽然完全静止了，静得那样深沉、真切，好像在默默地向大山诉说着自己的虔诚。如今，台儿沟的姑娘们刚把晚饭端上桌就慌了神，她们心不在焉地胡乱吃几口，扔下碗就开始梳妆打扮。她们洗净蒙受了一天的黄土、风尘，露出粗糙、红润的面色，把头发梳的乌亮，然后就比赛着穿出最好的衣裳。有人换上过年时才穿的新鞋，有人还悄悄往脸上涂点胭脂。尽管火车到站时已经天黑，她们还是按照自己的心思，刻意斟酌着服饰和容貌。然后，她们就朝村口，朝火车经过的地方跑去。香雪总是第一个出门，隔壁的凤娇第二个就跟了出来。

七点钟，火车喘息着向台儿沟滑过来，接着一阵空哐乱响，车身震颤一下，才停住不动了。姑娘们心跳着涌上前去，像看电影一样，挨着窗口观望。只有香雪躲在后面，双手紧紧捂着耳朵。看火车，她跑在最前边，火车来了，她却缩到最后去了。她有点害怕它那巨大的车头，车头那么雄壮地吐着白雾，仿佛一口气就能把台儿沟吸进肚里。它那撼天动地的轰鸣也叫她感到恐惧。在它跟前，她简直像一叶没根的小草。

资料来源：铁凝. 哦，香雪[EB/OL].https：//baike. so. com/doc/1120053-1185026. html。

中国少年说（片段）

龚自珍氏之集有诗一章，题曰《能令公少年行》。吾尝爱读之，而有味乎其用意之所存。我国民而自谓其国之老大也，斯果老大矣；我国民而自知其国之少年也，斯乃少年矣。西谚有之曰：有三岁之翁，有百岁之童。然则，国之老少，又无定形，而实随国民之心力以为消长者也。吾见乎玛志尼之能令国少年也，吾又见乎我国之官吏士民能令国老大也，吾为此惧。夫以如此壮丽浓郁缥缈绝世之少年中国，而使欧西日本人谓我为老大者，何也？则以握国权者皆老朽之人也。非哦几十年八股，非写几十年白折，非当几十年差，非捱几十年俸，非递几十年手本，非唱几十年喏，非磕几十年头，非请几十年安，则必不能得一官，进一职。其内任卿贰以上，外任监司以上者，百人之中，其五官不备者，殆九十六七人也，非眼盲则耳聋，非手颤则足跛；否则半身不遂也。彼其一身饮食步履视听言语，尚且不能自了，须三四人在左右扶之捉之，乃能度日，于此而乃欲责之以国事，是何异立无数木偶而使之治天下也。且彼辈者，自其少壮之时，既已不知亚细、欧罗为何处地方，汉祖、唐宗是那朝皇帝，犹嫌其顽钝腐败之未臻其极，又必搓磨之，陶冶之，待其脑髓已涸，血管已塞，气息奄奄，与鬼为邻之时，然后将我二万里山河，四万万人命，一举而畀于其手。呜呼！老大帝国，诚哉其老大也！而彼辈者，积其数十年之八股、白折、当差、捱俸、手本、唱喏、磕头、请安，千辛万苦，千苦万辛，乃始得此红顶花翎之服色，中堂大人之名号，乃出其全副精神，竭其毕生力量，以保持之。如彼乞儿拾金一锭，虽轰雷盘旋其顶上，而两手犹紧抱其荷包，他事非所顾也，非所知也，非所闻也。于此而告之以亡国也，瓜分也，彼乌从而听之，乌从而信之！即使果亡矣，果分矣，而吾今年既七十矣八十矣，但求其一两年内，洋人不来，强盗不起，我已快活过了一世矣；若不得已，则割三头两省之土地奉申贺敬，以换我几个衙门；卖三几百万之人民作仆为奴，以赎我一条老命，有何不可？有何难办？呜呼！今之所谓老后、老臣、老将、老吏者，其修身齐家治国平天下之手段，皆具于是矣。西风一夜催人老，凋尽朱颜白尽头。使走无常当医生，携催命符以祝寿。嗟乎痛哉！以此为国，是安得不老且死，且吾恐其未及岁而殇也。

任公曰：造成今日之老大中国者，则中国老朽之冤业也。制出将来之少年中国者，则中国少年之责任也。彼老朽者何足道？彼与此世界作别之日不远矣，而我少年乃新来而与世界为缘。如僦屋者然，彼明日将迁居他方，而我今日始入此室处。将迁居者，不爱护其窗栊，不洁治其庭庑，俗人恒情，亦何足怪。若我少年者，前程浩浩，后顾茫茫。中国而为牛为马为奴为隶，则烹脔鞭棰之惨酷，惟我少年当之。中国如称霸宇内、主盟地球，则指挥顾盼之尊荣，惟我少年享之，于彼气息奄奄与鬼为邻者何与焉？彼而漠然置之，犹可言也。我而漠然置之，不可言也。使举国之少年而果为少年也，则吾中国为未来之国，其进步未可量也。使举国之少年而亦为老大也，则吾中国为过去之国，其渐亡可翘足而待也。故今日之责任，不在他人，而全在我少年。少年智则国智，少年富则国富，少年强则国强，少年独立则国独立，少年自由则国自由，少年进步则国进步，少年胜于欧洲则国胜于欧洲，少年雄于地球则国雄于地球。红日初升，其道大光。河出伏流，一泻汪洋。潜龙腾渊，鳞爪飞扬。乳虎啸谷，百兽震惶。鹰隼试翼，风尘吸张。奇花初胎，矞矞皇皇。干将发硎，有作其芒。天戴其苍，地履其黄。纵有千古，横有八荒。前途似海，来日方长。美哉我少年中国，与天不老！壮哉我中国少年，与国无疆！

资料来源：梁启超. 少年中国说［EB/OL］. https：//baike. so. com/doc/5391215 - 26196796. html。

雪

美丽的雪花飞舞起来了。我已经有三年不曾见着它。

去年在福建，仿佛比现在更迟一点，也曾见过雪。但那是远处山顶的积雪，可不是飞舞的雪花。在平原上，它只是偶然的随着雨点洒下来几颗，没有落到地面的时候。它的颜色是灰的，不是白色；它的重量像是雨点，并不会飞舞。一到地面，它立刻融成了水，没有痕迹，也未尝跳跃，也未尝发出唏嘘的声音，像江浙一带下雪时的模样。这样的雪，在四十年来第一次看见它的老年的福建人，诚然能感到特别的意味，谈得津津有味，但在我，却总觉得索然。"福建下过雪"，我可没有这样想过。

我喜欢眼前飞舞着的上海的雪花。它才是"雪白"的白色，也才是花一样的美丽。它好像比空气还轻，并不从半空里落下来，而是被空气从地面卷起来的。然而它又像是活的生物，像夏天黄昏时候的成群的蚊蚋，像春天酿蜜时期的蜜蜂，它的忙碌的飞翔，或上或下，或快或慢，或粘着人身，或拥入窗隙，仿佛自有它自己的意志和目的。它静默无声。但在它飞舞的时候，我们似乎听见了千百万人马的呼号和脚步声，大海汹涌的波涛声，森林的狂吼声，有时又似乎听见了儿女的窃窃私语声，礼拜堂的平静的晚祷声，花园里的欢乐的鸟歌声……它所带来的是阴沉与严寒。但在它的飞舞的姿态中，我们看见了慈善的母亲，活泼的孩子，微笑的花儿，和暖的太阳，静默的晚霞……

它没有气息。但当它扑到我们面上的时候，我们似乎闻到了旷野间鲜洁的空气的气息，山谷中幽雅的兰花的气息，花园里浓郁的玫瑰的气息，清淡的茉莉花的气息……在白天，它做出千百种婀娜的姿态；夜间，它发出银色的光辉，照耀着我们行路的人，又在我们的玻璃窗上扎扎地绘就了各式各样的花卉和树木，斜的，直的，弯的，倒的。还有那河流，那天上的云……

资料来源：余秋雨. 千年一叹[M]. 北京：作家出版社，2022。

香山红叶

早听说香山红叶是北京最浓最浓的秋色，能去看看，自然乐意。我去的那日，天也作美，明净高爽，好得不能再好了；人也凑巧，居然找到一位老向导。这位老向导就住在西山脚下，早年做过四十年的向导，胡子都白了，还是腰板挺直，硬朗得很。

我们先邀老向导到一家乡村小饭馆里吃饭。几盘野味，半杯麦酒，老人家的话来了，慢言慢语说："香山这地方也没别的好处，就是高，一进山门，门坎跟玉泉山顶一样平。地势一高，气也清爽，人才爱来。春天人来踏青，夏天来消夏，到秋天——"一位同游的朋友急着问："不知山上的红叶红了没有？"

老向导说："还不是正时候。南面一带向阳，也该先有红的了。"于是用完酒饭，我们请老向导领我们顺着南坡上山。好清静的去处啊。沿着石砌的山路，两旁满是古松古柏，遮天蔽日的，听说三伏天走在树荫里，也不见汗。

老向导交叠着两手搭在肚皮上，不紧不慢走在前面，总是那么慢言慢语说："原先这地方什么也没有，后面是一片荒山，只有一家财主雇了个做活的给他种地、养猪。猪食倒在一个破石槽里，可是倒进去一点食，猪怎么吃也吃不完。那做活的觉得有点怪，放进石槽里几个铜钱，钱也拿不完，就知道这是个聚宝盆了。到算工账的时候，做活的什么也不要，单要这个石槽。一个破石槽能值几个钱？财主乐得送个人情，就给了他。石槽太重，做活的扛到山里，就扛不动了，便挖个坑埋好，怕忘了地点，又拿一棵松树和一棵柏树插在上面做记号，自己回家去找人帮着抬。谁知返回来一看，满山都是松柏树，数也数不清。"谈到这儿，老人又慨叹说："这真是座活山啊。有山就有水，有水就有脉，有脉就有苗，难怪人家说下面埋着聚宝盆。"

这当儿，老向导早带我们走进一座挺幽雅的院子，里边有两眼泉水。石壁上刻着"双清"两个字。老人围着泉水转了转说："我有十年不上山了，怎么有块碑不见了？我记得碑上刻的是'梦赶泉'。"接着又告诉我们一个故事，说是元朝有个皇帝来游山，倦了，睡在这儿，梦见身子坐在船上，脚下翻着波浪，醒来叫人一挖脚下，果然冒出股泉水，这就是"梦赶泉"的来历。

老向导又笑笑说："这都是些乡村野话，我怎么听来的，怎么说，你们也不必信。"

听着这个白胡子老人絮絮叨叨谈些离奇的传说，你会觉得香山更富有迷人的神话色彩。我们不会那么煞风景，偏要说不信。只是一路上山，怎么连一片红叶也看不见？

老人说："你先别急，一上半山亭，什么都看见了。"

我们上了半山亭，朝东一望，真是一片好景。莽莽苍苍的河北大平原就摆在眼前，烟树深处，正藏着我们的北京城。也妙，本来也算有点气魄的昆明湖，看起来只像一盆清水。万寿山、佛香阁，不过是些点缀的盆景。我们都忘了看红叶。红叶就在高头山坡上，满眼都是，半黄半红的，倒还有意思。可惜叶子伤了水，红的又不透。要是红透了，太阳一照，那颜色该有多浓。

我望着红叶，问："这是什么树？怎么不大像枫叶？"

老向导说："本来不是枫叶嘛。这叫红树。"就指着路边的树，说："你看看，就是那种树。"

路边的红树叶子还没红，所以我们都没注意。我走过去摘下一片，叶子是圆的，只有叶脉上微微透出点红意。

我不觉叫："哎呀！还香呢。"把叶子送到鼻子上闻了闻，那叶子发出一股轻微的药香。

另一位同伴也嗅了嗅，叫："哎呀！是香。怪不得叫香山。"

老向导也慢慢说："真是香呢。我怎么做了四十年向导，早先就没闻见过？"

我的老大爷，我不十分清楚你过去的身世，但是从你脸上密密的纹路里，猜得出你是个久经风霜的人。你的心过去是苦的，你怎么能闻到红叶的香味？我也不十分清楚你今天的生活，可是你看，这么大年纪的一个老人，爬起山来不急，也不喘，好像不快，我们可总是落在后边，跟不上。有这样轻松脚步的老年人，心情也该是轻松的，还能不闻见红叶香？

老向导就在满山的红叶香里，领着我们看了"森玉笏"、"西山晴雪"、昭庙，还有别的香山风景。下山的时候，将近黄昏。一仰脸望见东边天上现出半轮上弦的白月亮，一位同伴忽然记起来，说："今天是不是重阳？"一翻身边带的报纸，原来是重阳的第二日。我们这一次秋游，倒应了重九登高的旧俗。

也有人觉得没看见一片好红叶，未免美中不足。我却摘到一片更可贵的红叶，藏到我心里去。这不是一般的红叶，这是一片曾在人生中经过风吹雨打的红叶，越到老秋，越红得可爱。不用说，我指的是那位老向导。

资料来源：杨朔. 香山红叶［EB/OL］.https：//www. ruiwen. com/wenxue/kewen/400065. html。

海燕

在苍茫的大海上，狂风卷集着乌云。在乌云和大海之间，海燕象黑色的闪电，在高傲地飞翔。

一会儿翅膀碰着波浪，一会儿箭一般地直冲向乌云，它叫喊着，——就在这鸟儿勇敢的叫喊声里，乌云听出了欢乐。

在这叫喊声里——充满着对暴风雨的渴望！在这叫喊声里，乌云听出了愤怒的力量、热情的火焰和胜利的信心。

海鸥在暴风雨来临之前呻吟着，——呻吟着，它们在大海上飞窜，想把自己对暴风雨的恐惧，掩藏到大海深处。

海鸭也在呻吟着，——它们这些海鸭啊，享受不了生活的战斗的欢乐：轰隆隆的雷声就把它们吓坏了。

蠢笨的企鹅，胆怯地把肥胖的身体躲藏到悬崖底下……只有那高傲的海燕，勇敢地，自由自在地，在泛起白沫的大海上飞翔！

乌云越来越暗，越来越低，向海面直压下来，而波浪一边唱歌，一边冲向高空，去迎接那雷声。

雷声轰响。波浪在愤怒的飞沫中呼叫，跟狂风争鸣。看吧，狂风紧紧抱起一层层巨浪，恶恨恨地将它们甩到悬崖上，把这些大块的翡翠摔成尘雾和碎末。

海燕叫喊着，飞翔着，像黑色的闪电，箭一般地穿过乌云，翅膀掠起波浪的飞沫。

看吧，它飞舞着，像个精灵，——高傲的、黑色的暴风雨的精灵，——它在大笑，它又在号叫……它笑那些乌云，它因为欢乐而号叫！

这个敏感的精灵，——它从雷声的震怒里，早就听出了困乏，它深信，乌云遮不住太阳，——是的，遮不住的！

狂风吼叫……雷声轰响……

一堆堆乌云，像青色的火焰，在无底的大海上燃烧。大海抓住闪电的箭光，把它们熄灭在自己的深渊里。这些闪电的影子，活像一条条火蛇，在大海里蜿蜒游动，一晃就消失了。

——暴风雨！暴风雨就要来啦！

这是勇敢的海燕，在怒吼的大海上，在闪电中间，高傲地飞翔；这是胜利的预言家在叫喊：

——让暴风雨来得更猛烈些吧！

资料来源：高尔基. 海燕[EB/OL].https：//baike. so. com/doc/5400569-5638159. html。

| 第七章 |
为你的发言找好主题
——逻辑思维能力训练

训练目标

学会基本的逻辑论证，能够迅速归纳出主题并进行即兴发言。

训练项目

☞ **为观点找推理训练**

项目性质：可选项目（想进一步提高自己的逻辑推理能力的人，可以选这个项目）。

训练时长：每3天进行一次训练，请坚持30~60天，每次训练约10分钟。

☞ **给材料自选主题即兴发言训练**

项目性质：必选项目。

训练时长：每3天进行一次训练，总需30~60天，每次训练约30分钟。

一次成功的语言表达，至少应该在以下四个方面都表现出色：

◆ **让人眼前一亮的主题（观点）**

◆ **逻辑严密的推导过程**

◆ **合理的结构**

◆ **精彩的现场演绎**

其中，主题和观点是整个演讲的灵魂，如果没有好的主题和观点，演讲就是空洞无物的。

逻辑严密的推导过程就是在证明观点。光有观点不行，还需要去论证观点，这里不仅包括逻辑推导，还包括论据。

合理的结构是必需的，好的结构能让演讲听上去层次清晰，易于接受。

精彩的现场演绎包括了演讲者的声形条件，指语言表达中音质、普通话、音调、重音、停顿和态势语言等外在条件，还包括了策略的运用。比如，语言表达是不是幽默、是不是易于理解、如何处理和听众之间关系、语言表达者的信心表现等。

其实，上面说到的这四个方面，也是我们准备一次演讲的四个步骤。要进行一次演讲，首先要找到一个好的主题，然后为这个主题找到逻辑严密的推导和论据，再用合理的演讲结构把这些内容都装进去，最后，进行精彩的现场演绎。

在这一章中，我们要讲如何找到演讲的主题观点，以及如何来证明观点，还会讲到一些内容方面的要求。

一、学会在一堆材料中找到好主题

主题和观点是我们演讲的灵魂，没有灵魂的演讲就是人云亦云，就是语言无意义的堆砌。优秀的演讲之所以能被人铭记，就是因为这些演讲给了让我们印象深刻的观点，比如肯尼迪的"不要问国家为你做了什么，而要问你为国家做了什么"；毛泽东的"世界是你们的，也是我们的，但是归根结底是你们的"；朱镕基的"不管前面是地雷阵还是万丈深渊，我都将一往无前，义无反顾，鞠躬尽瘁，死而后已"。

准备演讲，一定要从找到好的主题观点开始。如果没有好的观点，宁愿不要演讲。

后面我们还会学到，逻辑思维能力在归纳方面的运用，是能通过对现场各类材料的归纳，迅速地生成自己想要表达的主题。这方面能力的提升，主要是靠"给材料自选主题即兴发言"这一训练方法来实现的。

这一训练方法的特点是，要求在一大堆材料中，迅速找出自己的发言主题（一般是 3~5 分钟），再以此为题进行 3 分钟左右的即兴发言。训练材料要求量大，这种"量大"体现在如果用精读的方式来看这些材料，是无法在规定时间内看完的。因此，受训者只能是快速阅读，一边阅读一边思考，在头脑中对材料进行综合，寻找到自己感兴趣的主题。主题与材料有关，但不能是材料观点的简单照搬，而是在材料观点上自己的"提炼"，形成相对"新颖"的观点。在即兴发言的时候，不能再看稿子，避免照读。

具体训练方法如下。

 训练项目

给材料自选主题即兴发言训练

❖ **训练目的**

学会快速阅读并分析材料，提高综合、归纳的能力。

❖ **训练方法**

（1）在3~5分钟，快速读完所给的材料，材料的长度以超过3000字为宜。

（2）在阅读的同时，根据材料，找到自己感兴趣的主题。

（3）在阅读的同时，找到自己选定主题的一些支撑材料，如例子、类比等。

（4）在阅读的同时，用一张纸写下自己的主题和一些关键字、词。

（5）时间到了以后，立即进行时长约为3分钟的即兴发言，讲的时候不允许再看材料，只能看自己写的那张纸。

（6）同一材料可以训练两次至三次，每次选择不同的主题。

（7）可用录音设备录下自己的即兴发言，以便进行分析。

❖ **训练时长**

每3天进行一次训练，总需30~60天，每次训练约30分钟。该项训练可以和后面的关键词即兴发言训练方式一起进行。

❖ **训练材料**

《变形金刚2》高票房"击沉"铁达尼号①

《变形金刚2》横扫大陆电影各项票房纪录，累计票房已超过4亿元，中国电影集团公司发言人翁立表示，《变形金刚2》超越1998年《铁达尼号》创下3.6亿元的票房纪录，成为大陆至今最卖座的外国电影。

台湾《中国时报》报道，6月24日在大陆上映的《变形金刚2：复仇之战》，由好莱坞大导演麦可贝执导，打破了《铁达尼号》保持了11年的票房纪录。中国电影市场人士表示，当年《铁达尼号》的3.6亿元票房是放映了70多天的总成

---

① 原文及本书中的"铁达尼号"即"泰坦尼克号"。

绩，而《变形金刚 2》至今只放映了 3 周。

导演麦可贝在韩国首映式上曾表示，中方对影片中在上海的戏份很满意，在上映时不会有删减。但据看完电影的观众称，英文原版影片对白里的"上海"字样被删除、上海的标志性建筑东方明珠塔也没有出现。中影集团负责人对此表示，《变形金刚 2》是一部科幻片，是完全虚构出来的故事，片中出现的城市泛指地球上的城市。

不少人将《变形金刚 2》的创新纪录归功于第一集的轰动效应。太平洋电影网的市场专家刘嘉表示，由《变形金刚》带来的流行文化传奇依然有增无减。

"亮眼的票房纪录证明了大陆观众对外国电影的热切需求。"美国电影协会亚太区负责人表示。该协会一直希望中国放宽其对外国片输入中国的限制：中国为保护国内电影业，设了一年只能输入 20 部外国片的规定。

资料来源：中娱网，https://news.yule.com.cn/ntml/20097/49366.html。

《变形金刚 2》变身吸金王，衍生品有望超 1 亿元

一个高 4.8 米"擎天柱"的巨型模型近期屹立在北京西单的一家商场内，引来众多消费者驻足留影。自 6 月 24 日《变形金刚 2》上映以来，不仅横扫全球票房，其衍生玩具产品也赚了个盆满钵满。

业内人士甚至预测，如果《变形金刚 2》在中国的票房达到 5 亿元，衍生品——玩具汽车的销售额能达到 1 亿元。"变形金刚"变身"吸金金刚"。

资料来源：艺术财经，https://www.trueart.com/news/298254.html。

《变形金刚 2》这样炼成：一个变形特效需 6 个月

"《变形金刚》真的是一个转折点！"最佳特效奖得主 LIM 的特效监督 Scott Farrar 如是说。对于"工业光魔"（美国老牌特效制作公司）来说，如何完美地呈现出机器人的造型及变形过程，从草图到三维模型再到动画处理，都是一个前所未有的大挑战。

"工业光魔"的特效制作人员在谈到"变形金刚"制作过程时也说："一个完整的变形过程要从零开始做的话，可能需要 6 个月的时间。我们在制作'变形金刚'时，要制作一个变形的镜头，首先要做出角色变形前后的静态模型，而且要

尽可能栩栩如生。每一个汽车人都有上千个零部件，其中有些部分是一眼就可以辨识出来的，就像你打开自家汽车的引擎盖会发现的那样。接下来，我们要做出骨架来方便做动画，让那些枪炮、喷射器和其他零件真正动起来。下一步我们通过动画程序让汽车上的大部件变形成机器人的模样。之后，我们要绞尽脑汁地计划如何将那些细小零件从汽车状态转换为机器人状态。最后，要加进烟火、灰尘、火花等外部效果，将'金刚'们更好地与现实环境谐调，让它们看起来更真实。"

有将近 300 名"工业光魔"的顶尖设计师参与了整个特效项目的制作，许多人是变形金刚的忠实粉丝。整个特效制作花去了将近 16 个月的时间。

资料来源：《扬子晚报》2009 年 7 月 2 日，https：//yule. sohu. com/20090702/n264930728. shtml。

《变形金刚 2》曝美军绝密武器　起震慑作用

看《变形金刚 2》，无疑是在享受一场视听盛宴。该片是美国军方迄今为止规模最大的一次协助拍摄，美军现役最具威慑力的武器纷纷亮相，其中只有最后阶段出现的绝密武器"电磁炮"是唯一非真实装备。爱好军事的网友表示，美国军方通过影片炫耀其军事实力，以此起到震慑作用，24 小时内全球兵力投放更令人印象深刻。

在影片最后的决战中，导弹齐发、轰炸不断，汽车人与霸天虎一方展开殊死搏斗，这些火爆场面的基础拍摄大多在美国军方位于新墨西哥州的白沙导弹试验场完成。

同时，美国国防部还为摄制组提供了两架 A-10 战机、6 架 F-16 战机、10 辆悍马、两辆 M1A2 坦克、"约翰·斯坦尼斯"号航母等精良装备。这些武器装备都是国际军火市场上销量极大的美国"传统产品"。

为了给美国军方塑造一个良好和正面的形象，五角大楼还让剧组跟随呼啸而过的战斗机从空中拍摄。为了拍摄海军陆战队加入攻击部队对抗变形金刚的戏份，美国海军"约翰·斯坦尼斯号"航空母舰也"亲自"登场，它算是最昂贵的"道具"了。

影片的最后大战中，美军从游弋在大洋上的战舰发射了一种神秘武器，将金字塔顶的大力神一举摧毁，快速精准、威力惊人。这是什么武器？

电影中，西蒙斯在和舰队司令通话要求支援时，因事关机密，怕对方不承认有这样的武器，所以特别提到了其速度。通过分析电影人物的对话，再结合相关资料，可以推断这种神秘武器为电磁炮。

所谓电磁炮，即高能电磁轨道炮，不是发射电磁直接攻击，而是以此为动力取代传统火药，来发射炮弹或导弹。

现实中，电磁炮还只是处在实验阶段，离上舰形成作战能力还很远。电影中，样子很酷、威力很大的电磁炮并非实物，这从电影画面可以看出些端倪。前一幅战舰全景(美军现役驱逐舰阿利·伯克级)装的是普通舰炮，后一幅特写就变成了特别的电磁炮。

这门电磁炮，可以说是两部《变形金刚》中唯一非真实的武器。

大家有没有注意到一个情节，当山姆打电话给那个特种兵，把擎天柱运到埃及时，大家看地图，从他们的那个基地到埃及差不多有半个地球的距离。结果呢？他们在很快的时间内就到了，在埃及特种兵呼叫空中支援，先是无人机侦察，然后预警机通知作战飞机，海边的驱逐舰也进行了支援。

我觉得，《变形金刚 2》里美国透露给世人的信息就是：美国可以在 24 小时之内把军队运送到世界上任何一个地方，以最快的速度调动军队去支援一线部队。

资料来源：新浪网，https：//ent.sina.com.cn/m/f/2009-07-12/17402607 295.shtml。

孩之宝："变形金刚"的吸金魔术

还有比美国玩具巨头"孩之宝"(Hasbro)更会赚钱的玩具企业吗？

变形金刚——一堆"高智能人形机器"的简单动画形象，在"孩之宝"魔法般的运作下，变为风靡全球 26 年的不会生锈的"印钞机"。据"孩之宝"官方数据透露，公司年营业额超 40 亿美元，仅在中国，20 年累计赚走了 50 亿元利润。

CBN 记者调查了解到，"孩之宝"从推出"变形金刚"玩具，到制作《变形金刚》动画片，再到投资拍摄同名真人版电影，乃至释放植入式营销的魅力……"孩之宝"的吸金魔术还在继续。人们无不好奇地猜测，变形金刚还能衍生出多少条变"钱"金刚的产业链。

一"变"：先有玩具后有动画片

1983 年，日本 TAKARA 公司设计并推出了 MICROMEN 和 DIACLONE 两个系列玩具，主角是一群可以变换汽车、飞机的机器人。

117

玩具推出以后，TAKARA 公司拍了部广告片在电视上播放，营销焦点并未落脚在"能够变形的机器人"上，市场反响令人失望。

就在此时，"孩之宝"公司发现了"变形金刚"的潜在市场价值，并主动提出与 TAKARA 公司合作开发这一系列玩具。

这次商业"联姻"，改变的不仅仅是变形金刚的"命运"。据了解，从一开始，"孩之宝"就展露出与众不同的营销思路，它并不满足于瓜分玩具市场的份额，而是坚持"先有玩具后有动画片"的商业模式。

因此，在玩具推出后不久，也就是在 1984 年初，"孩之宝"公司正式推出了《变形金刚》动画片的第一季。动画片播出半年后，《变形金刚》占到当时美国所有动画系列片收视率的 40%。

"孩之宝"真正施展吸金魔术，应该是其出售《变形金刚》的动画片版权，反过来向电视台收取高额的版权费。1985 年，《变形金刚》凭借着玩具、动画片版权等系列收益，一跃成为"孩之宝"公司盈利额仅次于《星球大战》的产品。

二"变"：动漫衍生品

"汽车人！变形，出发！"

《变形金刚》影片中这句经典台词印证了"孩之宝"的玩具营销"变形记"。

在接下来的两年时间里，"孩之宝"又围绕变形金刚推出了一系列产品，"包括高级彩色贴纸、拼装模型、服装、杂志、系列漫画、文学作品、原声 CD 等动漫衍生品相继推向市场。并在此后的 5 年间，为'孩之宝'带来十几亿美元的巨额利润"。

1986 年，第一代变形金刚玩具的销售开始出现饱和状况。"孩之宝"公司再次"变形"推出变形金刚电影版 *Transformers the Movie* 和《变形金刚 2010》两部动画片续作。续集延续了原有剧情，并创作出"补天士""惊破天"等新一代人物，吸金筹码再次升级。

三"变"：狂赚人民币

《变形金刚》登陆中国已是 1987 年的事情了。与其他海外市场相似，动画片获得了巨大的收视率，中国儿童也喜欢上了商场里的变形金刚玩具。

根据当时中国市场的消费能力，"孩之宝"公司再一次作出创举：公司授权广州白云山玩具厂制造变形金刚玩具。18 元/个的擎天柱，11 元/个的大黄蜂，48 元/个的机器恐龙，108.8 元/个的威震天……以往被视为奢侈品的儿童玩具，从此变成中国儿童的生活必需品。

一份调查资料显示，1988～1995 年，全国约有 500 万名男孩有能力购买变形金刚玩具，人均开销约 200 元。扣除关税、玩具制造成本等费用，变形金刚玩具在进入中国 8 年就赚走了约 5 亿元的净利润。

而据不完全统计，"孩之宝"通过变形金刚玩具、动画以及动漫衍生品，在进入中国内地市场的 20 多年时间里，已经赚走了近 50 亿元。

四"变"：真人版电影

20 世纪 90 年代至 21 世纪初期，"孩之宝"公司把重心放在了收购开发其他玩具品牌上。但是，就在"变形金刚"热潮出现消退之势时，就在昔日迷恋"变形金刚"的男童们渐渐长大时，"变形金刚"又回来了。

这一次，它有了真人版的化身。

2007 年暑假伊始，《变形金刚》再次点燃了全球变形金刚迷心中的激情，博派与狂派机器人再度交火，20 年前的那场梦幻之战得以重现。

数字显示，这部美国大片在中国内地吸走了 2.77 亿元票房收入。

时隔两年，《变形金刚 2》卷土重来，吸金本事倍增——全球上映 5 天的票房收入就达 3.87 亿美元，收回双倍成本。

五"变"：植入式广告

事实上，"孩之宝"公司赚的不只是普通消费者的钱。当迈克尔·贝的真人版《变形金刚》上映时，"孩之宝"通过植入广告也赚足了各大公司的钱。

在第一部真人版《变形金刚》电影中，植入广告的总收入分担了 4000 万美元的电影投资。《变形金刚 2》更是变本加厉，其中中国本土服装品牌美特斯邦威就斥资上千万元，只为在影片中露脸一秒钟——一辆货车穿上了"Meters/bonwe 不走寻常路"的车身广告。

影片中的植入广告还远远不止这些。《变形金刚 2》得到美国军方支持，除了各类车型，更有美军全套装备大演习，F-16、F-22、悍马、主战坦克、核潜艇、航母群……比任何一个武器展都精彩、全面。

"孩之宝"公司植入《变形金刚 2》电影中的广告并没有引起影迷的反感，相反片中亮相的广告商品销量大增。

到底是最卖座电影，还是最有效广告？消费者并没有表现出太多的反感情绪，这就是一种成功。

从五"变"不难看出，"孩之宝"的吸金魔术境界之高，而其产业链也正式宣告跳出"动漫+玩具"的传统模式，实现了整合营销的大升级。

资料来源：全球品牌网，https：//www.globrand.com/2010/494193.shtml。

以上这些材料都是围绕着《变形金刚》展开的，通过快速阅读以上材料，我们至少可以得到以下的一些观点，并用相应的例子来进行支撑。

（一）观点一：利用人们的怀旧心理可以赚大钱

从材料中选出的例子："汽车人！变形，出发!"20世纪80年代出生的人几乎都对这句话有深刻印象。这促使他们走进电影院。就在昔日迷恋"变形金刚"的男童们渐渐长大时，"变形金刚"又回来了。

《变形金刚2》超越1998年《铁达尼号》创下了3.6亿元的票房纪录，成为中国大陆截至2009年最卖座的外国电影。

（二）观点二：十年磨一剑，好电影需要用心来做

从材料中选出的例子：一个完整的变形过程要从零开始做的话，可能需要6个月的时间。整个特效制作花去了将近16个月的时间。

（三）观点三：电影只是大广告，衍生产品才是赚钱利器

从材料中选出的例子：《变形金刚2》变身吸金王，衍生品有望超1亿元。

"孩之宝"官方数据透露，公司年营业额超40亿美元，仅在中国，20年就累计赚走了50亿元利润。

（四）观点四：电影也是一种宣传手段

从材料中选出的例子：电影从来都是一种宣传手段，美国也在利用这一宣传手段。

看《变形金刚2》，无疑是在享受一场视听盛宴。该片是美国军方迄今为止规模最大的一次协助拍摄，美军现役最具威慑力的武器纷纷亮相。

（五）观点五：中国电影应该学习《变形金刚2》这种全方位赚钱的方式

从材料中选出的例子：《变形金刚2》票房好。

可以利用人们的怀旧心理。

要尽量做最好的特效。

可以开发丰富的衍生产品。

二、逻辑思维能力在语言表达中的重要作用

当一个人讲得好的时候，我们也许会这样赞扬："他说得真有道理。"这里说的"有道理"，其实就是"有逻辑"，即语言表达者较好地使用了逻辑思维能力。

逻辑，通常指人们思考问题，从某些已知条件出发推出合理结论的规律，简言之，它是一个推理过程。推理是连小孩子都会做的事情。比如，爸爸老是批评孩子，妈妈则喜欢给孩子买好吃的，小孩就会得出一个结论：妈妈好，爸爸坏。为什么会得出这个结论，是因为孩子心目中形成了一个简单的推理——"好人就是对我好的人，坏人就是对我不好的人，妈妈买好吃的给我，对我好，所以是好人；爸爸老骂我，对我不好，所以是坏人。"

从刚才那个小孩子的推理中，我们可以对逻辑的运用给出另一个定义：运用推理，从公理和已知条件推出最后观点的过程（见图7-1）。

图7-1　逻辑的运用过程

这里有一个逻辑运用的例子，是战国时期著名的纵横家苏秦死后抓住凶手的故事。当苏秦地位很高的时候，齐国大夫中有许多人恨上了苏秦，认为是他夺走了国君的宠信。不少人都想杀掉苏秦，苏秦后来就是被这些人派去的杀手害死的。苏秦被刺的当时并没有立即死去，而是带着致命的伤逃脱了。齐王派人捉拿凶手，却苦于没有什么线索。苏秦临死之前对齐王说："我马上就要死了，请您在人口集中的街市上把我五马分尸示众，就说：'苏秦为了燕国在齐国谋乱'，这样做，刺杀我的凶手一定可以抓到。"在苏秦死后，齐王就按照他的话把尸首五马分了，那个刺杀苏秦的凶手果然自动出头露面，齐王把这个人抓住杀了，为苏秦报了仇。①

---

①　袁远. 苏秦死后擒刺客[J]. 历史学习，1993（2）：29-33。

这个杀手为什么要自动跳出来呢？是因为他也进行了一次逻辑推理。他想"齐王把苏秦五马分尸，说明苏秦真是犯了重罪，齐王一定很恨苏秦，我杀苏秦就相当于帮我齐王一个大忙，我去邀功，就可以得到奖赏。"在这次推理中，把犯重罪的人五马分尸，是一个相当于公理的惯例，抓住或者杀死罪大恶极的人可以得到奖赏（特别是齐王恨的人）也是当时的一个惯例。苏秦已经被五马分尸，则是一个已知条件（也可以称为证据）。通过以上对公理的运用，加上一些证据，自然不难得出答案。

在语言表达中，我们应该正确地使用已知条件（证据），正确地运用公理，来合理推导出我们的观点。这样表述出来，观点才会有说服力。语言表达中要抛出一个观点，总是要有以上这个推导过程的，过程越简洁，运用的证据越充分，听众理解起来越容易，被说服的可能性也就越大。

最常用的一种逻辑推理关系是因果关系，从结果反推原因。比如，媒体上曾有一种观点认为"牛奶不适合于人喝"，这个观点的得出有这样一个逻辑推导过程，根据相关资料，美国老年人患骨质疏松的人数，远远超过了中国老年人中患此病的人数，而众所周知的是，美国人特别喜欢喝牛奶，人均饮用牛奶的年消耗量是中国人均的几倍，牛奶是因，骨质疏松是果，牛奶喝得越多，越容易患上骨质疏松。按照这个逻辑，一些人得出了牛奶不适于人饮用的结论。不过，虽然这一推导过程看似无懈可击，但用来证明这一结论的数据存在问题，导致了这一因果关系的不成立。美国老年人患骨质疏松的人数多，原因是他们参加普查的比例高，自然被查出来的就多，中国老年人被诊断为骨质疏松的人少，是因为没有进行过大规模的这类普查，去看病被发现的人是少数，因此被报告的才少。实际上，中国老年人中患骨质疏松疾病的人，有可能远多于美国。

逻辑思维能力，在语言表达中有着重要的作用，主要体现在以下三点中。

（一）归纳应用

也就是根据现场情况、其他发言对象的讲述、所能得到的材料等，加上自己的平日积累，通过分析材料，找到自己想要表达的主题，以及语言表达中所需要的公理、证据以及例子、类比等。归纳应用一般发生在语言表达之前，主要的目的是让语言表达者得到与众不同的观点，形成独到的见解。1957年11月17日，毛泽东在莫斯科接见苏联大学生和中国留学生代表时，看到眼前这些富有朝气的年轻人，沉吟片刻，他讲出了自己的观点："世界是你们的，也是我们的，但是归根结底是你们的。你们青年人朝气蓬勃，正在兴旺时期，好像早晨八九点钟的太阳。希望寄托在你们身上。"这些话，尽管只是毛泽东根据现场的情况，临时总结的主题，但如今已经成为传世的名言。

（二）演绎应用

在主题已经确定的情况下，根据现场听众的反应和自己的演讲特点，把内容加以重新组织，形成合理的层次、线索，从而吸引听众，以达到说服别人的目的。演绎应用产生于语言表达前，但也贯穿在整个语言表达过程中，目的是做到形式上与众不同，令人耳目一新。2004 年 12 月 31 日，由于我国加入了世界贸易组织，出口的纺织品配额制取消了，一时间，中国纺织品大批出口到欧洲，法国、意大利、西班牙等要求欧盟立即采取紧急应对措施，欧盟委员会决定对从中国进口的九类纺织品进行调查。面对这种情况，在巴黎工商会举行的"中法中小企业合作洽谈会"上，为应对法国以至欧盟国家对中国纺织品的恐惧心态，中方代表以这样的话开了头："中国要卖出 8 亿件衬衫，才能买回一架空客 A380。"形象的对比，巧妙的演绎，使听众一下子明白了，中国的纺织品看似量大，实则利润小，对欧洲威胁不大，而且通过双方的贸易，能得到双赢的结果。这种语言表达方式，比一条条地讲规定要有效得多。

（三）控制应用

逻辑思维能力可以使语言表达者通过思维正确地控制自己的语言，使自己的演讲紧密围绕主题，突出主题，不至于跑题或者讲着讲着忘了主题。控制应用还有另一个方面，就是控制节奏和时间，把语言表达内容在演讲时间内进行合理地均匀分布，不至于出现前面慢慢摇，后面紧着跑的局面。使时间被使用充分，不赶也不浪费。中学里富有经验的教师，由于非常熟悉自己的讲课内容，能做到在讲课中有张有弛，时间控制得非常准确。当讲课结束，教师把粉笔头扔回粉笔盒的那一瞬间，铃声总是适时响起，不早也不晚。

逻辑思维能力是语言表达能力中最重要的一环。无稿的即兴发言，与其说是对演讲者语言的考察，不如说是对演讲者思维能力的挑战。一个精彩的即兴发言，肯定是一场语言表达者思维激荡、火花频现的盛宴。

三、为观点找推理训练

为既定的观点找到适宜的理论推导，目的是提高受训者的推理能力。这个训练项目的难度较大，在短时间内效果不大，需要较长时间的坚持，慢慢养成逻辑思辨的习惯后，才能在日常的语言表达中体现出成效来。因此，虽然把这一训练项目列为可选，但并不意味着这一训练项目不重要，只是它需要更长时间的坚持。

想要说服人，理论推导是必不可少的。大家都有买东西砍价的经历，砍价也是一个需要推理的语言表达过程，有些人是砍价高手，就是因为他们善于找到理由，让商家降价，比如，有些人在买衣服时，在衣服上找一些小的瑕疵，然后让商家便宜一点，这里面就暗含了一个"受损的产品价值减少，价格就应该便宜一点"这一理论推导。还有些人会举出其他地方要卖得便宜一点的理由，来逼迫商家降点价，这里所暗含的理论推导就是"别的地方比这里卖得便宜，如果你不降价，我就去其他地方买了"。可以说，理论推导的运用无处不在，在讲话时多用点理论推导，说服起人来就会更容易。

严密的理论推导是最具说服力的语言表达，而语言表达中的例子和类比尽管也很重要，但例子和类比只是证明观点的辅料，它们无法单独起到证明观点的作用。如同我们在做数学证明题时，必须写出公式的推导过程，才算是证明成功，而套入一组数据，就算计算出了正确的结果，也不叫证明。我们的数学老师说得很清楚，具体的数字是特殊，特殊不能证明一般，套入数据来证明的方法除非能够列举出所有的数据，但这分明是不可能实现的。

比如，两位同学在争辩应不应该在大学中创业的问题，一位同学说："我认为在校大学生创业利大于弊，比如比尔·盖茨，就是在大学时就开始创业的，如果没有他离开大学的举动，就不会有今天的微软公司……"这位同学的话中尽管抛出了一个非常有影响的例子，听上去还有点儿说服力，但由于完全没有理论推导过程，说服力显得非常脆弱，对方如果反驳一句："那是不是每一个学生都是比尔·盖茨？比尔·盖茨可是只出了一个啊。如果大学生离开学校创业，那是不是大学就不用办了？"这位同学就会极其被动。

语言表达一定要有推导过程来支撑才立得起来，道理不讲清，听的人是很难被说服的。

理论推导过程，就是利用一些公认的已知条件，加上一些公理，利用因果关系、逆否命题等逻辑原则，来推理出语言表达者观点的过程。

1993 年的"狮城舌战"决赛，复旦大学代表队对阵台湾大学代表队，题目是人性本善，复旦大学抽到的立场是反方，即人性本恶。他们在推导时运用了一个公认的已知条件"现在的世界上是有恶存在的"，也运用了一个公理，即"善与恶是人所特有的意识形态的观念，人可以教别人善，也可以教别人恶，人之外的万物，不管是植物还是动物，都没有思想感情，因而也不可能有善恶的观念，自然也就不存在动物教会人恶，树木教会人善之类的事情"。结合前面的已知条件和后面的公理，复旦大学就亮出了自己的推导过程：既然目前世界上有恶，恶又只能是人教给人的，有果必有因，那么最初的恶是从哪里来的？只能是人性中本来就存在着恶。在比赛中，季翔反问对方辩友："外界环境中的恶是从哪里来的呢？你的善又是怎样导出恶的呢？"蒋昌建更是反复追问台湾大学的辩友："你们开来开去善花如何开出恶果？"一连问了五次。严密的推导，使对方很难组织有效的反驳，使复旦大学最终获得了胜利。

平时多练习一下观点推导，对语言表达时推导的合理运用，是非常有帮助的。

为观点找推理训练

❖**训练目的**

提高逻辑推导能力，学会"讲道理"。

❖**训练方法**

(1)找一些观点作为推理训练的材料，这些观点最好是存在争议的。我们的推导也不存在绝对的正确或者绝对的错误，只要自己言之有理就行。

(2)分析这些观点，从有利于己方观点的角度出发，去理解观点中每一词的含义，即破题。这一过程可以查词典，可以在网上找概念。

(3)在破题的基础上，找出要用到的现实已知条件和公理，把它们写在纸上。

(4)运用因果关系、逆否命题、归谬法、必要充分条件等逻辑方法，进行简单推导，写出推导过程。

(5)把推导过程讲解出来，时间控制在 3 分钟以内。

还可以进一步把这种逻辑推理训练变成辩论训练，辩论训练是训练口才最好的方法，可以多进行这方面的训练。

❖ **训练时长**

每3天进行一次训练，总需30~60天，每次训练约30分钟。

❖ **训练示例**

观点：选择越多越痛苦。

步骤：

(1) 分析词的含义。选择是指同时在两个以上的机会中确定一个的行为。痛苦则是指一种心理感受。

(2) 找出可以使用的现实条件或者公理。关于选择的公理——选择意味着面对多个机遇但只能获得一个，选了一个就意味着失去其他的机会，如果同时可以获得多个，就不用选择了。关于痛苦的公理——人们会因为获得而感到快乐，也会因为失去而感到痛苦。

(3) 利用因果关系，得到推导过程。推导过程如图7-2所示。

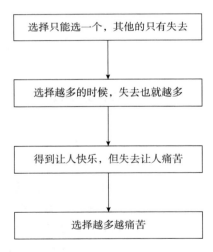

图7-2 推导过程

(4) 讲解推导过程，加上例子或者类比，示范讲稿如下：

人们经常要面对各种各样的选择，既然是选择，就意味着虽然可以同时面临多个均等的机会，最终只能选其中的一个。就如同我们站在一个十字路口，我们面临着四个不同的方向，但是，当我们迈步前行的时候，我们只能选择其中的一个方向，毕竟我们不能成为孙悟空，能够分身为多个，我们不能选择的方向，则是我们失去的机会。在十字路口的时候，我们选择向东行，去登上高山远望，与之同时，我们就失去了选择向西行去到海边的浪漫，说不定往北和往南还有更美丽的邂逅，只能选一个，其他的只有失去，这正是选择的无奈之处。

痛苦是人们的一种心理感受，人们会因为得到而快乐，但同时也会因为失去而痛苦。对于得到的东西，人们会觉得平常，而得不到的，人们却会抱有美好的想象。在张爱玲的《白玫瑰红玫瑰》一书中，选择了白玫瑰，会觉得红玫瑰永远美好，白玫瑰成了一粒白米饭，红玫瑰则成了心口的朱砂痣；反之，选择了红玫瑰，白玫瑰就变得永远美好了，红玫瑰成了墙上的蚊子血，白玫瑰则成了床前的明月光，这时失去的痛苦，会远大于得到的快乐，如果失去越多，自然就会痛苦越多。

人在面临选择时，得到的永远只有一个，快乐不会增加，失去的却随着可选范围的扩大而越来越多，痛苦会越来越多。

部分训练用观点及推导提示：

1. 男女之间不存在真正的友谊

提示：友谊的概念是指人与人之间的亲密感情，而爱情的概念则是指男女之间亲密的感情。它们有什么相同的地方？

2. 结果比过程更重要

提示：结果是努力的方向，如果方向都错了，好比南辕北辙，再好的过程也带不来好的结果。

3. 高薪不能养廉

提示：高薪能够高到何种程度？能够高到满足贪官的贪欲吗？人的欲望是无限的，这是一个公理。

4. 自律比他律更重要

提示：自律是 24 小时起效，而他律有可能不在场。

5. 法也容情

提示：尽管法律面前一律平等，但法律是从哪里来的？法律制定的依据又是什么？既然法律是来源于道德，要反映人们的道德要求，这不是人情又是什么呢？

附 录 训练材料

为观点找推理训练材料

分析下面这些相对应的观点，为它们找出理论推导过程。

1. 传统文化的传承必须原汁原味

传统文化的传承必须融入流行

2. 专才比全才更重要

全才比专才更重要

3. 高考应该废除

高考不应该废除

4. 民族技艺应该保密

民族技艺不应该保密

5. 人品比才能更重要

才能比人品更重要

6. 网络对大学生的影响利大于弊

网络对大学生的影响弊大于利

7. 金钱的追求与道德可以并行

金钱的追求与道德不可并行

8. 杜绝盗版，消费者扮演比政府更重要的角色

杜绝盗版，政府扮演比消费者更重要的角色

9. 个性需要刻意追求

个性不需要刻意追求

10. 宽松式管理对大学生利大于弊

宽松式管理对大学生弊大于利

11. "海待现象"不是社会问题

"海待现象"是社会问题

12. 发展网络文学利大于弊

发展网络文学弊大于利

13. 网络的娱乐性比实用性强

网络的实用性比娱乐性强

14. 网络的发展对文学弊大于利

网络的发展对文学利大于弊

15. 相处容易相爱难

相爱容易相处难

16. 外来文明对中国文明利大于弊

外来文明对中国文明弊大于利

17. 青年成才的关键是自身能力

青年成才的关键是外部机遇

18. 当爱被拒绝的时候，应该安静地走开

当爱被拒绝的时候，应该勇敢地留下来

19. 企业发展需要无私奉献精神

企业发展不需要无私奉献精神

20. 成大事者不拘小节

成大事者也拘小节

21. 审判时参考判例在我国利大于弊

审判时参考判例在我国弊大于利

22. 送子女进名校，利大于弊

送子女进名校，弊大于利

23. 避免人才外流，是政府的责任

避免人才外流，不是政府的责任

24. 艾滋病是医学问题

艾滋病是社会问题

25. 合作比竞争更能使文明进步

竞争比合作更能使文明进步

26. 天灾比人祸更可怕

人祸比天灾更可怕

27. 远亲不如近邻

近邻不如远亲

28. 电视选秀利大于弊

电视选秀弊大于利

29. 全球化对我国利大于弊

全球化对我国弊大于利

30. 石油价格高是政治问题

石油价格高是经济问题

31. 性教育是科学教育

性教育是道德教育

32. 维护社会稳定，法律比道德更重要

维护社会稳定，道德比法律更重要

四、好语言表达一定要有好内容

所谓语言表达，就是把信息传递给听众的过程。传递只是一种手段，被传递的信息才是核心，才是关键，这里说的信息，就是语言表达的内容。如果在训练口才时，只关注一些技巧，而忽视了内容本身，听众很可能会有一种错觉——买椟还珠。讲的人口若悬河，听众听得如痴如醉，被深深吸引，但最后的结果却是，听众听了半天，只听了一个热闹，至于讲的内容，已经像那个买椟还珠的郑国人一样，还给卖珠的楚国人了。

因此，只有把语言表达的外在形式和内在信息都做得很好，才是值得一听的语言表达。要提高语言表达内容的质量，短时间内的训练是很难做到的。这本书里所有的训练方法都是针对语言表达技巧等外在能力方面的，语言表达的能力固然重要，但更重要的是内涵的提高。只有内涵提高了，内容的质量才能相应地提高。内涵就是一个人的知识积累、素质水平和道德修养等。语言表达能力提升容易，内涵的提升却需要长期的努力。

著名美国作家马克·吐温经常到处演讲，演讲的时候，他总带着他的司机。他的司机在听了很多次他讲的内容之后，提出了一个请求，他说："我代替你讲一次吧，反正你的演讲，我已经听过很多次了，我都可以背下来了。"马克·吐温是一个很随和的人，抱着开玩笑的想法，他同意了司机的要求。在下一次演讲的时候，他真的让司机代他讲了一次，司机模仿得惟妙惟肖，听众都没有发现有异常，不断报以热烈的掌声。可是，到了提问的环节，司机就撑不下去了，因为提问可不是每次都一样的，他没法背下来。这时，司机只好请出了真正的马克·吐温。

马克·吐温的演讲内容可以被复制，但他的内涵却不可被复制。我们在训练和提高自己语言表达能力的同时，也不能忘记提高自己的内涵。提高内涵的方式很多，包括学习、交往、游历、阅读等。第一章提到过古希腊的演讲家德摩斯梯尼，他在改掉自己语言表达中三个坏毛病的同时，也看了很多书，几乎把自己家里所有的藏书都看了一遍，是典型的内外兼修，而正是因为如此，他才最终成为闻名希腊的演讲大师。

内容的质量虽然更多的是依据于语言表达者的内涵，但也存在一些技巧或者需要注意的地方，主要有以下四个方面：

（一）内容翔实

语言表达的内容要翔实，在做语言表达前，要尽量准备丰富的材料，大部分的语言表达，都有提前准备的时间，我们可以在这些时间里做好功课。比如，在谈判前，要尽可能了解对方的立场，探听对方的底线，掌握与谈判条款相关的知识；在面试前，了解一下要应聘公司的情况以及拟聘岗位的相关知识几乎是必须做的事情，如果能够打听到招聘人员的提问规则，有的放矢地制定回答策略就更好了。不经准备，直接上场，通常预示着一场噩梦。

我的经验是，不要怕准备的材料过多，要准备尽可能多的内容，许多第一次走上讲台讲课的教师最怕的事情是什么？绝大多数人的回答都是：害怕时间还没有用完，就没有内容可讲了。为了避免这种场面出现，在做语言表达前准备好翔实的材料是很好的办法。一个有30年教龄的历史老师上了一堂公开课，使听课的领导与同行入了迷，以至于忘了记听课记录。课后，一位来听课的老师问："你花了多少时间来备课？可能不止一小时吧？"历史老师回答说："这节课我准备了一辈子，而且，一般地说，每节课我都准备一辈子。"这位老师的回答虽然夸张，却强调了充分准备的重要性，苏联著名教育实践家和教育理论家苏霍姆林斯基在他的著作《给教师的一百条建议》中写道："这种准备空间是什么呢？这就是阅读。要终生以书籍为友，这是一天也不断流的潺潺小溪，它充实着思想的江河。"老教师也常说："要给学生一杯水，自己必须有一桶水。"这都说明了同样的道理，要想让自己讲得精彩，首先要有足够多的东西可讲。

一般来说，如果准备讲两个小时，语言表达者至少应该准备四个小时的内容，这主要体现在各种例子、类比的准备上。比如，一个观点在实际讲述时只需要讲一个例子，但语言表达者至少要准备好三个例子。为什么要这样？是因为在现场讲的时候，语言表达者需要不断地调整自己的内容，如果听众喜欢听例子，或者是一个例子讲不透，效果不到位，都需要临时增加例子，手中有粮，心中才能不慌。

（二）内容新颖

所讲内容中必须有对方所不知道或者不了解的，如果讲的人不能讲出新东西，听的人就会没有耐心听下去。

如果语言表达的内容中没有听众不知道或者不了解的，听众又为什么要听呢？要讲出听众不知道的东西其实是很容易的，因为语言表达者事先可以准备，他可以查找很多资料，站在有利的位置上自然就能够讲出一些让听众有兴趣的事例。这个过程相当于媒体的爆料，有料可爆，自然就不怕有人不捧场。美国人之所以喜欢看奥普拉的脱口秀，其中一个原因就是她的节目中常常有爆料，许多名人到她的节目里做客，都会在她的引导下，说出许多秘密来。比如，奥斯卡影后妮可·基德曼做客奥普拉的脱口秀节目时则是"意外"公布了自己女儿的照片。澳大利亚悉尼的一位观众说："很期待奥普拉的节目，因为她的节目中常常有意外的惊喜。"

当然，奥普拉带来的惊喜绝不仅仅是爆料，她总是能在节目中说出一些与众不同的观点，让观众觉得眼前一亮，比如，她曾经说："对于你所拥有的，要心存感激，这样你就会拥有更多。对于你所没有的，如果念念不忘，你永远都不会满足。""你最害怕的东西本身其实并不可怕。是你的害怕使它显得可怕。只要勇敢地面对真相，你就会身心解放。""勇往直前吧，如果跌倒，你会从地上看到一个不同的世界。"这些饱含智慧的话语，引人沉思，常使观众有所启迪。正是因为奥普拉坚持在节目中推陈出新，每次都能带给人意想不到的东西，使她的节目总是被人期待。25年来，美国人已经习惯看她的节目，她的话不仅激励了许多人，甚至她的节目已经变成了美国文化的一部分。

（三）表达幽默

演讲应该是幽默的，能够调动现场气氛的，口号式的演讲可以在一定时间内吸引人，但要长久吸引人，必须靠幽默，笑声有着几乎无穷的吸引力。幽默被称为语言表达的润滑剂，可以使尴尬的场面在笑声中变得轻松；幽默也被称为语言表达的催化剂，可以使现场的氛围活跃起来；幽默甚至可以称为语言表达的兴奋剂，它可以使听的人精神振奋，上课的时候，如果老师讲了个好笑话，打瞌睡的同学也会在笑声中清醒过来。

马云这位激情四射的演说家也是非常有幽默感的，比如他讲到管理时，用了一个很形象有趣的表述："当你公司有一个傻瓜时，很傻的，你会很痛苦；当你公司有 50 个傻瓜时是最幸福的，吃饭、睡觉、上厕所排着队去的；当你公司有一个聪明人时很带劲；当你公司有 50 个聪明人实际上是最痛苦的，谁都不服谁。我在公司里的作用就像水泥，把许多优秀的人才黏合起来，使他们的力气往一个地方使。"听到他讲傻瓜排队上厕所时，大伙都被逗乐了。

关于幽默语言表达方式的训练，将在第九章时详细讨论。这里，只是强调一下幽默在语言表达中的重要性。

（四）用丰富的例子和类比

例子和类比是语言表达中必不可少的元素，这两者可以用来支撑或强调语言表达者的观点，增强说服力。少了例子和类比的语言表达，就相当于一盘没有盐和其他任何调料的菜，难以有什么好味道。什么是例子，什么是类比？例子是可以依据的事物，讲到某个理论或者观点时，依据这个理论发生的事情或者符合这种观点的事情都是例子。比如，在讲公民有纳税的义务这一观点时，马云所说的一天纳税 100 万元的事情就是例子。例子是用来强调语言表达观点的，它与语言表达的观点是同一性质。类比则不一样，类比也就是打比方，是用不同性质的事物来寓意所讲的内容，把某些事物中人们熟悉的特点用来做类比。比如马云在讲到阿里巴巴为什么放弃大企业，而选择中小企业时，他是这样说的："只听说过捕龙虾致富的，没听说过捕鲸鱼致富的，所以我们只做中小企业。"在他的话中，大企业相当于鲸鱼，同样的特点是个大但数量太少，中小企业好比小鱼小虾，同样的特点是个头虽小但数量多，用鲸鱼来指大企业，用小鱼小虾来指小企业，这就叫作类比。

例子和类比的作用并不完全一致，例子更强调对观点的证明，它与证据的作用相仿。马云是运用例子的高手，在讲到阿里巴巴的意义时，他曾经举过这么一个例子：有一个青岛商人，每年从韩国进口一种产品，虽然产品包装是韩国的，但从产品来看，其产地应该在中国，如果直接从国内进货，价格就会便宜许多。这个商人试图在国内找供货商，但始终无法找到，无奈之下只好承受韩国人的高价。后来，他偶然发现了阿里巴巴，就在上面发了一条求购信息，不料几天之内就同生产该产品的中国厂家联系上了，更令他惊奇的是，该厂家居然就在青岛，产品的价格不仅降下来了，运费也省了一大笔，这个商人一下子获得了赢钱的良机。通过这个例子，马云进一步强调和证明了阿里巴巴在中小企业 B2B 平台上的重要性，他也曾经说过一句话："阿里巴巴可以使任何一个商人在网站上买到任何一样东西。通过它，远在南非的商人可以和处于成都的商人交易。"这句话虽然也有说服力，但与上面那个例子相比，这句话的说服力要差得多，例子太能说明问题了。不过话说回来，虽然例子很给力，但事实上例子并不能真正证明观点，因为例子只是个体，个别的事物永远不能代表整体。比如，在一班级中，张同学喜欢看武侠小说，赵同学也喜欢看武侠小说，但并不能因此就说，这个班的同学都喜欢看武侠小说，说不定除了这两位同学，别的同学都喜欢看奇幻类小说。因此，我们在语言表达中举例时，一定要选取那些有代表性的例子，要避免使听众感到例子是片面的。

类比的作用主要是用来形象地展示语言表达者的观点，重在形似而不是神似。马云在使用类比方面更是高手，他在讲到管理经验时说：看见 10 只兔子，你到底抓哪一只？有些人一会儿抓这个兔子，一会儿抓那个兔子，最后可能一只也抓不住。所以阿里巴巴有一点不会改变，永远为商人服务，为企业服务。我们不会因为投资者而建网站，我们也不会因为媒体的批评而建网站，我们更不会因为网络评论家们说，现在流行 ASP 了而改变我们的方向，我们只做 B2B。对于机会，我绝大部分时候都说 No。CEO 的主要任务不是寻找机会而是对机会说 No。机会太多，只能抓一个。我只能抓一只兔子，抓多了，什么都会丢掉。听听这段话，讲得多形象啊。不过，就像例子有弊端一样，类比的硬伤也比较明显。由于并不是同一性质，类比仅仅是形似，如果选取不当，使听众产生不好的联想，就会弄巧成拙。

尽管例子和类比都有弊端，但列出它们不足的目的只是为了更好地使用它们，绝不是希望大家因噎废食。例子和类比实在是太重要了，我们在讲话的时候要尽可能地使用，甚至不惜让例子和类比成为语言表达的主体。学习语言表达的时候，一定要多听故事。小孩子最怕听说教，最喜欢听故事，人们把这个习惯从小时候带到了成人状态，依然喜欢听故事，这个故事就是指例子和类比。不讲例子和类比，说话就成了单纯的大道理，听起来干巴巴的。古往今来，那些语言表达出众的人，都是靠一个个恰到好处的例子和类比，才讲出了大道理，做出了大事业。比如，我们都知道晏子使楚的传说，他在楚王面前所说的"橘生淮南则为橘，生于淮北则为枳"这句话，就是一个著名的类比。

| 第八章 |

让你的讲话永不跑题
——学会使用关键词方式发言

 **训练目标**

掌握逻辑思维能力在演绎方面的运用，学会使用关键词的方式来发言。

训练项目

☞ **你说我猜训练**

项目性质：必选项目(学会简洁、准确地描述事物，把一个词延展成一段话)。

训练时长：每6天进行一次训练，总需30~60天，每次训练约30分钟。

☞ **关键词讲故事训练**

项目性质：必选项目(讲故事很有趣，而且可以学会实现从一个关键词到另一个关键词的优雅跳跃)。

训练时长：每6天进行一次训练，总需30~60天，每次训练约30分钟。

☞ **关键词即兴发言训练**

项目性质：必选项目(这个项目是重中之重的核心训练项目)。

训练时长：每3天进行一次训练，总需30~60天，每次训练约30分钟。

注：以上三项训练可以和归纳主题即兴发言训练以及下一章的即兴发言结构训练方式结合在一起进行。

在第七章中，讨论了如何从一堆材料中找到一个好主题，也就是逻辑思想能力在归纳方面的一个运用。这一章的重点则要放在演绎方面，即在主题确定以后，怎么把它好好地讲出来。如果把语言表达比喻为种菜，前面的工作相当于精挑细选得到了优良的种子，这章的工作就是把种子种在土里，让它长出枝叶，开出花朵，并结出累累果实。

这一章最重要的内容，就是向大家推荐一种语言表达的方式，即"关键词"演讲方式。这种方式与我们熟知的背稿和念稿的方式是完全不同的，它是逻辑思维能力在组织语言方面的应用，它更符合即兴发言的要求，使语言表达者能够自由和充分地展现自己的思想，不受到稿子的牵绊和控制，从而展现出好口才应有的魅力。

一、要用"关键词"演讲方式来演讲

演讲分为两种方式，一种是有稿演讲；另一种是无稿演讲，无稿演讲也叫作即兴演讲。

初次在公众面前讲话的人，都喜欢采取有稿演讲的方式。在发表讲话之前，会做非常认真的准备，把要讲的每个字都详细地写出来，写成一篇演讲稿，在演讲的时候照着读。由于照着读让听众感觉不好，有些演讲者也会把稿子背下来，进行脱稿演讲，在讲的时候是背出每个字，而不是现场组织语言。这样讲话的方式其实不叫语言表达，只是一种朗读，读的是记忆中的稿子。这种方式和照着稿子念没有什么本质区别。

背稿讲有很多缺点，一是内容被完全限定死了，讲的人没有办法调整内容，因而也谈不上和听众的互动。二是背稿讲容易忘词，一旦发生这种情况，对于讲的人来说是灾难性的，现场的效果会变得很差，他的心情也会大受影响，以至于越忘越多，讲话难以继续。

与其背稿，不如直接照着念，至少还能保证流畅。美国总统奥巴马在竞选成功和就职典礼等重要场合的讲话，都是照着稿子读的。讲话现场左右两边都放有提词器(这种提词器是一块透明的屏幕，观众的方向几乎看不到提词器的存在)，在他讲的时候，能在左右两边轻易看到稿子。由于他事先准备得很充分，对稿子也非常熟悉，配上手势和语气，观众看到奥巴马意气风发，顾盼生姿，讲的是流畅潇洒，妙语连珠，还以为他真是有如此好的口才，其实他只不过是照着稿子在表演而已。

在我们生活中绝大多数语言表达，是不可能照着念的。我们没有奥巴马那么好的条件———边放一个提词器，我们必须现场组织语言。比如，教师这一行业，在上课的时候就是边想边讲，通过在脑海里生成新的语言并同时讲述出来的方式来授课。如果哪个老师照本宣科，完全照着稿子念，或者照着PPT

念，那这样的老师又怎么能得到学生的欢迎呢？如果一位新教师授课，他准备了讲稿，但又没有背熟，以至于讲几句就得看一下材料，就连举个例子都说得结结巴巴，还念错了好几处，整个课堂都被这些忘词、错词、在讲稿上翻找东西分割得支离破碎，这样的讲课听着都难受，又何来吸引力呢？

还有一些人，在开口讲话前，会在心里打非常详细的腹稿，这个腹稿详细到想好了每一句话，每一个词，每一个字。但是，想得越详细，就越难把整个腹稿记下来。最后的结果通常是想得很好，一讲就变样，想到的是十分内容，而讲的只有两三分。甚至有些人还会在讲到一半时想不起来该往哪讲了，那些之前想好了的话语就像在空气里消失了一样，脑海里一片空白。

为了避免这样的窘境，强烈建议使用"关键词语言表达方式"。那么，究竟什么是"关键词语言表达方式"？

所谓"关键词语言表达方式"，就是指在语言表达前准备的时候，把想好的内容按段落、章节浓缩成一个个的关键词，每个部分一个关键词。在讲述的时候，再把这些关键词延展成一段段的话，串成一篇讲话稿讲出来。英文写作，要求每一段中有一句 Topic Sentence，其他语句都是这一句的扩展。我们可以借鉴这种方式，进一步将 Topic Sentence 浓缩为一个词，目的当然是更好记。

因为人要在短时间内背熟一整篇文章是非常困难的，但是在短时间内记住几个词却并不是什么难事，何况，这些关键词除了记在脑海里，还可以写在纸上，纸上就几个词，到时候用眼睛瞟一眼就可以看到，不用在整篇稿子中翻来翻去地找讲到哪里了。有了"关键词语言表达方式"，我们再也不用担心忘词了。

并且，用"关键词语言表达方式"来讲话，所有的语言都是现场组织的，完全不受稿子的牵制，可以自由地发挥，随时根据听众的反应来调整自己的内容，讲的效果自然就容易出来。在《倚天屠龙记》中，有这样一个情景——张三丰给张无忌传授武功。在全套招式刚刚教完时，张三丰问张无忌："刚才的招式你记住没有？"张无忌回答说："已经忘了一些了。"过了一会儿，张三丰又问张无忌还记得多少，张无忌回答说已经忘记大半了。张三丰最后一次问的时候，张无忌的回答是："已经完全忘光了。"这个场景反映的是武功中的一种至高境界——心中无招胜有招，即不受固定招式的限制，而是现场根据对手的招式，组织出最好的应对和进攻招数。语言表达也应该这样，要根据现场的情况，灵活地即时生成要讲的话，这样才能起到最好的效果。

在《变形金刚2》的训练材料中，我们曾经有过一个主题，就是"中国电影应该学习《变形金刚2》这种全方位赚钱的方式"。下面我们以此为例，来演示一下如何用关键字（词）的方式来进行即兴发言。

题目： 变形金刚是吸金王

关键词： 票房、怀旧、特效、衍生产品、中国电影

演讲词：

前段时间，《变形金刚2》在中国上映了。这部片子创造了让人吃惊的高票房，达到了3.6亿元，它超越了《铁达尼号》，成为中国新的票房冠军。这部片子在美国和欧洲也创造了佳绩，它的票房高居排行榜榜首很长时间。在日本、韩国等亚洲国家也是如此。那么，它是凭什么取得这么好的票房成绩呢？	这段围绕着关键词"票房"在讲，不管是中国，还是美国、欧洲、日本、韩国，都是讲票房。最后一句，是为跳到下一个关键词做的准备。
其实这个问题的答案很简单，那就是"怀旧"二字。看看那些走进电影院的主力人群就清楚了，去看《变形金刚2》的人，年龄大多二三十岁，他们小的时候，都是变形金刚的粉丝，那一句"变形吧"，曾经让多少孩子热血沸腾。如今，这些孩子长大了，而变形金刚又回来了，不仅有了更漂亮的外表，也有了真人参与演出。看到熟悉的擎天柱、霸天虎的海报，谁不愿赶快掏钱走进电影院，在大屏幕前重新激动一回呢？《变形金刚》系列电影正是利用了人们的怀旧心理，才为创造高票房打下了坚实的基础。	这段围绕的关键词是"怀旧"，内容比第一段复杂，但仍然句句不离"怀旧"这一阶段主题。
不过，看电影的人除了刚才所说的"怀旧"派，也有一些"90后""00后"，还有年龄更大一些的"70后"。这批人可没有童年的变形金刚回忆，那他们又是为了什么走进电影院呢？这就不得不提到变形金刚创造高票房的第二个法宝——"特效"了。变形金刚的特效真是好得惊人，有人为了看得痛快，居然坐飞机到中国最大的IMAX影院连续看了七场半，最后那半场是因为他要赶飞机了，不然也会看完的。《变形金刚2》的制作团队足足花了18个月时间，运用了上千人来打造特效，有些特效中的一个动作就要花上6个月才能做成，如此的精耕细作，特效出众也就不意外了。	这段的关键词是"特效"，前几句话都是为了引出这个关键词。
不过，要是以为变形金刚只是靠票房吸金，那我们也太小看它了。其丰富的衍生产品，才是真正的吸金第一利器。"孩之宝"公司依据变形金刚系列影视作品，推出了大量的玩具、游戏和其他衍生产品，准备大赚一笔。在过去的20年间，他们就已经大赚了，据报道，《变形金刚》进入中国以来，"孩之宝"公司至少赚取了50亿元的利润。《变形金刚2》的3.6亿元票房与之相比，真是小巫见大巫了。	这段话中第一句的转折，就是为了更好地强调"衍生产品"这一关键词。50亿元和3.6亿元的比较，非常形象，这两个数字虽然不是关键词，但也应该写下来，作为关键例证，一定要在讲的时候用到。

续表

讲到这里，我不禁想起了让我恨之深、爱之切的中国电影。如果中国电影也能像变形金刚一样，在主题设计、特效制作和衍生产品方面多下功夫，全面开花，认认真真地去做，那么我相信，中国电影也会有像《变形金刚2》这样辉煌的一天。	这段的关键词是"中国电影"，目的是升华主题。

二、学会简洁准确地描述一件事物

就像学国画时画山先画石一样，在画山——学习"关键词"讲述方式之前，先来练习一下画石——迅速、准确、简洁地描述出事物。这里说的描述一件事物很像是名词解释，但没有那么严谨，只要能用几句话把一个词说清就行。在这一过程中，"词"变成了一段话，如果再把这些话串起来，就成了一篇讲话稿，用"关键词"讲话的方式，正是遵循这样一条延展的线路。

在语言表达中，我们有时会陷入词不达意的窘境，如果这样的情况发生的比较多，可能是平时说话太少的缘故。语言是一种习惯，不去用它，它就会变得不习惯。有些中国人在国外待久了，原来常用的中文由于用得比较少，平时都说英语，回到国内后，反而不习惯说中文了。在用中文表达的时候，一些意思用中文想不出来，只好用英文来表达。会发生这种情况，就是因为长久不用中文，大脑语言区中中文部分变得不活跃了。我们只要多练习，不断地刺激自己大脑中的语言区，用得越多，语言区的相关反应就越活跃，我们描述的能力就会越强。

学会迅速、简洁、准确地描述一件事物的训练方法，最适宜的就是"你说我猜"，这是电视上常常见到的一种游戏节目（电视节目中也叫"你来表演我来猜"），经常会用在一些朋友聚会中。其方式一般如下：把来宾分成许多组竞赛，每组两人（"猜"方和"说"方），其中一人为"猜"方，背对屏幕或者题板，另一人为"说"方，面对"猜"方，并且能够看到屏幕或者题板上的词语。"说"方通过语言的描述和身体的动作，让"猜"方猜出"说"方看到的那个词语。规则是"说"方不允许先说出那个词语中的任何一个字，说了就作废，但"猜"方已经猜出来的字"说"方可以说，在规定的时间里，猜出最多词的那一组获胜。电视节目中，有时会用这个项目来测试参与游戏的"猜"方和"说"方是不是有默契，有的游戏中两人好像都显得没有默契，在游戏的大部分时间里两人都手舞足蹈但相对无语。其实，这个游戏不仅是在测试两个人的默契，而且是考察"说"方的描述(表演)能力，"说"方描述得越形象、准确，"猜"方就越容易猜出来。

在这个训练项目中还加了一条规定，那就是不允许有身体动作，只允许用口头语言表达。要求是描述要精练，尽量准确地把握特征。

"你说我猜"的技巧主要有：

◎**抓住这个词最重要的特征**。如果碰到有非常明显特征的词，并且有把握对方肯定知道这个特征，就先把它说出来，如，猜"姚明"这个词，可以说"在NBA火箭队的中国球员"。对方一般都能立即猜出来。

◎**碰到没有明显特征的词，应该先把它的性质告诉对方，再告诉对方字数是多少，明确范围，再讲它的内容**。如猜"国家地理"，可以说"是一本刊物的名字，一共四个字，讲美丽风光、风土人情的"。其中，"一本刊物的名字"就是明确性质。又如，猜"心如止水"，则应该先说"成语"这个性质。

◎**实在是难以整体描述的词，可以通过逐字解释的方式来进行说明**。例如，猜"乞力马扎罗"这个词时，虽然可以用"山名"来定义，但如果对方根本不知道，估计就只能一个字一个字地猜了。你可以先描述"乞"这个字，说："讨饭的人叫什么?"等"猜"方猜出是"乞丐"后，再说"好，这个词第一个字就是这个山名的第一个字。"再让对方猜"力"字，依次往下，直到对方猜出所有的字为止。

"你说我猜"在想的时候会感觉很容易，但是在竞争环境下，边想边说就比较困难了。因为想只是思维能力的一个方面，而想的同时又要说，才是逻辑思维能力在语言表达中的运用。我们要练习的，不是会想，而是会想又会说。因此，在练习中，不能只是默想那些词，一定要说出来，不管是不是一个人单独练习。

训练项目

你说我猜训练

❖**训练目的**

能够准确、迅速和简洁地描述一件事物。

❖**训练方法**

(1)如果是自己一个人练习，一次选取30个左右的词语，尽量简洁和准确地把每一个词描述出来。要求是一定要讲出来，不能只是在脑海中想。

(2)如果是有人配合你的练习，请你和你的搭档每人各写出20个词语，每人各做一次"说"方和"猜"方，请对方猜猜自己写的词语，在猜的时候进行计时，看看谁用的时间少。

（3）在"你说我猜"的过程中，"说"的一方只能用语言来表达，不允许有身体动作，比如用手势、眼神和身体姿势来表达都是不行的。这样做的目的是强化对语言描述能力的训练。

（4）词语中凡是"猜"方还没有猜出来的字，"说"方都不能说出来，比如在猜"中国新闻周刊"这一词语时，"说"方不能先说："这是一本周刊"，因为"周刊"二字在这个词语中出现了。同音字和一些必不可少的关联词语除外，如"的、地、得"等。"猜"方已经猜出的字，"说"方则可以使用。

（5）不要对难说出的词说"过"，而是要尽量去把它说出来。逼着自己去描述那些难讲的事物。

（6）整个过程请用汉语普通话来表达，不要使用英语等其他语言。

❖ **训练时长**

每 6 天进行一次训练，总需 30~60 天，每次训练约 30 分钟。

三、学会在"关键词"之间优雅跳跃

在上一部分中，我们已经学习了怎么把一个词扩展成一段话，现在我们学习怎么把词与词联系起来，即在"关键词"之间跳跃。我们在用"关键词"方式来表达语言时，脑海里展现的应该是由"关键词"串起来的一条线，用一个"关键词"延展成一段话并且讲出来时，脑海里应该同时牵挂着下一个"关键词"，想怎么组织语言，由当前的"关键词"跳到下一个"关键词"。

这一部分的练习方法，是"用关键词讲故事"，即用既定的几个"关键词"来编一个故事，经过几分钟的思考准备，再把它讲出来，故事的长度以 3 分钟为宜。在这个故事中，"关键词"一定要发挥关键的作用，在故事中，这几个词语不能是可有可无的，比如，用"天气、下雨、雨伞、教室、音乐"这五个词编故事，不能一开始就说："今天天气不好，下雨，我打着雨伞去教室，路上用MP3 听着音乐……"虽然这五个词都用上了，但在这个故事中，这几个词没有什么独特作用，看不出"关键"的意思。当然，我们更不能用"老师让我们用'天气、下雨、雨伞、教室、音乐'来编故事"这样的小学生万能造句句型来编所谓的故事，而是尽量让每一个词都成为故事中一个小片段的关键因素，左右故事的发展，或者是故事一个阶段的标志性的东西。

让我们以"火车、橘子、摄影、传说"为例，来试着编一个故事。

例如：

小菲很害怕寒暑假的到来，因为她家离学校很远，一到寒暑假就得坐火车回家，开学的时候再坐着火车回学校，而火车注定是小菲命中的克星。她晕火车，一坐上去就浑身不舒服，头昏脑涨，吃不下东西，睡不着觉。过去还好，她上了火车才难受，最近这两次，还没有上火车就开始难受。这不，暑假结束后要回学校了，她又开始难受了，但没有办法，咬着牙也得上火车，总不能因为这个不上学了。

小菲在火车上脸色发青，冒着冷汗。她靠着窗，闭着眼正难受的时候，有人在旁边碰碰她："你是不是晕车了"，是个男生，小菲没有睁眼，只是咬着牙点点头。旁边那个男生没有放弃，说："闻闻这个，会感觉好很多的。"随着这个声音，一丝凉凉的东西喷到了她的鼻子下面，味道很清香，闻了这个之后，小菲感觉好了很多，她睁开眼。原来，刚才被喷到她鼻子下面的是橘子皮的汁。看到她好了些，旁边的人笑了。他应该也是个大学生，他说："你得吃东西，就吃这个橘子吧，你不吃东西，晕车更难受。"小菲试着吃了点儿橘子，又吃了其他一些东西，慢慢地，难受的感觉消失了。这还是小菲第一次坐火车不难受呢。

旁边的这位旅客还真是个大学生，不过不是小菲的校友，他叫小杰。在接下来的旅途中，他们开心地聊起了天，谈起了各自的学校、朋友，各自的爱好。他们发现相互间有许多相同的地方，小菲头一次发现自己是这么的健谈，还发现原来旅途也可以这样有趣。小杰说，他喜欢摄影，问可不可以让他照一张小菲靠着车窗的照片，小菲同意了，摆了个姿势，让小杰照了张很有意境的照片。

回校以后小菲才发现自己忘了要他的电话号码，自己的电话号码也没有给他。就因为这个，他们很长时间没有办法相互联系。小菲以为这就是最后的结果了，毕竟世界这么大。直到有一天，小菲的室友告诉她一个消息，说是在网上举办的大学生摄影展上看到她的照片了，被网络票选顶到了第一名呢，叫她赶快上网去看。小菲在网上看到了那张照片，正是她靠在窗边若有所思的样子，照片上的小菲头发飞扬。照片的题目叫"传说"，照片下面有一段文字说明："我们萍水相逢，转眼又消失在人海中，如果能够再次相遇，那一定会是一个新的传说。"照片摄影者留下了联系方式，是一个QQ号，小菲飞快地登录上了QQ，加了这个号码为好友，在申请说明里她写上了："有你在路上不孤单，有你才会有传说。"看着QQ头像闪动，幸福涌上了她的心头。

在这篇故事中，"火车""橘子""摄影""传说"这四个词都起着关键性作用。在讲故事的时候，这四个词相互联系着，从坐"火车"晕车引出"橘子"，再从橘子过渡到聊天，才有了小杰爱好中的"摄影"，摄影留下了照片，成为两者最后的一点联系，最终成就了"传说"。用"关键词"来讲故事就应该这样，从一个词到另一个词之间要做到优雅地跳跃，尽量自然，避免生硬。

用关键词讲故事训练

❖**训练目的**

学会在关键词之间转移。

❖**训练方法**

(1)选取 4~5 个"关键词"，用 3 分钟时间来进行准备，构思一个故事。

(2)故事中必须用到所有的关键词，顺序可以调整，但每一个关键词在故事中都要发挥出重要的作用，不是可有可无的词。

(3)准备时间到了以后，进行 3 分钟的讲述，把构思的故事讲出来。

❖**训练时长**

每 6 天进行一次训练，总需 30~60 天，每次训练约 30 分钟。

请用以下关键词讲故事：

(1)手机、课本、苹果、IC 卡、图书馆。

(2)轮滑、宝贝计划、食堂、地图。

(3)天路、《国家地理》杂志、照片、小刀、硬币。

四、练习用"关键词"方式来说话

经过前两部分的训练，现在我们到了最重要的第三步——"关键词"演讲方式训练。

"关键词"演讲方式的训练分为两个方面，第一个方面是准备的训练，学会"关键词"即兴演讲方式的准备，这个准备要按照我们之前讲过的步骤来进行，先找主题，再为这个主题找合理的推导和层次结构，在形成了几方面的层次，并且找到了论据等材料以后，每个方面都要浓缩成一个关键词，把这些关键词写下来或者记下来。

训练的第二个方面就是"关键词"演讲。用"关键词"来讲话和用"关键词"讲故事几乎是一样的道理。在讲的时候，先把一个词展开成一段话，再加上不同关键词间联系的句子，实现在关键词间的优雅跳跃，连在一起就形成了演讲稿。在讲的过程中，一是要围绕该词把应该讲的内容讲透，把词延展成话这一环节做足；二是要想着如何过渡到下一个关键词，引出下一部分内容，实现关键词间的转移。在演讲过程中，关键词起着指路牌的线索作用，每一个关键词，都在每一段中担任着核心的角色。

 **训练项目**

关键词即兴发言训练

❖**训练目的**

养成用关键词的方式来组织语言表达的习惯，避免背(念)稿讲话。

❖**训练方法**

(1)选定一个主题，再根据这一主题选取 4~5 个关键词，写在一张纸上，用 3 分钟时间进行准备。

(2)在脑海中把要讲的每一部分内容都预想一下，但要注意的是，只想大致内容(包括理论推导和例子类比)，不要把每一句话都想出来。

(3)要用到的例子和类比也可以用关键词的方式把它记下来。其中，容易忘记的人名和数字可以作为例子和类比的关键词来记，这些东西可以写在一张纸上。

(4)准备时间结束后，立即进行时长为 3 分钟的即兴发言。讲的时候，手边可以拿着刚才写了几个词的纸片，在忘记关键词时，可以看一眼。

(5)随着训练次数的增加，在对关键词讲话方式熟悉以后要尽量抛开那张纸，做到完全脱稿演讲。

❖**训练时长**

每 6 天进行一次训练，总需 30~60 天，每次训练约 30 分钟。

附 录 训练材料

一、你说我猜训练材料

请试着用简洁、准确的语言，描述出以下词语。

1. 博士后
2. 蔡康永
3. 做人要厚道
4. 奸笑
5. 伦勃朗
6. 保安哥哥
7. 布兰妮
8. 人生哦
9. 天道酬勤
10. 无坚不摧
11. 苔丝
12. 水果沙拉
13. 乞力马扎罗的雪
14. 水潭
15. 人气小魔女
16. 苏菲的世界
17. 神经衰弱
18. 加油好男儿
19. 幻灯片
20. 一无是处
21. 纸馅包子
22. 古奇包包
23. 五分钟回来
24. 时代广场
25. 盖浇饭
26. 心如止水

27. 人品问题

28. 柳湖

29. 过山车

30. 香格里拉

31. 苹果手机

32. 中国移动

33. 生不如死

34. 不要和陌生人说话

35. 小可爱多

36. 最长的一天

37. 大结局

38. 阿凡达

39. 拆弹部队

40. 一个陌生女人的来信

41. 宝马男

42. 犀利哥

43. 掩耳盗铃

44. 热岛效应

45. 普洱茶

46. 中华烟

47. 在地球的中心呼唤爱

48. 抽水马桶

49. 欲速则不达

50. 人生若只如初见

51. 我心依旧

52. 纵贯线

53. 止于至善

54. 公平正义

55. 上善若水

56. 麻花辫

57. 小人得志

58. 举一反三

59. 痛定思痛

60. 小虎队

61. 芙蓉姐姐

62. 天仙妹妹

63. 鸡腿汉堡

64. 马达加斯加

65. 生命中不能承受之轻

66. 哆啦A梦

67. 充值卡

68. 绝望主妇

69. 星光依旧灿烂

70. 外面的世界很精彩

二、用关键词讲故事训练材料

请用以下关键词来讲一个故事，关键词在故事中必须发挥出关键作用。

1. 丽江、口香糖、飞机、过桥米线、驴友

2. 打口碟、耳机、支教、小桥、实习报告

3. 星际争霸、网吧、战队、轮滑、日志

4. 生日、KTV、交通、出租车

5. 阿凡达、柯南、移动硬盘、班主任

6. 超市、瓶装水、宣传单、自行车

7. 地震、社会实践、志愿者、同班同学、照片

8. 方便面、手机、笔记本电脑、杀人游戏、情书

9. 上海、展览会、地铁、商务酒店、主持人

10. 比赛、足球、日记、高中同学

三、关键词即兴发言训练材料

请用以下主题和建议的关键词组织一个3分钟的即兴发言，每个关键词

应该成为每段内容的核心。下面材料中的关键词只是一个推荐，大家可以在同一主题下根据自己要讲的具体内容进行调整，比如更换、增加一些关键词。

1. 主题：我命由我不由天

关键词：哪吒、理想、机遇、成功

2. 主题：高校排名热说明了什么？

关键词：高校排名、海归、科研、就业

3. 主题：直播给"草根"带来的机会

关键词：李佳琦、个性、"草根"

4. 主题：从李子柒现象看网络文化

关键词：李子柒、短视频、传统文化、商业运作

5. 主题：新媒体对传统媒体的挑战

关键词：新媒体、广告、传统媒体

6. 主题：《复仇者联盟》是电影史上的里程碑

关键词：票房、计算机特效、漫威、商业策划

7. 主题：理性看待大学生休学创业

关键词：比尔·盖茨、机遇、知识积累、实践能力

8. 主题：当爱被拒绝时应该安静地走开

关键词：拒绝、缘分、感动、真爱

9. 主题：常吃快餐对身体健康不利

关键词：快餐、垃圾食品、营养均衡、科学膳食

10. 主题：国产动画片还需努力

关键词：美国动画片、日本动画片、急功近利、投入

| 第九章 |

掌握即兴发言的窍门
——即兴发言常用结构训练

 **训练目标**

掌握即兴发言的窍门，能够熟练运用即兴发言的几种常用结构。

训练项目

☞ **问题模式(起承转合)即兴发言训练**

项目性质：必选项目(这一项目应该和前一章的关键词即兴发言训练方式结合在一起)。

训练时长：每6天进行一次训练，总需30~60天，每次训练约30分钟。

☞ **介绍模式(分层法)即兴发言训练**

项目性质：必选项目(这一项目应该和前一章的关键词即兴发言训练方式结合在一起)。

训练时长：每6天进行一次训练，总需30~60天，每次训练约30分钟。

☞ **说服模式(矛盾法)即兴发言训练**

项目性质：必选项目(这一项目应该和前一章的关键词即兴发言训练方式结合在一起)。

训练时长：每6天进行一次训练，总需30~60天，每次训练约30分钟。

☞ **发言模式("承、起、兴"三段式)结构训练**

项目性质：必选项目(这一项目应该和前一章的关键词即兴发言训练方式结合在一起)。

训练时长：每6天进行一次训练，总需30~60天，每次训练约30分钟。

☞ **无领导小组讨论训练**

项目性质：可选项目（这一项目3人以上方可进行）。
训练时长：每10天进行一次训练，总需60天，每次训练约60分钟。

发言基本上分为两大类：一类是带稿发言，事先经过了充分的准备，有讲稿，可依据讲稿发言或者背稿发言；另一类是即兴发言，是在事先无准备或准备很少的情况下，根据对方的要求、眼前的场景、所要讲述的事物、参与的人物等条件即兴发言，其时境性强，属有感而发。

一般来说，人们进行即兴发言的概率要远远大于带稿发言，念稿子的方式比较少见，而即兴发言无处不在。

比如，一个学生在大学里，如果他（她）不参加竞选，不参加学校的各类演讲比赛，那么他可能一次正式带稿发言的机会都没有。但他会碰到很多次即兴发言的机会——入学面试、就业面试、毕业答辩、新班组自我介绍、课堂发言、小组研论等。在生活中，他还会参加寝室的卧谈会、老乡们的聚会和各种各样的交流。其实，向所爱的人表白也算一种即兴发言，毕竟拿着稿子照着念的表白方式太煞风景了。

又如，一个职员在公司里，他需要面对的绝大多数语言表达都是没有稿子的即兴发言，如每天的晨会、每周的工作布置会、周末的工作小结会、对上司的工作汇报、对下属的工作安排、对客户的推广陈述、与竞争对手的谈判等，出了公司，他还得面对即兴发言——与父母的谈心，与家人、朋友的交流，在聚会和餐会上的祝词——这些都是即兴发言，它在我们的学习、生活和工作中无处不在。

即兴发言不仅更常见，而且比带稿发言更有难度。带稿发言只是一种音形表演，它只是口才中外在能力的展示。相对来说，即兴发言就非常全面了，它显现了一个人的知识积累水平，体现了一个人的气质和能力。更重要的，它是一个人逻辑思维能力在语言表达方面的全面运用。即兴发言的人，必须根据现场的情境总结出自己要讲的观点，这正是逻辑思维能力在归纳方面的应用。同时，又要现场组织语言，在脑海里面形成一篇讲话稿，边想边讲，这正是逻辑思维能力在演绎方面的应用。另外，在讲话过程中，讲的人还要根据现场，根据谈话对方的反应，及时调整讲话内容，尽量抓住对方的心，这又是逻辑思维能力在控制方面的作用。

一、即兴发言的几个关键点①

即兴发言与带稿讲话截然不同，具有鲜明的特点。下面所列出的是根据即兴发言特点找到的几个关键点，是进行即兴发言时最应该注意的地方，这些地方做好了，即兴发言就会很精彩。我们针对这几个关键点，对症下药，就可以明显提高发言的水平。

（一）关键之一是观点独特

即兴发言要想吸引听众，必须有明确的观点，而且是与众不同的观点。如果没有观点，只有几句应景的套话，或者在听众面前重复别人说过的话，听众是不会认可的。因此，在开始即兴发言之前，一定要想好主题，如果找不到主题，我们宁愿放弃发言的机会。马丁·路德·金在林肯纪念堂前发表的讲话，以"我有一个梦想"为主题，使人耳目一新，发人深省，让人印象深刻，以至于流传至今。

（二）关键之二是主题突出

即兴发言因为时间非常短，所以一般都只能有一个主题，在主题之下虽然可以有几个分论点，但分论点都必须紧紧围绕着这个主题展开，是为了进一步说明主题，不能扯得太远。在短时间里，就算突发灵感，想到了几个有趣儿的主题，也绝不要把它们一一摆出来。太多观点的罗列会使它们都不够突出，没办法给对方留下足够深刻的印象。握紧的拳头要比张开的手掌打出去更有力，集中的力量更能突出表现你的观点，更容易说服对方。

（三）关键之三是结构灵活

即兴发言因为时间非常短，船小好掉头，所以可以随时调整结构。即兴发言应该根据听者的反应、所讲内容和自己的特点采取灵活的组织架构，如倒叙、比较、欲扬先抑等，也可以用不同的形式，如将要讲的主题套在诗歌、谜语中，甚至把整个发言变成讲一个故事。灵活的结构可以增强发言的吸引力，使主题

---

① 参见《南山演说培训班｜即兴演讲的五个关键点》，https://zhuanlan.zhihu.com/p/33956761。

更为突出。如果观点不够独特，在形式上创新也可以弥补主题上的不足。

（四）关键之四是时间适当

即兴发言常常出现在工作会议、聚会、酒会、座谈会、开闭幕式等场合，这些场合会安排多个人讲话，每一个人讲话的时间都有限，一般要求在几分钟之内讲完。另外，在这些场合中，人们的精力很难长时间集中，讲话的人稍微啰唆一点儿就会有人不耐烦。即兴发言最好在2分半到3分钟之内完成，以3分钟为宜，不能超过10分钟。时间太长内容就不容易把握了。另外，在讲的时候，还要控制好节奏，注意看现场的反应。

（五）特点之五是有例子和类比

即兴发言虽然时间短，但麻雀虽小，五脏俱全，该有的东西也是绝不可少的。举例和类比是不能少的。举例和类比可以使所讲的内容更形象，增强演讲的说服力。即兴发言虽然时间短，但更需要形象、生动地说明问题。在每个观点提出后，都应该用举例来加以佐证。如果举例中有准确的数据，证明效果会更明显。在即兴发言中使用类比也是非常正确的选择，一些不容易说清楚的理论，用类比就能轻易说明白。例如，马云曾经说："创业路上需要激情，执着和谦虚，激情和执着是油门，谦虚是刹车，一个都不能缺少。"用油门和刹车来进行类比，非常形象地说明了各种态度的作用，既清楚又简洁，省掉了一大堆解释的话。又如，李肇星在出任驻美大使时，有一位美国老太太问他："你们为什么要'侵略'西藏？"李肇星在得知老太太是得克萨斯州人后，他说："你们得克萨斯州1848年才加入美国，而早在13世纪中叶，西藏已纳入中国版图。您瞧，您的胳膊本来就是您身体的一部分，您能说您的身体侵略了您的胳膊吗？"老太太乐了，心悦诚服。最后，她热烈地拥抱李肇星，连声说："谢谢您，谢谢您让我明白了历史的真相。"李肇星在这段话中，巧妙地运用了例子——美国的得克萨斯州，也运用了类比——身体和胳膊，三言两语就把美国老太太说得心服口服。看看，例子和类比在即兴发言中多么重要。

二、即兴发言的准备

即兴发言是一门综合艺术，说话的人事先没有写出稿子，也没有时间好好准备，只有边想边说，大脑的思维和语言表达同时进行，你要讲的每句话，都是大脑里临时构想出来的语言，是即时反应。这是即兴发言的最大特点，也是即兴发言的最大难点。

不过，一般来说，即兴发言也不会一点儿准备的时间都没有，大多数即兴发言的场合还是有一些时间让你准备的。比如在讨论会上，当别人在发言时，你可以进行准备；参加一些需要你点评的活动时，活动开展的过程就是你准备的时间，你可以一边看，一边思考怎么说；即使是面试这种当面提出问题，马上回答的方式，你也可以沉吟几秒再开口说话，尽量为自己争取一些思考的时间。在面试时，考官并不喜欢那些想都不想马上就开口回答的人，这样一方面显得不够慎重，另一方面也显得应聘者缺乏经验。面对比较难于回答的问题，应聘者可以说："让我想一想"，思考几秒到十几秒钟，再说："好了，我可以开始了吗?"

准备有两种方式，一种是打纸稿，另一种是打腹稿，如果是参加讨论会和一些需要你现场发表欢迎词、祝词或者点评的活动，由于有较长的准备时间，可以采取打纸稿的方式，如果是时间很紧的临时发言，在毫无防备的情况下被抽点上台，或者面试时被问到了并没有准备过的问题，这时打纸稿是来不及了，只能打腹稿。另外，如果手边没有纸和笔，也就只能在脑海中打腹稿了。

其实，打纸稿和打腹稿并无本质的区别，都需要发言的人自己先确定一个主题，再把要发言的内容在脑海里快速地过一下，把主题和每部分要讲的内容都浓缩成"关键词"。这些"关键词"可以只记在大脑里，成为腹稿；如果手边有纸和笔，时间也允许，就可以把"关键词"写在纸上，成为纸稿。

在准备时，每一部分的内容只需要用一个关键词来概括。除了关键词，一些重要的也将作为例子的数据、某些人名以及用来形象说明观点的类比等，也可以在纸上勾画一下，或者在心里默记一下。这些内容不用写详细，只要有数字、人名和例子、类比的题目就可以了。这样，在纸上或者大脑里最终形成的提纲，就是七八个词和数字。这些关键词就如同一个方向标，指出了发言的大体走向。如果是纸稿，你在忘记内容时，可以瞄上一眼，知道该往哪里讲。

这些纸稿别写得太详细，打的腹稿也不要试图想清楚要讲的每一句话、每一个字。详细了反而不好，内容一详细，要记的内容就多，就容易忘词。如果是纸稿，照着念会显得很生硬，背着念又记不住。可能很多人有过这样的经历，

图9-1　一张即兴发言准备时的纸稿

手中拿着演讲稿上台，忘词时想找到下面一句，却翻来翻去半天都找不到。如果纸上字少，只有几行，七八个词，看起来就容易多了，只要随便瞄一眼，就能看清所有的"关键词"。

在上一章关于《变形金刚2》的即兴演讲前，可以像这样写一张纸稿，如图9-1所示。

三、即兴发言的一般结构

几乎所有的即兴发言，都可以分为三个部分，如图9-2所示：

将演讲的内容整体分为切入、主体、结语三个部分，主体部分可以根据演讲的内容采取不同的结构，但万变不离其宗，几乎所有的即兴发言都应该有一个"切入"部分和一个"结语"部分。关于主体部分的不同结构下文再详细叙述，现在先来讲讲"切入"部分和"结语"部分。

（一）切入

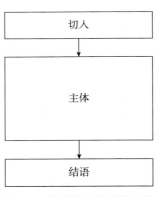

图9-2　即兴发言的大体结构

切入是即兴发言的开头，俗话说，万事开头难，切入不仅难，还非常重要。可以说，一个成功的即兴发言，开头就占了50%以上的戏份。开头开好了，后面成功概率就大，开头没有开好，后面再弥补起来就会很困难。

1. 切入的内容

切入部分所讲的内容可以与后面讲的主题有关，也可以无关。切入的作用主要是吸引听众，要把听众拉进你的演讲里面来。

2. 切入的作用

切入的作用相当于在讲话前拍拍话筒、拍拍桌子，或者对着话筒"喂、喂、喂"地叫几声，让大家安静，把人们的注意力吸引过来。在西方的一些宴会上，要即兴发言的宾客可以先用叉子敲敲酒杯，这也是为了吸引听众。美国电视剧

《欲望都市》里有一个情节，是在夏洛蒂第二次结婚的宴会上，发言的伴郎怕大伙听不到，用力太猛，把杯子都敲破了，幸好，有人机灵地说，不完美的婚礼正意味着完美的婚姻，才巧妙地让夏洛蒂转悲为喜。

切入的作用尽管相当于拍桌子和敲杯子，但它毕竟是一种语言表达，和动手拍桌子相比要灵活和巧妙得多。好的切入，不仅可以让大家安静下来，吸引到大家的注意力，还能够使听的人发笑，兴奋起来，让听的人对后面要讲的话有期待，这就为之后的主体内容讲述创造了一个极佳的条件。

3. 切入方式

好的切入方式主要有以下几类。

（1）靠幽默切入

先把人们都逗笑，然后大家就会都有兴致地看着讲话的人了。有一位教师在上生物课时讲到野生大猩猩，学生们的注意力不够集中，老师一生气，大吼一声："你们都看哪里去了？快都看着我，你们不看我，又怎么知道大猩猩长什么样呢？"一句无心的幽默，使教室里的学生爆笑，教学气氛一下子就活跃起来了。

幽默切入方式一：自嘲

其实，这位教师的幽默方式是一种自嘲，自嘲是放下架子，可以拉近与听众的距离，让听的人获得心理优势，一般都会在让人大笑的同时赢得大家的好感。这正是切入常见的一种幽默方式。

美国前总统布什就喜欢自嘲，他并不避讳提到自己的笨，在一次庆祝人类基因图谱完成的典礼中，他即兴发言，开口便说道："我们刚刚完成了人类基因图谱，近期目标是克隆一个切尼，这样，我就什么也不用做了，是不是这样，切尼？"说到这里，他转头对切尼说："下面，我该说什么了？"听众笑得前仰后合。

还有一次，布什在2006年的白宫记者年度招待会上，开篇就讲道："我的支持率只有三成、我的大法官提名没有获得通过、我的副总统又开枪打中了别人……啊，真是美好的旧时光……"说的是美好的旧时光，但其实都是糟事，这种自嘲效果很好。

自嘲还可以和自我介绍结合在一起，著名作家、翻译家胡愈之先生曾经在大学讲课，开场白就说："我姓胡，虽然写过一些书，但都是胡写；出版过不少书，那是胡出；至于翻译的外国书，更是胡翻。"在看似轻松的玩笑中，他介绍了自己的成就和职业，十分巧妙而贴切。

幽默切入方式二：双关语

除了自嘲，适当地利用双关语式的幽默，把幽默与后面要讲的内容巧妙地联系起来就是更高质量的切入了。

李肇星到西南财经大学演讲时，开篇讲了一个小故事，他说："奥巴马总统刚上台时，没经验，发表演讲的时候开口就说，'我今天要讲五点。'说得很清楚，是五点，还强调了一遍。结果，讲到第四点时，忘内容了，想不起第五点是什么了，弄得很狼狈，后面他学乖了，再讲话时，就说，'我准备讲以下几点'，不说清楚了。我年纪大了，也怕记不清，所以我今天也学学奥巴马，来讲个'以下几点'。"讲到这里，全场师生大笑。李肇星的开场白，既是一个小笑话，又与当天的演讲内容"国际关系"非常密切。以奥巴马学乖的过程引出了当天的话题，非常巧妙。

（2）用拉近与听众距离的方式来切入

即兴发言者可以先讲一些与听众有关系的话，如与听众所在地有关的风俗，一些在当地流传的故事，听众群体具有的某些特征等。这些话可以是引用，也可以是赞扬，目的都是拉近与听众之间的距离，以增强自己的亲和力，使听众更愿意接受后面的讲话。比如，"心连心艺术团"到每个地方演出时，主持人都会说，这个地方人杰地灵，出了某某名人、有着某某美誉等。有的歌手到地方演出时，会学几句当地的方言，一上台就说出来，让观众感到亲切。因此，在即兴发言前，最好弄清楚听众的构成。

采用这种切入方式时，单纯的赞扬是比较单薄的，如果能把演讲者自身与听众拉上关系，引发观众的共鸣才是最有效的拉近距离。例如，苹果公司的总裁乔布斯回斯坦福大学演讲时，是这样开始的："我今天很荣幸能和你们一起参加毕业典礼，斯坦福大学是世界上最好的大学之一。斯坦福大学教我读书。当然我在大学的时候，还不可能把从前的点点滴滴串联起来，但是当我十年后回顾这一切的时候，真的豁然开朗了。"又如，新东方学校的创始人俞敏洪回到北京大学演讲时，他开篇就讲道："可以说，北大是改变了我一生的地方，是提升了我自己的地方，是使我从一个农村孩子最后走向了世界的地方。毫不夸张地说，没有北大，肯定就没有我的今天。"再如，笔者有一次去外语学院参加活动，被要求讲话时说："我擅长说汉语，却不擅长说外语，外语一直是我的弱项，所以我对你们这些擅长说外语的人总是带着一种崇拜的心态。"这都是拉近与听众距离的有效方式。①

---

① 资料来源：许群兄. 乔布斯在斯坦福大学的演讲[J]. 中外企业文化，2015(12)。

拉近与听众的距离还有一种目的，就是让听众觉得，这次演讲是和他有切身利益关系的，是讲给他听的。在《超级演说家》第二季中，获得冠军的刘媛媛在决赛中演讲的题目是《寒门贵子》，她在演讲的开始问了两个问题：一是在这个演讲开始之前，我想问现场的大家一个问题，你们之中有多少人觉得自己是家境普通，甚至是出身贫寒，将来想要出人头地只能靠自己。二是你们之中又有多少人觉得自己是有钱人家的小孩，起码在奋斗的时候可以从父母那里得到一点助力。问完后，前一个问题几乎所有人举手了，包括导师在内，后一个问题几乎没有人举手，通过这两个问题，现场的听众发现，原来所说的寒门，就是说的自己，刘媛媛的演讲不是讲的别人，就是讲的听众自己，这个演讲是关乎每个现场听众的，这样一来，听众和演讲者之间就建立起了一种共同的利益关系，只有一开始就把这种利益关系建立起来，听众才会有兴趣去听。

（3）以呼应听众感受的角度切入

即兴发言一般都是临时出现的，不仅演讲者没有准备，听众也对此缺乏准备，感觉上这个讲话是一个突然加入的项目，听众可能最初带着一种不耐烦的情绪。这时候如果演讲者能够设身处地地为听众着想，从关心他们的角度出发，就可能会扭转这一不利局面，赢得听众的支持。例如，有一个领导在参加一个会议时，被安排在最后一个讲话，时间已经接近中午12点，与会的听众都没有耐心再听下去了。这位领导在开始讲话时，把表举了起来，说道："现在是11点57分，还有3分钟就12点了，我保证在3分钟内结束讲话，绝不影响大家正常吃饭。如果到时候我还没有讲完，你们可以用绝食来抗议我。"这段话讲完，听众都笑了起来，反感的气氛一下子就消散了。又如，周末组织大家参加一个公益活动，组织者可以这么开头："今天是周末，大家放弃了看电影、逛街、发呆，以及和女朋友吵架等愉快的机会来到这里参加公益活动，足以看出大家对这个活动的支持，现在还要求你们来听我讲话，我对你们的感激之情就更难以言表了。"再如，著名作家沈从文的小说写得非常好，在世界上很有影响力，但他的授课水平并不出众。为了不让学生失望，上课一开头他就会说，"我的课讲得不精彩，你们要睡觉，我不反对，但请不要打呼噜，以免影响别人。"谦虚而幽默的态度，很能得到学生的支持。

（4）实在没有主意的时候，就聊天气，聊主持人，聊身边一切能够抓到的可聊之物

天气是万能主题，人人都可以对此发表意见，聊天气可以达到争取听众的

目的。比如，在天气炎热的时候，可以说："这些天天气真是发疯了，比股票涨得还厉害，大家在这么炎热的天气下，还跑来听我讲，着实让我很感动。"如果是在春天的时候，可以说："刚才我在经过礼堂的时候，看到樱花开了，不知道你们注意到没有，学校的樱花品种还是蛮多的，这两天正是观赏的好时机，等我讲完话，你们一定要去看看，不然这花可就谢了。"笔者有一次在春天进行演讲，开头如下："在这么一个春暖花开的夜晚，大家没有去面朝大海，却在这里面朝杨海洋，面朝大海，你们一定不会失望，而面朝杨海洋，就不知道你们会不会失望了。"

除了天气，聊主持人、聊会场等也是一个好办法。因为主持人刚刚介绍了要讲话的人，大家对主持人还留有印象，会场等其他事物听众们也有切身的感觉。把这些作为切入的话题，还是可以引起听众注意的。如主持人在介绍完之后，讲话的人可以说："这位主持人真是伶牙俐齿，几句话就把我捧到了一个相当的高度，让我第一次知道我居然有这么好。不过，我可不敢接受这么高的评价，我知道我在很多方面还是做得很不好的。比如，在形象和气质方面，我就和刚才这位主持人有着相当大的差距。"

（二）主体

主体当然是即兴发言最核心的一个部分了，在这一部分中演讲者要讲清楚他的观点和立场，主体的具体结构，我们将在下一部分中详细讲述。

（三）结语

结语即结尾，结尾既可以单独存在，也可以和主体的最后部分联系在一起。将结尾与主体最后一部分联系在一起是最好的结尾方式，它非常自然，收得简洁、有力。一般主体部分讲到快结束时，是拔高立意的时候，演讲者在这时应该将现场的气氛调动到高潮，在这个时候结束，可以称之为豹尾。林肯在葛底斯堡的演说中，讲到应该继承烈士的精神时，用"我们应竭力使我们的国家在上帝的护佑下，得到自由的新生；使我们这个民有、民治、民享的政府永存于世"来结尾，刚好是将意义拔高到最高点时戛然而止。

如果感觉主体部分拔高得还不够，差一点火候，这时就要单独用一个结尾来进一步升华主题。建议用名人名言或诗句来结尾。演讲者可以说，"我想用一首诗来作为我今天所讲内容的结尾"，或者说，"我想把一句我最喜爱的话送给大家"诸如此类，然后引出一句名人名言或者诗句。这些名人名言和诗句要与讲的内容有关，不要一点关系都没有就生硬地搬上来，恰当的名句会起到画龙点睛的妙用。习近平总书记指出："不忘历史才能开辟未来，善于继承才能善于创新。只有坚持从历史走向未来，从延续民族文化血脉中开拓前进，我们才能做好今天的事业"，他本人就身体力行，经常在讲话中引用古典名句，谈到法治时，他引用了（北宋）王安石《周公》中的一句话："立善法于天下，则天下治；立善法于一国，则一国治。"谈到理想信念时，他引用过（清）郑燮的一句诗："千磨万击还坚劲，任尔东西南北风。"在欧洲访问时，他演讲中为了说明文明的多元化、多样性问题，引用了（明清）《古今贤文》中的一句："一花独放不是春，百花齐放春满园。"我们要学习习近平总书记这样用典。①

用名言结尾，可以提升讲话者所讲内容的档次，可以给人一种站在巨人肩膀上的感觉，增加所说观点的可信度，听的人会想，名人都这么说了，还有什么不可信的呢？常备一些名人名言是有好处的，谈到对国家的感情时，可以引用"我是中国人民的儿子，我深情地爱着我的祖国和人民"（邓小平），或者"为什么我的眼里常含泪水，那是因为我对这片土地爱得深沉"（艾青）。在谈到责任感和使命感时，可以说"为天地立心，为生民立命，为往圣继绝学，为万世开太平"（宋代张载）。在双方争论时，可以引用思想家伏尔泰的名言："我不同意你说的话，但我誓死捍卫你说话的权利。"或者引用诗人北岛的诗句："卑鄙是卑鄙者的通行证，高尚是高尚者的墓志铭。"在谈到道德问题时，可以引用康德曾经的话："我对两样东西怀有敬意，一是我头顶的星空，二是我心中崇高的道德法则。"等，不一而足。

四、即兴发言的常见模式

（一）常见主体结构之问题模式，也叫起承转合结构

这种结构是最常用的一种演讲结构，我们在阐述一个观点，在分析一个现象，在试图说明一个问题时，都可以用这种模式，所以，这种模式被称为问题模式。这个模式的结构如图9-3所示。

---

① 资料来源：人民日报评论部. 习近平用典[M]. 北京：人民日报出版社，2015。

1. 起

问题模式也叫起承转合结构，这个结构第一部分是"起"，即引起话题，这个部分相当于开头"切入"部分，演讲者需要把问题、观点、现象描述出来。比如，在讲到环保问题时，演讲者可以这么"起"："这段时间，一个瑞典的少女一下子火起来了，她叫桑伯格，一些人很讨厌她，觉得她是无知者无畏；一些人很喜欢她，觉得她是率真，是敢于挑战权威，但不管怎么说，她的行为引起

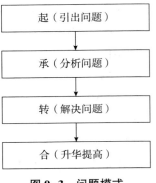

图9-3　问题模式

了人们对环保问题的关注，现在，真是到了必须关注环保的时候了，大家知不知道，我们居住的这个地球已经危险到了何种程度？"

2. 承

"承"这个部分，是用来分析问题的，也就是找原因、找证明，如果演讲者在"起"的部分说了环境问题很严重，"承"这个部分就要证明有多严重，如果演讲者在"起"的部分说的是环境被破坏是人为造成的，"承"这个部分就要讲人怎么造成了对环境的破坏。

3. 转

"转"这个部分，是用来提出对策和建议的，在"承"这个部分证明了观点或者分析了问题的原因之后，在"转"就要提出有针对性的解决方案。继续上面这个环保主题，在"转"这部分，应该讲我们如何做，才能让地球保持良好的生态环境。

4. 合

"合"这个部分，是用来升华提高的。它相当于大结构中的"结语"部分。可以把"合"合并到"转"这个部分，在讲完对策之后，紧接着就说明："如果我们再不重视环境保护，我们将失去人类共有的家园，而只要我们努力，真正做到人人有责，人人负责，都为环境保护尽一份力，天一定会更蓝，水一定会更清，山一定会更绿，我们的未来，一定会变得更加美好！"这就可以结束演讲了。

总结一下，问题模式就是："起"——是什么，"承"——为什么，"转"——怎么办，"合"——会更好，就是这么简单。

问题模式即兴发言训练

❖ **训练目的**

学会用问题模式来发言。

❖ **训练方法**

(1)结合前面的"关键词"即兴发言训练方式来进行训练。

(2)在3~5分钟的准备时间中,选择好要讲的主题,确定"起""承""转""合"分别要讲什么内容,再把每一部分内容浓缩成相应的"关键词"。

(3)按所准备的"关键词"进行即兴发言,时间长度为3分钟。

(4)讲的时候刻意感受一下用时,在训练时,建议"起"和"合"各半分钟,"承""转"各一分钟,总用时3分钟。

❖ **训练时长**

每6天进行一次训练,总需30~60天,每次训练约30分钟。

(二)常见主体结构之介绍模式,也叫分层法

介绍模式也是我们在日常生活和学习工作中常常用到的一种演讲结构。我们在向别人推销一种产品,推荐一本书,安利一部电影时,都可以用到这种方式,这种方式也叫分层法,就是把你要介绍、推荐事物的特点分成若干层次,一层层地展现给听众。

分层法的结构如图9-4所示。

分层法就是将所介绍的对象层层剥离,使所讲内容有层次性。比如,在推荐华为手机时,可以把华为手机的优点和你推荐的理由总结为以下四个方面:一是华为手机性能最强,运行速度最快;二是华为手机的镜头是蔡司的,成像效果最

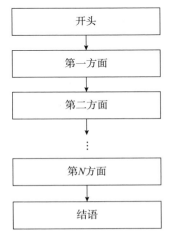

图9-4 分层法的结构

佳，目前在欧洲，华为手机已经成为机皇；三是华为手机价格亲民，性价比特别高；四是华为手机是国货中的精品，国人应该用国货。在总结完这四方面后，再一一地展现给听众。

讲话如果没有层次性，就会像一锅粥，听众会感到难以把握。同时，不分成清晰的几点，演讲者自己也会感到没有头绪，容易跑题，也不好控制时间。在分成几点的情况下，时间非常容易把握。每点用头尾两句概括，中间两句阐述，再加一个两三句话的例子或类比，时间一般可以控制在1分钟左右。要想讲得时间长一点，就把每一部分的内容增加一些，自然耗时就多了。

领导在讲话的时候，一般都会说："今天，我讲三点"，或者"最后，我再强调两点"等，这就是用分层法来进行演讲的。这是非常好的习惯，下面的听众可以很容易记录下领导讲的观点。因此，在讲话时，最好是将内容相对归类为几点。

介绍模式有一个最重要的技巧，就是把最好的放在最后面，因为演讲不像卖水果，要靠放在上面的水果来吸引顾客，演讲是要"说服"听众，就要让听众有一种越听越被吸引的加速感，如果听众发现你给他安利的这些优点，一个比一个弱，他就会在心理上觉得不过如此，如果你在讲的时候，让听众觉得怎么一个比一个好，越听越觉得有道理，听众就会渐渐被你说服。

比如介绍华为手机，可以把这个四个方面按这样的层次来推进：

第一，华为手机是国产手机，我们中国人，就是要用中国货。听众心理反应是：这也太绝对了吧，我用苹果手机难道就不爱国了？

第二，华为手机性价比最高，国内卖得比国外便宜，不像苹果手机，是国内比国外贵很多，我们买手机，还是要讲实惠。听众心理反应是：有道理，不过，苹果手机性能好啊，不能为了价格牺牲性能吧！

第三，华为手机性能最强，是目前全世界智能机里面跑分最高的手机，苹果手机的性能，一般比华为手机落后一代以上。听众心理反应是：原来华为手机才是性能最好的，看来买华为手机也不错，不过，苹果手机用起来，好像档次上要高一点。

第四，华为手机用的是专业级蔡司镜头，是目前全世界拍照最好的手机，目前在欧洲，华为手机已经成为机皇，是人们心目中最高端的手机，用华为手机是很有面子的事情。在分享的时候，from huawei，已经成为欧洲人的时尚。听众心理反应是：这下终于明白了，我一直低估了华为手机，看来是出手的时候了。

总结一下，最好的，要放在最后，这才是撒手锏，这才叫逼我放大招。

训练项目

分层法即兴发言训练

❖ **训练目的**

学会用分层的方式来发言。

❖ **训练方法**

(1)结合前面的"关键词"即兴发言训练方式来进行训练。

(2)在 3~5 分钟的准备时间中，选择好要讲的主题，确定要讲哪几个方面，再把各个方面浓缩成"关键词"。

(3)按所准备的"关键词"进行即兴发言，时间长度为 3 分钟。

(4)讲的时候刻意感受一下用时，在训练时，建议将层次分为 3 层，每层用时 1 分钟。

❖ **训练时长**

每 6 天进行一次训练，总需 30~60 天，每次训练约 30 分钟。

（三）常见主体结构之说服模式，也叫矛盾法

演讲者和听众观点不一致的时候，作为演讲者就需要去说服对方。大家想象一下，如果别人和你观点不一致，你想说服对方，你一开口就说："你是错的，我才对，你要听我说。"这时候别人还会听你说吗？

绝对不会，你一开头就把自己和对方放在了对立面上，对方这时候心里想的，就是如何驳倒你，你的话，对方根本就听不进去，这时要想再说服对方，就几乎不可能了。

那怎么才可能说服对方？建议是用说服模式，即矛盾法。矛盾法的结构如图 9-5 所示。

事物都有两面性，只有从正反两个方面看待事物，才有可能做到全面和公正。矛盾法的

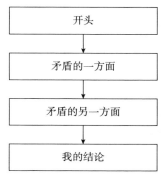

图 9-5　矛盾法的结构

即兴发言结构正是利用了事物的这一特性。先从事物的一个方面来进行阐述，比如有利的一面；再从事物的另一个方面来讲，比如不利的一面；最后进行比较，得出讲话者自己的结论。这种发言的方式做到了统筹兼顾，避免了以偏概全，而且线条清晰，听者会随着演讲者的思路来展开思索，两方面的对比又非常清楚，在这种发言中，听者对演讲者观点的认同度一般都会很高。

在以这种方式发言时，演讲者可以先抛出自己并不认同的那一方面，把自己倾向的方面放在后面来讲。因为越是后面的讲述，越能给听众留下深刻的印象，相对来说，前面只是一个铺垫，后者才是关键。因此，在这样即兴发言结构中，第三部分——矛盾的另一方面是分量最重的，应该用较多的语句、更有说服力的例子来进行说明。

例如：

主题： 大学生应不应该休学创业

关键词： 比尔·盖茨、机遇、基础、实践

讲稿示例：

比尔·盖茨没有修完自己的大学学业，而是选择离开学校创业，现在看来，这是一个非常正确的决定。如果他当初没有休学创业，也许就没有今天的微软帝国，也就没有这些让我们又爱又恨却离不了的软件。说不定，没有比尔·盖茨的这个决定，我们进入互联网时代也许会因此晚上10年、20年。（切入）

由此看来，大学生休学创业不失为一个好途径。上大学时人们正处于创新能力旺盛的时期，还远远不会有江郎才尽的感觉，而且在市场经济体制已经确立的今天，机遇转瞬即逝，分众传媒、QQ、百度都是首创者赢得天下，后来者几乎无法超越。大学生只要有足够好的项目、足够好的创意，就应该立即行动起来，开始创业。只有这样，才能够占得先机，不会让机遇流失。也许，在这些创业的学生中会出现下一个比尔·盖茨，下一个乔布斯。（矛盾的一方面，谈到大学生休学创业的好处）

不过，大学生休学创业也会碰到许多问题。大学阶段，是学生全面学习专业知识，培养专业素养，增强创新能力的关键阶段，大学毕业的人形成了完整的知识体系，打下了坚实的基础，创业才更容易成功，而休学创业的学生，由于并没有完成系统的学习，在知识、能力方面常会有所欠缺，创业的成功率也就非常低。在这么多的休学创业者中，真正成功的，也就只有屈指可数的几位。乔布斯虽然是休学创业成功的，但他在回到母校时也说了，当年在学校时所学的课程非常有用，正是有了当年的那些设计课程，才会有后面优雅的苹果电脑。

因此，在本领没有学到手之前，还是不要忙着出师的好。（这是矛盾的另一方面，谈到了大学生休学创业的弊端）

其实，大学生学习与创业并不是矛盾的，大学生完全可以在不中断学业的情况下创业。创业能够为大学生带来实践的机会，这才是大学生参与创业最重要的收获。大学阶段的创业，完全可以是一个试验场，是课堂向社会的延伸，成功已经不重要了。学生在创业过程中的感受和成长，为毕业后完全步入创业场赢得最终成功创造了良好的条件。（引出演讲者的结论，大学生应该多参与实践，并不需要休学创业）

机会永远留给那些有准备的人，大学生只要能够做到善于学习，勇于实践和勤于思考，那么成功的机会一定会在前方向他们招手。（结语）

矛盾法即兴发言训练

❖训练目的
学会用矛盾两方面的结构方式来发言。

❖训练方法
(1)结合前面的"关键词"即兴发言训练方式来进行训练。

(2)在3~5分钟的准备时间中，选择好要讲的主题，在主题之下，找到正反两个方面，每方面均用"关键词"来概括。

(3)按所准备的"关键词"，进行矛盾法结构的即兴发言。时间长度3分钟，其中，矛盾的每一个方面用时1分钟，结论和其他部分共用时1分钟。

❖训练时长
每6天进行一次训练，总需30~60天，每次训练约30分钟。

（四）常见主体结构之"承、起、兴"三段法

"承、起、兴"三段法结构，是参加讨论会，在讨论中发言最应该被大量运

用的一种结构方式，比如无领导小组讨论。

"承、起、兴"三段法的结构如图9-6所示。

除了整个发言可以分为三段，主体部分也可以进一步分为三段。这三段是指把主体再分为"承、起、兴"三段，"承"即承接别人的观点，"起"即引出自己的观点，"兴"是指重复、强调和升华自己的观点。

1. 承

第一个段落是"承"。即总结和概括现场情况，承接其他发言人的看法。

"承"这个过程非常重要，虽然在切入部分发言者已经拉近了与听者的距离，吸引了大家的注意，但这种拉近还是不够的，要引起大家的共鸣，

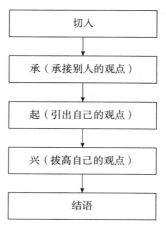

图9-6 "承、起、兴"
三段法结构

先得说一些让大家认同的话，承接其他发言者的观点，争取更多的支持者。所以，把这部分称为"承"。

比如，面试时，招聘方常常会安排无领导小组讨论，在这种小组讨论中，没有发言或者发言很少肯定是不行的。有发言却没有自己的观点，只是附和别人当然也不行，但如果观点过于突出，发言太激烈，和别人冲突太多，显然也不行。无领导小组讨论最好的表现是成为潜在的引导者，带领大家形成比较统一的意见。在这个过程中，争取大家的支持，让绝大多数人同意你的话是最重要的，而要让别人支持你，你先支持别人、先赞同别人是必需的。因此，在这种会上的发言，一定要做好"承"。

又如，如果歌唱选秀比赛中的点评嘉宾一上场就批评选手，只顾"毒舌"，一点儿也不表扬，那不仅选手接受不了，现场气氛也会很冷，甚至会招致观众的反感。所以很多选秀比赛的点评嘉宾一开始都会先表扬参赛的选手，如果选手走音，就说听起来有创造力；如果选手乡音重，就说感觉是原生态；如果忘词，就说勇气可嘉，先选一些好听的说。经过这个过程，选手和观众就会在心理上接纳嘉宾，形成一种比较轻松的氛围，嘉宾的意见也会受到更多的重视。之后再开始批评，选手也容易接受。这种做法也叫作欲抑先扬，"扬"的部分，也就是"承"。

在具体实施中，"承"绝不只是空洞地奉承和表扬，发言者要善于总结。在座谈会中，要把其他人所说的观点把握住；在活动中，也要把活动的主要特点

抓出来，必须说到点子上，泛泛而谈是起不到"承"的根本作用的。笔者曾经碰到过一个专家，在辩论赛点评时说得口若悬河，用一些"唇枪舌剑、你来我往、好不热闹、字字珠玑、大珠小珠落玉盘"等赞誉之词，但听来听去，却感觉他的话放之任何一次辩论赛而皆准，并不只是在表扬这次辩论赛，他的话中没有列出这次辩论赛的特点。后来，笔者恰好又有一次机会听他点评，果然，他说得几乎和上次一模一样。这种没有诚意的语言表达，大家怎么会买账呢？

"承"一定要建立在充分了解对方情况和认真倾听其他人发言的基础上。比如，在参加企业面试时，考官问一个问题，"你怎么看待企业精神"。应聘者可以这样回答："企业精神是非常重要的，这点在贵公司身上就有着非常明显的体现，以民族昌盛为己任，体现了贵公司强烈的社会责任感，也形成了强大的企业凝聚力……"应聘者在对企业"承"之前，需要先去了解这个企业的基本情况，如果连这个公司的"企业精神"是什么都不知道，又如何能够给出到位的"承"呢？

"承"也可以是引用，顺承刚才发言者的话。例如，在参加小组讨论时，如果有代表刚刚发言，讲了一下关于执行力的问题，作为后续的发言者，可以这样开头："刚才这位代表说的那个观点我很赞同，企业就是要加强执行力的建设，没有执行力，再好的管理都落不到实处……"通过对他人观点的引用，就可以赢得该发言人的好感，多引用几个人，就可以赢得更多好感，从而争取到对自己的支持，"承"的作用正在于此。

2. 起

第二个段落就是"起"了。"起"就是要在前面"承"的基础上，通过话题的转移引出自己的观点。如果前面是扬，这部分就有点儿像抑。因为，引出你的观点，而你的观点又是独特的，肯定会与别人的观点有一定的冲突，所以说这部分时要特别小心，不能在这个转移过程中太突兀和生硬，以免引起别人的反感。比如，在歌唱比赛的点评中，前几句还在说这个选手的表现是如何的精彩，后面忽然来一句，"其实你今天根本没有发挥出水平，唱得没有感情，连音调都没有唱准……"这样一讲，大家会觉得前后矛盾，前面表扬的效果会马上给抵消掉，让选手和听众都难以接受。

"起"要讲究策略，正如刚才那个例子，如果点评者的确觉得选手的表现不够精彩，存在明显的缺点，那他可以这么说，"今天你已经唱得非常好了，但我希望看到你更精彩的演出，如果你能在以下几个方面进一步加强，可能你会给我们带来更大的惊喜，下面，我就给出几点建议……"。或者说："对完美演出的追求是没有止境的，虽然今天你已经让我非常感动，但还是希望你更好一些，接下来，我想提一点小小的建议，以使你今后的演出更加的精彩。"在这样过渡之后，再把自己的观点引出来，这样的说话方式，选手和观众都容易接受。

"起"是三个阶段中最重要的部分，也是三个部分中内容最多的部分，在这个阶段中，发言者将把自己的观点和盘托出。在这一阶段，发言者的观点一定要明确，不能含混不清。即兴发言最怕的就是那种照着书本搬的讲话，听起来好像句句都说得不错，都值得记，但整个发言听下来，听的人又会发现找不到主题，最后可能一句也记不下来。很多时候，观点就是一句话，就是一个词。要让别人过耳不忘，最好的办法是将观点进行浓缩，以"四言八句"的形式将观点突出。比如"三个代表""三讲""两个务必""三个有利于""五个统筹"等说法，这些说法简洁易记，能给听者留下深刻的印象，方便宣传学习。我们在引出自己的观点时，可以借用这一方式，把自己的观点编成一些短语。

另外，发言者还可以通过前后呼应的方式加深别人对观点的认识。在"起"的开头，抛出自己的观点，再展开来阐述，之后可以把讲过的内容再简单地复述一下，概括一下，再次强调自己的观点。比如，可以在"起"的开头这样说："关于这一问题，我有一个建议，就是……"；结束前，再总结一句："以上，就是我的观点，即……"两相呼应，可以给听众留下深刻的印象。

3. 兴

第三个段落就是"兴"。这个阶段需要说的内容不多，一般都很短，紧紧附在"起"的后面，主要的作用是拔高立意，将讲话内容进一步提升。如前文即兴发言范例中《变形金刚2》的那个例子，最后一个关键词是"中国电影"，当讲到这一部分时，话锋转到了中国电影身上，提到如果中国电影也能像《变形金刚2》一样，既在电影本身上下功夫，又在衍生产品上努力，必将迎来中国电影的辉煌。从《变形金刚2》到"中国电影"，这方面内容的转化就是在拔高立意，起到了画龙点睛的作用，给发言的意义增添了最重的砝码。

另外，"兴"还可以把发言内容进行拓展，让听者觉得该发言是意犹未尽的，同时给听者一个空间，让大家能够进一步思索。

例如，有一次笔者参加一个学生活动，在活动结束时有一个关于诚信的即兴发言，笔者的主要观点是"用制度来维系诚信并不是最好的选择"。在发言的前面部分，笔者赞扬了学生们利用自己所学的经济学观点来分析诚信成本和收益，用博弈论来推演诚信问题的做法，但同时也指出，诚信是一个道德范畴，最终还是主要靠道德本身来维系，完全用制度来约束，而不重视教育的做法也是危险的。到最后"兴"的部分时，说：我不能想象，未来世界每一个人都精明地用利益的眼光去理性看待"诚信"，那样的"诚信"是被迫的、变味儿的"诚信"。"诚信"是人们内心的道德法则，不是外在的强加制度。要相信人性的光辉，我们为什么不能付出一点点时间的代价来让每一个人都养成诚信的本能呢？我希望并且也相信，未来的世界终究是光明的。

"兴"大多数时候是与"结语"部分紧紧联系在一起的，当发言者把调子拔到一个特别高的地方时，就可以马上停止，这时听众还沉浸在发言者所营造的意境中，这时发言者所收的，就是一个漂亮的豹尾。

 **训练项目**

"承、起、兴"三段式结构训练

❖训练目的
学会"承、起、兴"方式来演讲。

❖训练方法
(1)结合前面的"关键词"即兴发言训练方式来进行训练。

(2)在3~5分钟的准备时间中，选择好要讲的主题，准备好各部分的"关键词"，"关键词"要包含在"承、起、兴"这三个阶段，如"承"的部分，要准备承接别人的什么观点，"兴"的部分，准备如何拔高等。

(3)按所准备的"关键词"，进行"承、起、兴"三段式结构的即兴发言。时间长度3分钟。

❖训练时长
每6天进行一次训练，总需30~60天，每次训练约30分钟。

（五）无领导小组讨论训练

无领导小组讨论是指一组成员在无指定领导的情况下，就一个主题进行专题讨论。目前，无领导小组讨论方式已经成为面试和晋升考核的一种重要方式。这种面试方式，最能考察出面试者的真实能力和性格特征，所以受到了不少用人单位的青睐。学生在找工作时碰到的群面就相当于这种方式。

这是一份无领导小组讨论的材料：

某小区由于地理环境等多方面因素，有不少外来务工人员租住在此小区，另外还有一些有犯罪前科的人员。造成小区环境卫生和治安状况有不少隐患。现小区业主委员会向小区物业管理提出以下三个要求，如果你是小区物业管理人员，应该怎样去答复他们：

第一，坚决要求清理小区外来租住人员和有犯罪前科的人。

第二，为了广大小区业主的治安环境，物业应该建立出入登记制度。

第三，如果物业不答应以上两个条件，以后小区发生的所有治安事件，都应该由物业负全责。

答题要求：

(1)每个人都要对小区业主委员会提出的要求，进行答复，阐述自己的观点，每人答题时间不超过3分钟。

(2)小组成员讨论，得出一个统一的答复意见，推选出一个代表进行总结。

(3)对于小区业主委员会提出的第三条，全体进行讨论，提出具体的关于环境卫生、治安隐患的解决方案。

(4)推选一个代表进行总结。

从这份材料中我们可以看出，无领导小组讨论的题目一般是开放性的，没有什么标准的答案，评委、面试官想得到的也不是讨论的结果，他们要观察的是讨论的过程，通过观察小组成员的讨论表现，面试官可以对参加面试者的能力和性格特征方面给出评价。

1. 考察目的

无领导小组讨论的考察目的主要有以下几个方面。

(1)语言表达能力

语言表达能力就是我们这门课程要学习提高的能力。

（2）分析问题和解决问题的能力

主要是指逻辑与批判性思维的运用。一方面，面试者要能从材料中迅速准确地找出问题，并发现问题背后的原因；另一方面，面试者还要能针对材料提出创新和独特的解决措施。

（3）团队精神（情绪的控制能力）

主要是指对自我情绪的控制。这方面主要考察的是面试者能否愉快地和别人相处，能否听进他人的意见，能否让别人喜欢和自己相处。

（4）领导力（沟通、协调能力）

主要是指沟通与人际关系的处理。这方面主要考察的是面试者能否运用恰当的沟通技巧和他人交流，能否处理协调好小组成员间的关系，维持一个热烈的讨论氛围并控制好讨论进程，使每个成员都尽量表现出最佳的讨论状态。领导力是成为一名优秀管理者的重要潜质。

（5）其他个性特点和行为风格的考察

这个要根据面试方的需求。不同的职业需要不同的素养，面试者在面试的时候，一定要预判面试方的需求，看看他们希望招到什么样的人。比如，从事会计工作的人最好是内敛沉稳，从事 IT 信息工作的人最好富有创新精神，当老师的人最好善于夸张的表达。

2. 角色定位

参加无领导小组讨论时，一定要有清晰的角色定位，这样才能表现出面试者的特长和优势。无领导小组的角色主要有以下几类。

（1）Leader（领导者，显性领导者）

领导者会从一开始就显示出领导者的气质，他会带领组员展开讨论，他会协调关系，制止冲突，鼓励发言少的人，创造好的讨论气氛。

（2）Time keeper（时间控制者，实际领导者）

时间控制者有着非常好的时间管理能力，他会从时间的分配上来对讨论进行安排，从而掌控讨论的节奏，他也被称为实际领导者。

（3）Summarist（记录员，潜在领导者）

记录员有良好的收集和整理信息的习惯，能把讨论过程中的重要信息都归纳总结出来。记录员也被称为潜在领导者，他会从总结的角度来推动讨论进行，防止走回头路。

（4）Member（普通成员）

普通成员并不是指毫无表现的成员，作为一名合格的普通成员，他应该具有优秀的表达能力、突出的分析问题和解决问题的能力、良好的团队精神和别的一些需要的优秀特质，他仅仅是没有表现出领导才能而已。

不同的角色，有不同的表现要求。要根据自己的情况进行判断，再争取相应的角色。

3. 面试技巧

在讨论过程中，面试者应注意以下几个技巧。

（1）主动

一定要有足够多的发言次数，没有发言就没有表现机会。面试者只有积极主动地发言，积极参与讨论，才能让面试官有更多的机会来了解自己，有些面试官会记录发言者的发言次数，次数少的人，一定会被淘汰。

（2）有效发言

最好是有独特见解，如果没有独特见解也要用自己的语言来总结别人的观点。面试者必须善于分析和总结，发言要有见地、有逻辑，要善于倾听，在认真听取别人发言的基础上，总结形成自己的观点。这样才能展现出面试者的批判性思维能力。

（3）交朋友不要树敌

面试者要尽量少树敌，而是多争取支持者，尽力营造一个有利于自己的氛围。这也是展现自己沟通能力、人际关系处理能力以及领导力的机会。

（4）说服的技巧

不要说服别人接受自己的观点，但要接受别人好的观点。说服是关键的得分点和失分点，如果是一次不成功的说服，可能就会失分，所以面试者最好在提出观点的时候就想好理由，不要盲目地乱说。

4. 不同环节的要求

无领导小组讨论主要分为准备、一分钟轮流发言、自由讨论和总结陈词四个阶段，在这个过程中，不同的环节需要有不同的表现要求。

（1）一分钟发言中要突出自己的优势

在一分钟的发言中，我们不可能说太多的内容，只能选最关键的说。因此，要利用好这一分钟，要利用这一分钟来展示自己的优势，尽可能给评委老师留下深刻的印象。比如，在参与项目管理相关的讨论时，可以说："我曾经在×××、×××和×××公司实习过，跟随主管参与了不少项目管理工作，按我学到的经验来看，我认为……"，这样的一小段话，自然地把自己的实习经历和经验给植入进去，就可能给自己加分。

（2）先确定规则、标准，再展开辩论

很多面试者一开始就讨论细节，忽视了全局，面试者需要表现出一个全局观，所以在讨论中要先确定好标准、规则以后再展开辩论。比如，无领导小组讨论最常见的一个救人顺序的题目，要得到救人的顺序，先得有一个排序的标准，是按救出人最多的原则，还是按过去贡献最大原则，还是按今后贡献最大原则，这个如果都没有确定，那讨论就很可能是白费工夫。

（3）不要在难点过多纠缠，先易后难

无领导小组讨论的时间是有限的，如果在一个问题上花的时间太多，就会影响后面的讨论，虽然说无领导小组讨论不是看结果而是看过程，但讨论连结果都得不出来，讨论的过程自然不会高效，面试者分析问题和解决问题的能力也堪忧，所以一定要形成结果，为了保证能够完成讨论的任务，可以先易后难，把最难的放在最后，先把容易解决的都完结，把进度控制好。

（4）善于随时总结

善于随时总结是指要及时形成阶段性的讨论成果，不要浪费时间走弯路。如果讨论总是纠缠，不能有效推进，面试官就会认为面试者缺乏项目管理的能力。

（5）争取最后的总结陈词

很多实际的面试不设总结陈词，面试者可以自己在讨论完结时加上一个总结环节，有些面试设了总结陈词环节，类型有一个人总结和每个人均总结两种，我们在做训练时要求每人都要总结一分钟。总结陈词不仅仅是得出一个讨论结果，更重要的是对讨论进行回顾。通过回顾，总结出参加这次讨论的经验和教训，以便扬长避短，不断成长，这也是一名优秀人才必备的素质。

如果面试设置的是只有一个人总结类型，那如何才能得到总结陈词的机会来更多地表现自己呢？前面角色分配时有一个记录员的角色，他本来就在随时总结，推动讨论，那在最后，也最容易得到总结陈词的机会。

无领导小组讨论训练是一种提高自己表达能力的好方式，希望大家能多展开这样的训练。

 训练项目

无领导小组讨论训练

❖训练目的

学会在小组讨论中以"承、起、兴"的方式来发言。

❖ **训练方法**

(1)该训练方式必须有 3 人以上参加，5~7 人最佳。

(2)确定一个讨论主题。

(3)参训人员围绕一个圆桌坐下，尽量在座位上不要突出某个人。

(4)各参训人员围绕讨论主题自由发言，讨论最好能够达成一致意见。

(5)完成讨论后，每人均需要进行一次总结发言。

(6)总讨论时长 30~60 分钟。

❖ **训练时长**

每 10 天进行一次训练，总需 30~60 天，每次训练 30~60 分钟。

附 录　训练材料

一、问题模式（起承转合结构）演讲主题材料

经过 3~5 分钟的准备后，请用以下关键词围绕主题按"起""承""转""合"的结构来开展即兴发言，每个关键词应该扩展为五六句话，其中包括一个例子和类比，请平均分配每一段落的时间，总发言时间控制在 3 分钟左右。

（1）题目：美国应该与中国展开合作

关键词：全球性问题、经济互补、反恐、防止核扩散

（2）题目：志愿者正在改变中国

关键词：汶川一代、福娃一代、海宝一代、支教

（3）题目：美国动画成功的原因

关键词：创意、幽默、大投入、精心制作、营销手段

（4）题目：为什么刘谦会这么火

关键词：近景魔术、现场气氛、幽默、口才、春晚

（5）题目：网上开店创造新的机会

关键词：网店多、加强宣传、形成特点、提高服务

二、介绍模式（分层法）演讲主题材料

经过 3~5 分钟的准备后，请用以下关键词围绕主题来开展即兴发言，每个关键词应该扩展为五六句话，其中包括一个例子和类比，请平均分配每一段落的时间，总发言时间控制在 3 分钟左右。

（1）题目：面试的三个关键

关键词：自荐材料、仪容举止、应答技巧

（2）题目：喜爱成都的五个理由

关键词：美食、熊猫、休闲、美女、（地震）乐观精神

（3）题目：我推荐华为手机的四个理由

关键词：性价比高、性能强、拍照好、国货

（4）题目：世博会给我们带来了什么

关键词：环保建筑、先进技术、各国文化、了解中国

（5）题目：应大力发展新能源汽车

关键词：资源有限、环境、新产业发展

（6）题目：低碳生活你开始了吗

关键词：乘坐公共交通工具、节水、省电、节纸、改变饮食习惯

（7）题目：推荐一本好书

关键词：主要内容、特点、启发

（8）题目：推荐电影《流浪地球》

关键词：科幻、国产、特效、一个也不能少

三、说服模式（矛盾法）演讲主题材料

经过3~5分钟的准备后，围绕以下主题，自选关键词，开展即兴发言，其中矛盾的一方面约占1分钟时间，矛盾的另一方面则用时稍多，约一分半钟，引入结论和结尾控制在30秒钟左右，每方面至少应有五六句话，其中包括一个例子和类比，总演讲时间控制在3分钟左右。

（1）题目：高考到了取消的时候了吗

高考应该取消的理由：不能很科学地选出人才。

高考应该存在的理由：它是目前最公平的选拔方式。

你的结论是？

（2）题目：在中国读本科还是到美国读本科

在中国读本科的理由：中国本科更能够夯实基础知识，相对花费也不多。

在美国读本科的理由：强调素质培养，更能顺接之后的研究生学习。

你的结论是？

（3）题目：我们应该大力发展生物能源吗

应该大力发展生物能源的原因：生物能源可以再生，可以带动相关产业的发展。

不应该大力发展生物能源的原因：生物能源主要消耗的是粮食，就算不是粮食也会占用耕地，使粮食供应减少，会使中国的粮食不够吃。

你的结论是？

（4）题目：网络对文学的贡献是正是负

网络对文学的有利之处：网络让人们更容易阅读到文学，也容易参加写作。

网络对文学的不利之处：网络改变了传统的阅读习惯，低劣之作充斥网络。

你的结论是？

（5）题目：传统书籍会在电子书前死亡吗

看电子书的好处：花费少，容量大，易于携带。

传统书籍的优势：传统书籍的阅读乐趣是什么也无法取代的，可举绘画在摄影技术发明多年后仍然生命力旺盛的例子。

你的结论是？

（6）题目：吉利收购沃尔沃划算吗

收购的好处：迅速提升了品牌价值，也获得了先进的技术和专利。

收购的坏处：中国企业和外国企业存在文化差异，不好管理，另外沃尔沃本来效益就不好，会拖累吉利。

你的结论是？

（7）题目：房价还会涨吗

房价不会涨的因素：国家加大了调控力度，现在许多人都有了多套房，空置率很高。

房价会涨的因素：资源有限，城市的土地资源马上枯竭，18亿亩耕地红线又不能动，城市化进程又是必然趋势。

你的结论是？

（8）题目：儒家思想适合中国现实吗

适合的因素：相伴中国几千年，在中国人身上已经相当深入，顺势而为是最好的选择，有很多好的思想，值得被发扬。

不适合的因素：那是人治思想，不符合法治精神。

你的结论是？

四、发言模式（"承、起、兴"三段法）演讲主题材料

经过3~5分钟的准备后，请假定是在座谈会的情景中，在别人发言之后，用建议的关键词围绕主题来开展即兴发言，要注意"承"部分对别人观点的承接，以及三部分之间的自然过渡。请合理分配每一部分的时间，总发言时间控制在3分钟左右。

（1）座谈主题：企业文化建设

之前发言者的观点：企业文化与宣传有很大关系，宣传得好，企业文化才更有影响力。

建议的观点：企业文化有对外和对内两大功能，对内功能才是最关键的。

关键词：向心力、凝聚力、竞争力

（2）座谈主题：怎么才能拥有良好的人际关系

之前发言者的观点：没有人能够讨好所有的人，要有所取舍，才会拥有真正的朋友。

建议的观点：要平等地对待他人，既不能抬高自己，也不能贬低自己。

关键词：平等、轻视、奉承

（3）座谈主题：保护传统文化

之前发言者的观点：中国的传统文化受到了外来的侵略，各类进口大片、电视节目、音乐和书籍等，都在侵蚀我们的文化。

建议的观点：传统文化既有有形文化，如京剧，也有无形文化，如孝道，要把无形的文化有形化，通过一些仪式、典礼等活动，或者与电影、书籍等载体相结合，让人们通过有形的东西感受无形文化的影响力，从而对文化产生认同感。

关键词：有形文化、无形文化、活动、载体

（4）座谈主题：网络游戏

之前发言者的观点：网络游戏商以营利为目的，他们的社会责任感不强，网络游戏因此弊大于利。

建议的观点：网络游戏的内容、发售对象和玩家身份，都可以通过法律来规定，有了规范和强有力的执行，网络游戏的危害性就可以大大下降。

关键词：法律规范、执行、危害性

（5）座谈主题：企业国际兼并

之前发言者的观点：这次金融危机是一次绝好的机遇，可以让我们并购到更好的企业。

建议的观点：并购不能只看名气，要注意兼并收购的核心目标是技术专利、品牌和资源。

关键词：名气、技术专利、品牌、资源

五、无领导小组讨论训练材料

邀请你的朋友，组成 3~7 人的讨论组，按题目中的要求，模拟无领导小组讨论活动。

材料一

情境：你们正乘坐一艘科学考察船航行在大西洋的某个海域，考察船突然触礁并迅速下沉，队长下令全队立即上橡胶救生筏。据估计，离你们出事地点最近的陆地在正东南方向 100 海里处。救生筏上备有 15 件物品，除了这些物品以外，有些成员身上还有一些香烟、火柴和气体打火机。

现在队长要求你们每个人将救生筏上备用的 15 件物品挑选 5 件携带。附物品列表：航海指南针、刀片剃须刀、救生圈（一箱）、镜子、压缩饼干（一箱）、小收音机（一台）、航海图（一套）、二锅头（一箱）、巧克力（二斤）、钓鱼工具（一套）、15 米缆绳、驱鲨剂（一箱）、饮用水、蚊帐、10 平方米雨布。

请参加讨论的人模拟船上成员的身份，按照各自的理解进行讨论，最终达成一致，选出 5 件物品。（2 分钟的阅题时间，1 分钟的自我观点陈述，20 分钟的小组讨论，每人进行 1 分钟的总结陈词）

材料二

背景：捷迅公司是一家中等规模的汽车配件生产集团。最近由于总经理临近退休，董事会决定从该公司的几个重要部门的经理中挑选接班人，并提出了三个候选人。这三位候选人都是在本公司工作多年、经验丰富并接受过工作转换轮训的有发展前途的高级职员。就业务而言，三个人都很称职，但三个人的领导风格有所不同。

他们的基本情况：①贾旺。贾旺对其本部门的产出量非常满意。他总是强调对生产过程和质量控制的必要性，坚持下属人员必须很好地理解生产指令，迅速、准确、完整地执行。当遇到小问题时，贾旺喜欢放手交给下属去处理。当问题严重时，他则委派几个得力的下属去解决。通常他只是大致规定下属人员的工作范围和完成期限，他认为这样才能发挥员工的积极性，获得更好的合作。贾旺认为对下属采取敬而远之的态度是经理最好的行为方式，亲密关系只会松懈纪律。他不主张公开批评或表扬员工，相信每个员工都心中有数。贾旺认为他的上司对他们现在的工作非常满意。贾旺说，在管理中的最大问题是下级不愿意承担责任。他认为，他的下属可以把工作做得更好，如果他们尽力去做的话。他还表示不理解他的下属如何能与前任——一个没有多少能力的经理相处。②李东生。李东生认为应该尊重每一位员工。他同意管理者有义务和责任去满足员工需要的看法。他常为下属员工做一些小事：亲自参加员工的婚礼、同员工一起去郊游等。他还为一些员工送展览会的参观券，作为对员工工作的肯定。李东生每天都要到工作现场去一趟，与员工们交谈，共进午餐。他从不愿意为难别人，他还认为贾旺管理方式过于严厉，贾旺的下属也许不那么满意，只不过是在忍耐。李东生注意到管理中存在的不足，不过他认为大多是由生产压力造成的。他想以一个友好、粗线条的管理方式对待员工。他也承认本部门的生产效率不如其他部门，但他相信他的下属会因他的开明领导而努力地工作。③李邦国。李邦国认为作为一个好的管理者，应该去做重要的工作，而不能把时间花在与员工握手交谈上。他相信如果为了将来的提薪与晋职而对员工的工作进行严格考核，那么他们会更多地考虑自己的工作，自然地会把工作做得更好。他主张，一旦给员工分派了工作，就应该让他以自己的方式去做，可以取消工作检查。他相信大多数员工知道自己应该怎样做好工作。如果说有什么问题，那就是本部门与其他部门的职责分工不清，有些不属于他们的任务也安排给他的部门，但他一直没有提出过异议。他认为这样做会使其他部门产生反感。他希望主管叫他去办公室谈谈工作上的问题。

请参与讨论的人模拟董事身份，参加讨论，最终决定出总经理的人选。（3分钟的阅题时间，1分钟的自我观点陈述，20分钟的小组讨论，每人进行1分钟的总结陈词）

材料三

情境：一艘游艇发生海难，上面有八名游客等待救援。救援方决定用直升机来救走游客，但每次只能救一个人。游艇已经损坏，不停漏水，随时可能沉没。当时是寒冷的冬天，海水冰冷刺骨。

游客情况如下：

(1)将军，男，69 岁，身经百战。

(2)外科医生，女，41 岁，医术高明，医德高尚。

(3)大学生，男，19 岁，家境贫寒，参加国际奥数获奖。

(4)大学教授，50 岁，正主持一个科学领域的项目研究。

(5)运动员，女，23 岁，奥运金牌获得者。

(6)经理人，35 岁，擅长管理，曾将一大型企业扭亏为盈。

(7)小学校长，53 岁，男，劳动模范，五一劳动奖章获得者。

(8)中学教师，女，47 岁，桃李满天下，教学经验丰富。

请参加讨论的人模拟救援人员的身份，将这八名游客按照营救的先后排序，在讨论中尽量达成一致意见。(3 分钟的阅题时间，1 分钟的自我观点陈述，15 分钟的小组讨论，每人进行 1 分钟的总结陈词)

(摘自应届生求职招聘论坛，http://bbs.yingjiesheng.com。)

材料四

情境：有一家外企经费紧张，现在只有 20 万元，要办的事情有下列几项：

(1)解决办公打电话难的问题(10 万元)。

(2)装修会议室大厅等以迎接上级单位委托承办的大型会议(15 万元)。

(3)支付职工的高额医疗费用(5 万~20 万元)。

(4)"五一"节为单位职工发些福利(5 万~20 万元)。

(5)购置办公用计算机，解决十余位新进人员无电脑用的问题(5 万元)。

(6)购置一台公务用车，让业务人员出行方便(5 万~20 万元)。

(7)改善一下茶水间，购置咖啡机等设备，提高员工的积极性(5 万元)。

(8)把公司的招牌维修一下，LED 已经坏了一半了，有损公司形象，上级领导已经批评过此事(10 万元)。

很明显 20 万元无法将所有事情都办圆满，如果你是这个单位的分管领导，将如何使用这笔钱。

请参与讨论的人模拟分管领导身份，参加讨论，最终决定出要办的事项。(3 分钟的阅题时间，1 分钟的自我观点陈述，15 分钟的小组讨论，每人进行 1 分钟的总结陈词)

| 第十章 |
没有声音同样很精彩
——态势语言训练

训练目标

了解仪态表情方面的一些要求，学会正确使用眼神和手势语言。

训练项目

☞ **站姿训练**

项目性质：可选项目（对自己站姿不满意的人可以进行这方面的训练）。

训练时长：每 3 天进行一次训练，总需 30 天，每次训练 10~15 分钟。

☞ **眼神和表情训练**

项目性质：可选项目（对自己表情不满意的人，可以进行这方面的训练）。

训练时长：每 3 天进行一次训练，总需 30~60 天，每次训练约 10 分钟。

☞ **手势动作训练**

项目性质：必选项目（请与朗读训练一并进行）。

训练时长：每 3 天进行一次训练，总需 30~60 天，每次训练约 30 分钟。

著名演员李雪健曾经出演过一个某种嗓子含片的广告，该广告的情景如下：冬天，在雪地上，李雪健正忙于拍戏，但大家都听不清他的声音。不知是谁给了他润喉的含片，立即有了效果，李雪健指着产品说，"嗓子不好，没有声音，再好的戏也出不来"。的确，声音是非常重要的，在前面的章节里，几乎所有有关语言表达的训练项目都是通过声音来最终体现的。本章声音要暂时"休息"一下了，这章的主要内容是围绕声音之外的东西——仪容和态势语言展开。

所谓态势语言表达方式，是指演讲者通过表情神态、手势动作和身体姿态的变化，来表现演讲情感的方式。这些表情神态、手势动作和身体姿态就是态势语言，它们的作用，是增强与观众的交流，进一步加强演讲者的语气。态势语言是演讲时必不可少的，好的态势语言，会让演讲增色。一位著名的演讲家曾经说过："好的演讲，就算是不说话，别人也听得懂。"

接下来，我们将从仪容、表情、眼神、手势语言四个方面，具体讲讲应该如何训练态势语言。

一、注重仪容给人的第一印象

演讲者留给听众的第一印象，就是他的仪容。仪容是一个人的外在美，包括穿着、发式、面容、饰品、手执物品和体态等，它是一个人内在修养、自然条件和外部装饰的有机统一。一个人的自然条件是先天形成的，很难改变。但内在修养可以通过后天的努力提升。对于语言表达者来说，仪容不仅仅是打扮和美容，还体现了演讲者良好的精神面貌，包括自信心的展现和友好的态度。

仪容的基本规则是美观、整洁、卫生、得体、大方。在公众面前发表讲话的人，都应该注意头发、面部和化妆、衣着、物品和饰品以及身体姿态等。

（一）头发

头发由于位于身体最上部分，最容易被观众看到，因此是我们需要修饰的重点区域。在演讲时，最起码的要求是头发要整洁干净，如果乱糟糟的，不干净，或是头皮屑落满肩膀，那留给观众的第一印象肯定不好。另外，也要避免奇怪的发型，如男性留有披肩发、女性做了太小众的发型，都会不恰当地吸引观众的注意力，让观众没有心思集中到演讲者的讲述上。

（二）面部和化妆

男性最好刮干净胡子，让人一看就很精神，整洁；女性则可以化一些淡妆，如修一下眉，使用一些粉底，让脸色看起来自然。但无论男女，在面部的装饰上都不能过度，不要化浓妆，更不能有很夸张的妆容。

（三）衣着

在公众面前讲话不一定都要西装革履，只有在一些正式场合才需要着正装。

但是，语言表达者的衣着一定要整洁、得体、大方，建议多着深色装束，如藏青色、黑色和深蓝色等，这样会使发言的人显得稳重。另外，不要着条纹装上台，远远望去，条纹会显得很花，如果要出镜，更不能着这类服装。演讲者的着装也要避免太过前卫和个性，像"Ladygaga"那种"衣不惊人死不休"的做法对绝大多数人来说还是不太适合。

（四）物品和饰品

物品，一般来说，在公众面前发言是不需要带任何物品的，但在这个基本规则之外，还有一些特例。一是男性发言者如果觉得手无处放，可以拿一个文件夹或者薄本子，让其中一只手找到位置；二是有些发言者喜欢使用教鞭或激光笔，方便指点 PPT 或挂图，这也是允许的；三是在介绍产品或用实物举例时，手中也可以拿起这些物品。除此以外，就不要再带其他物品了，如背着包、拿着矿泉水瓶都是不得体的做法。

饰品在某些时候，在仪容中可以起到画龙点睛的作用，特别是对女性来说，胸花、项链都是不错的演讲搭配；男性则可以佩戴领带、领结和领带夹等，还可以在西装左胸位置，别上一个徽章，如企业 Logo、校徽、会徽等。饰品的使用要简而精，不要求奢华，更不能重重叠叠，挂满全身。

（五）身体姿态

在演讲时，身体要放松，不能紧绷着，显得很拘谨，但也不能太放松，一些基本的姿态还是要有的。一是身体要挺拔，做到挺胸、抬头、收腹、提臀。二是双腿要并拢站直，不可让腿弯着，也不能呈稍息状。三是双手在无动作时要自然下垂，放在讲台上，或者在前交叉，女性演讲者可以将交叉的双手抬高至腰部，男性则自然下垂交叉即可。手切记不可后背或插在衣兜里。四是身体不要抖动、晃动、摇动，但可以适当走动和转动。

图 10-1 是在发言前男女分别应有的准备姿态。在图 10-1 中我们可以看到，女性和男性的姿态还是有很大不同的。男性的手是交握于腹部下方，而女性则是手

图 10-1　站姿

交握在上腹部。女性除了手比男性抬得更高之外，脚也不一样，女性在站立时，脚可采用丁字步站姿，即左脚在后，向左横放（不完全是横着，略倾斜即可），右脚后跟靠在左脚内侧中间位置，右脚尖朝前，左脚与右脚一起，形成了一个倒放的"丁"字。男孩在发言时用略微分开的"八"字脚站立就可以了。

站姿训练

❖ **训练目的**

让自己站得好看。

❖ **训练方法**

(1)背靠墙，女生用"丁"字步，男生用"八"字步站立，尽量紧靠墙壁，使身体直立。

(2)站立时，在头顶上放一本书，尽量保持书不掉下来，同时在双膝间放一张纸，把纸夹住，保持这个姿势10~15分钟。

(3)女生在站立时手指部分交叉，将右手手指盖在左手手指上，放在身前上腹部。男生让手自然下垂，放在身体两边，可用手中指贴于裤缝。也可以将右手手指盖在左手手指上，放在身前下腹部。

(4)在镜子前观察自己的动作。

❖ **训练时长**

每3天进行一次训练，总需30天，每次训练10~15分钟。

二、合理运用表情

表情也是一种语言，它与有声的语言一样，都是语言表达、内容传递的重要载体。表情几乎是人类的专利，绝大部分动物都没有表情，部分高等级生物会有表情，但它们的表情要么无意识，并不代表主人的心情，要么非常简单，远不如人类丰富。人的表情，可不止喜怒哀乐那么几种，在《喜剧之王》中，有一个片段是周星驰被要求扮出各种各样的表情，从"孩子要生了""是个儿子"到

"儿子死了"，再到"又救活了""又死了"等多个假定的场景中，他的表情在期盼、惊喜、打击、狂喜、大悲等各种情绪间快速转换，这样的表情，寻常人是做不出来的，在这里并不要求每个演讲者都有如此高的天赋，但适当、丰富和自然的表情，是每个演讲者所必须拥有的。

在表情方面，首先要做到的是要让表情与语言表达的内容相切合。有什么样的内容，就应该有什么样的表情。如果讲的内容是沉重的，表情就应该沉重；如果内容是严肃的，表情就应该严肃；如果内容是悲愤的，那么表情也应该悲愤。如果播音员播报一则空难消息，快结束时她说，在飞机的乘客中，没有发现本国人。这时，她的嘴角居然翘了起来，笑容浮现在了她的脸上。尽管失事飞机上没有本国人是幸运的事，但毕竟空难是一个悲剧，那么这则新闻肯定该用沉痛的表情来播，怎么能够微笑呢？表情与语言表达相切合中有一个例外，那就是，如果讲的是笑话，是幽默，语言表达者反而要保持严肃，板着脸。自己不笑才能让别人笑，这几乎是讲笑话的一条金科玉律。

大多数时候，我们的表情应该是面带微笑。电视台的主持人、播音员语言表达口诀中的第一条"提颧肌"，目的除了是加大口腔空间，增强共振，另一个重要目的就是让嘴角上弯，形成一个微笑的表情。微笑是最好的名片，微笑能够拉近心灵的距离。有一次，笔者带学校的一些学生外出参赛。比赛时，笔者发现队员都有点儿拘束，表现得缩手缩脚，不太理想。比赛结束以后，其中的一位队员提意见说："老师在我们比赛的时候，能不能表情不要那么严肃？弄得我们很紧张，以为是自己说的不对。"笔者并没有觉得自己严肃，那位队员说："您这么苦大仇深地看着我们，眉头皱得都能拧出水来，还不够严肃？"笔者仔细回想了一下，的确，在整个比赛过程中，由于听得很认真，可能表情是显得僵硬了些，没想到这会给队员造成困扰。从此，再带队伍参赛时，笔者都会在台下用笑容来鼓励队员，再没有给过队员压力。由此可见，微笑的作用有多么重要。演讲者所讲的内容只要不是沉重或者严肃的话题，都应该面带着微笑说话。

另外，表情必须做到自然、真诚。语言表达不是表演，不是在演哑剧，语言表达中的表情不能夸张，也不能矫揉造作。

说话时嘴的作用也很关键，因为嘴也必须动来动去。所以控制好嘴的形状，对于我们拥有好的表情来说非常重要。有些人不说话还好，看上去秀秀气气、文文静静，一说话就颠覆了形象，口张成了难看的样子。

三、用眼神与听众交流

眼睛是心灵的窗户，演讲者的眼睛，会展示出演讲者的内心。如果演讲者内心是慌乱的，眼神可能就飘忽不定；如果演讲者是不自信的，眼神必然也不够坚定；如果演讲者试图欺骗听众，演讲者的眼神就可能是闪烁游离的，我们一定要学会控制好眼神，才能让演讲呈现出一个好的状态。

在发言的过程中，演讲者必须和现场的听众交流，才能更好地调整自己的讲话内容。比如，当大家都表现出不耐烦的表情时，演讲者要马上改变，换一些听众可能感兴趣的内容。当听众对某一个内容表现出非常高的关注度时，也可以讲得更深一些，多举几个例子，多展开一些，把这部分内容充分发挥出来，讲个尽兴。此外，当听众出现走神、现场气氛比较沉闷时，可以改一下语音语调，放大一下声音，提高一下声调，或是讲一两个笑话，让大家活跃起来。总之，好的交流是成功表达的基础，如果在说话的时候只是自顾自地讲，完全不理会听众的感受，和听的人之间没有交流，多半只能得到一个不成功的结果。

在讲话的过程中，眼神几乎是唯一与听众交流的平台。因为这时，听众只是听，讲的人只是在讲，听众有什么样的意见，演讲者只能通过眼睛来感受，说话的人想和某个听众交流，也只能用眼神来说话。在讲的人与某位听的人眼神对接的时候，听的人会有所反应的，也许他会点点头，会微笑一下，对演讲者的内容表示赞许，看到这样的反应，讲的人会更有信心，会在当前的状态下讲得更好；也许听众会摇头，会转去看别的东西，以示对所讲内容的不满，这时演讲者就该及时调整自己讲的内容了。

关于眼神，有两个需要注意的地方。

一是演讲者要敢于看人。初学语言表达的人，不敢看自己面前的听众，要么是把眼睛抬向上方，给人感觉是"目空一切"，要么是眼睛看着自己的脚尖，像犯了错误的小孩子。还有的初学者眼珠子转来转去，看上去就像是要动坏心眼。不敢看听众，就可能会产生这些可怕的误会。那么，如果看听众会脸红，会紧张怎么办？有一个不是办法的办法，初学者在感到紧张时，可以把目光放到最后一排听众头部上方一点儿的位置，这样，尽管你没有看任何一个听众，但听众会以为你在看某个人。不过，这仅仅是一个权宜之计，要发挥眼神交流的功能，不看观众是不行的，一定要克服自己的紧张感，要多去尝试，一次不行两次，慢慢地就不会感到紧张了。

二是要学会正眼看人。所谓"正眼看人"，就是指发言者的目光必须从脸正对着的方向看出，即眼珠要处于眼睛的正中，不能脸朝着一方，眼神却看向了另一方。不"正眼看人"，也就是"斜眼看人"，是非常不礼貌的行为。不管在台上做演讲，还是在日常生活中与人交往，都不能这样做。要"正眼看人"，就要学着用头部的转动或者身体的转侧去改变目光的朝向，面对哪一方，就望向那一方。演讲者在一场演讲中，一定要尽可能地和所有的听众做交流，要和每一位听众做至少一次眼神的交流，不要只看个别听众。

此外，在眼睛的运用上还可以有以下三种方式：一是注视，二是环视，三是虚视，三种眼神可以相互配合。注视是指用目光认真地看着某一位听众，在日常的交谈中，是指注视着对方的双眼，望向对方要大方，要坦诚，不要用目光在别人身上四处打量，更不要去看对方的一些短处，特别是在面对初次见面的人时，就更要保证眼光别乱跑了。环视是指在面对公众发言时，头左右转动，带动眼睛向四周扫视，让听众觉得你看到了每个人。环视是调动气氛的一种好方式，可以让全场的听众都感觉到受重视，形成一种气场。奥巴马在演讲时，就喜欢左看一下，右看一下，不断环视全场。虚视是指讲话的人虽然望向了某一个方向，虽然听众感觉发言者在看人，但他此时并不看那个方向任何一位听众的眼睛，这样做的目的是让演讲者不分心，能好好整理一下自己的思路。注视、环视和虚视要结合使用。不需要看听众表情时，就虚视；需要感受听众的反应时，就注视；环视则是穿插在其中，随时使用。

四、正确运用手势语言

手势语言是态势语言的主要组成部分。手势是指通过手指、手掌、手臂的动作，来进一步加重演讲者的语气，进一步抒发演讲者感情，以调动现场气氛的一种态势语言。初学语言表达的人，常常有以下三类表现：一是几乎完全没有手势，讲话的时候，乖乖地把手背在后面，或者紧张地交叉在前面，或是不自信地用一只手握着另一只手的上臂，一动也不动；二是手势太多，手几乎就没有放下来休息过，一直是手舞足蹈，指手画脚；三是机械运动，就像上足了发条的玩具娃娃一样，左挥一下手，右挥一下手，双手一起挥，不管口中讲的是什么，永远这么机械地挥下去。这三种表现，都会使讲的效果大打折扣，特别是后两种，其手势非但不能为他的演讲加分，还会起到副作用。那些机械的手势动作，会吸引听众的目光，分散听众的注意力，使演讲者的表达内容被忽视。

（一）运用手势的原则

要想有好的手势，以下几个方面是一定要做到的。

1. 动作一定要大气

做手势动作不能小，有些演讲者喜欢把手合在一起，讲的过程中，只是手指做一些较小的动作。这样的手势，远远看去好像什么都没有做，在近处虽然能够看到，但会让人觉得讲话的人不大方，没有气势，不自信。因此，做手势一定要做到位，该挥出就大胆地挥出，该握拳就紧紧地握拳。

2. 手势就像打拍子，一定要打在适宜的位置上

一般说来，需要打手势的地方，也恰好是重音词或者重点句所在的位置。在语气加重，即音调升高、声音放大或者语速放缓的时候，手势动作就要适当地加上去，使重音变得更"重"，放大的声音变得似乎更"大"。同样的道理，既然手势要打在"重音"和"重点"上，就不能太多，要精练，少而精的手势可以加分，多而滥的手势则会减分。

3. 手势动作男女有别

男性要少用手指做动作，因为手指动作比较女性化，男性用手指多了，会让人感觉太"妩媚"了。不仅如此，男性的动作还要做到有力、果断。女性则可以充分利用女孩子温柔的一面，多用手指动作，如在讲到"第一点""第二点"之类的与数字有关的内容时，女性可以把手指相应地伸出来。其他地方，女性的手势也要做到"婉转"一些，要避免太用力，避免动作的生硬。

4. 不要用手指着对方说话

这是一种非常不礼貌的手势，这种动作含有一种挑衅、针对和强制的意思，在正常的语言表达中是严禁出现的。不过，可以用手指着其他地方说话，比如指着天、指着旁边等。

5. 要避免习惯性的小动作

一些发言者在讲话时，手会不由自主地做一些小动作，如"搓掌"，双手平搓或者交叉搓。虽然这在含义上是表示期待，但总是不由自主地搓，会让人觉得语言表达者不自信；有一些人喜欢在身上、头上挠来挠去；还有些人喜欢玩手指，把手指绕来绕去，做弹钢琴状，其他手指和大拇指合拢再弹出等，这些都是不合适的。

（二）手势的分类

根据手势动作的高低，可以把手势所在位置分成高、中、低（或上、中、下）三个区，不同区的手势，含义是不一样的。高过肩的手势，我们称为高区手势，如手掌向上托的动作，手握拳向上举的动作等，这类手势一般语言表达着积极、崇敬、赞扬、昂扬、奋发、激动、提升等正面的、褒义的意思。如果手势动作不超过肩高，也不低于腹部，那就称为中区手势，这个区域的手势大多是中性的含义，既无表扬，又不批评的意思，但可以有其他的意思，如强调、拒绝、邀请等含义。当手势动作低过腹部，称为低区手势，这类手势大多表示反面的意思，如贬低、蔑视、厌恶、抛弃等。在做手势时，同样的手势，放在不同的位置，可以产生不同的意思，因此做手势时一定要注意高度要合适。

手势还可以分为两个大类，一类是形象类，是模仿所讲事物的形态，如讲到一群鸟儿飞起时，可以双手手指舞动，看起来就像鸟儿翅膀一样。手语就是接近于形象类的手势，在 2010 年的春节联欢晚会上，小虎队唱起"把你的心我的心串一串……把我的幸运草种在你的梦田……"这首歌时，手里所比画的正是手语，它非常形象地模仿了心、呼唤、圆等事物和动作，形象化的手势差不多具有同样的效果。

除了这种模仿具体形态的手势之外，还有另一类是抽象类的手势。我们使用这一类手势较多，它不是具体地模仿某些事物，而是从一些具体的形态中引申出一些抽象的含义，如"大拇指"竖起的动作，一般表夸奖、很好，但有时又会表现出高傲的情绪，如"大拇指"向下，则表示看不起、鄙视等。

（三）常用的抽象手势和它的含义

在下文的每种手势说明中，加粗的部分是该手势的名称，这个名称是笔者取的，给这些手势取名的目的是方便标注，使我们能够很准确地写明是哪一种手势，请注意，这些手势并不是所谓的标准手势，它们仅仅是常用而已，以下的手势并没有包括所有的手势，读者也可以根据前面的原则，创造一些抽象手势出来。很多著名的演讲家、企业家和政治家，他们都有自己自创的招牌手势，这些手势甚至成了个人的标签。

1. 挥手

向两边挥手，高度不超过肩部，包括单手挥和双手挥。这种手势一般只起强调作用，可以调动现场的气氛，吸引听众，但并无特定的含义，如图 10-2 所示。

示例：道德是石，敲出星星（左手挥出）之火；道德是火，点燃希望（右手挥出）之灯；道德是灯，照亮前行（双手挥出）的路。

2. 合掌

双手手掌展开，向内聚拢，表示要合在一起的意思，可以用在形象比喻两个事物的合并、并拢、加总、聚合等意思，引申意义则表示要团结，要心往一处想、劲往一处使等，如图 10-3 所示。

图 10-2　挥手

图 10-3　合掌

示例：如果将两个方案合并（出手势）在一起的话，这项工作开展起来会顺利得多。

3. 分手

双手向两边分开，手掌相对，或者手掌略向上翻。其含义与上一手势刚好相反，表示两者分开、分离、有区别等，如图 10-4 所示。

示例：我们必须将这一事物一分为二（出手势）来看，只有这样，才能更清楚地了解整个事情。

4. 摊手

双手向两边摊开，即手掌心向上，同时肩向上耸，这表示无能为力、力不从心、失望、歉意等，如图 10-5 所示。

图 10-4　分手　　　　　　　　　　图 10-5　摊手

示例：我非常同情你的遭遇，但对于这件事情，我的确是无能为力（出手势）。

5. 分别展开

先向旁边展开一只手，再向另一边展开另一只手，则表示问题的一方面和另一方面。如"既要……，也要……"这种语式，就可以用这种手势来语言表达，如图 10-6 所示。

示例：我们既要发挥教育的引导（展开一只手）作用，让人们自觉，又要发挥制度的规范（展开另一只手）作用，让人们照章行事。

6. 引号

双手放在两耳边，食指和中指伸出，并反复弯曲两次，其他手指合拢。这一动作来自英语国家，表示双引号，把正在讲的词引起来。以表示"所谓的"的意思，如图 10-7 所示。

图 10-6　分别展开　　　　　　　　图 10-7　引号

示例：她的确是一位好母亲，我是说那种（出手势）"好母亲"，把孩子完全隔绝在社会之外，事实上是害了孩子。

7. 绕手

手绕动向斜上方挥出。模仿烟上升时的样子，引申意义为一件事物消失、离开、飞走、把一件事情抛开等，如图 10-8 所示。

示例： 就算它消失了（出手势），就算它不在了（出手势），我们也不能肯定这个世界就会从此安全起来。

8. 反对

手向斜上方挥出时，手掌先回缩，再用力向手背方向扇出，这个手势表示坚定地反对，如"这个问题是不可商量的"，在"不"这个字说出时，手掌要适时挥出，如图 10-9 所示。

示例： 面对困难，绝不（出手势）能有什么畏难情绪，要迎难而上。

9. 压手

双手手掌手指展开手背向上，整个手掌往下压。直接意义是压制，下降，引申含义是平复情绪、镇定等，如图 10-10 所示。

图 10-8　绕手　　　　　图 10-9　反对　　　　　图 10-10　压制

示例： 在胜利面前，保持一种平和（出手势）的心态是非常重要的。

10. 劈掌

单掌向前劈出。直接模仿动作为斩断、刀劈等，引申含义为果断和下决心，如图 10-11 所示。

示例： 任何一寸土地，我们都绝不（出手势）可能放弃。

11. 平划

右手手指略弯，手掌带动手臂在前方由左向右平行划动，模仿动作是画出了一条横线，引申含义是一系列、一片、一批等。该手势也可以是手心向着表达者自己平划，如图 10-12 所示。

示例：对于这次的金融危机，我们有一系列（出手势）的应对措施，正在采取。

12. 握拳

单手或者双手握拳，直接模仿动作是要打架，要战斗。引申的含义是斗志、精神状态、信心等，如图10-13所示。

示例：虽然有很多人告诉我，世界上已经没有真正的爱情，不要相信他的话。可是，我宁愿相信（出手势）他是真心的。

图10-11 劈掌   图10-12 平划   图10-13 握拳

13. 扪心

手扪在胸口因为那是心脏的位置，这样动作的含义：一是表示正在讲的话代表演讲者自己的意思；二是表示诚心诚意；三是表示内心，心灵，如果配痛苦的表情，则表示痛心，如图10-14所示。

示例：我是（出手势）中国人民的儿子，我深深地爱着我的祖国和人民。

14. 推手

手掌向前，指尖向上，手臂向前推出。这一动作表示拒绝、否认、反对等含义，如图10-15所示。

示例：让人民币快速升值，那是绝不可能的，我们不能（出手势）接受这样的条件。

15. 托手

拇指和食指相对张开，其余三指自然微曲，手掌向上，上臂与肩齐，小臂向上伸，手掌略超过头顶。这个动作的模仿形态是抬高、上举。引申的含义则表示祈愿、升华、强调、重视等，如图10-16所示。

图 10-14　扪心　　　　　图 10-15　摊手　　　　　图 10-16　托手

示例：如果一个人没有远大（出手势）的理想，那么他又怎么能够成为受人尊敬的人呢？

16. 伸手

手向前伸出，方向略微向上，手指并齐，手掌伸直。表示引起一个新观点、请求、赞美、欢迎等含义，如图 10-17 所示。

示例：首先（出手势），我们会邀请各位参观我们的厂房。

图 10-17　伸手

以上的手势只是常用手势中的一部分，更多的手势，是语言表达者在讲话过程中自然而然做出来的。我们在训练的时候，千万不要以为只有以上列出的手势才是"正品"。真正好的手势，是根据自己所讲内容随性而发的。在训练中，要求刻意地做出上面列出的一些手势，是为了习惯成自然。刻意去做手势，做得多了，手势就成为自己的习惯，就会在合适的时机自然地做出，如果在此基础上还能够有所创造就更好了。

训练项目

手势语言训练

❖**训练目的**

学会准确、自然、灵活、适当地使用手势。

❖**训练方法**

（1）找一份训练材料（最好是抒情散文或演讲稿），找一找、分析一下哪些地方应该加上手势以及应该加什么样的手势，在相应的地方进行标注。

（2）对着镜子，把训练材料贴在镜子一边，朗读材料，在标注过应该加手势的地方，刻意地加上手势，从镜子里看看手势的效果。

（3）该训练可以和前面普通话及语音、语调、语速训练一起进行，每天训练10~30分钟，在训练时，注意揣摩一下手势的含义。

（4）在训练一段时间之后（如一周），用录像设备，将自己的朗读过程录下来，录的时候不要对着镜子训练（有些人看着镜子的时候知道怎么做动作，但离开镜子就做不好了）。

（5）观看自己朗读时的录像，找出不准确、不自然、不适当、不灵活的手势，再重新朗读一次，改正这些不太好的手势。

（6）根据内容，创新一些手势，从镜子中看自创手势的效果。

❖ **训练时长**

每3天进行一次训练，总需30~60天，每次训练约30分钟。

附 录 训练材料

手势语言训练材料

下面的演讲稿中已经标注出了应该加上手势的地方,请按照标注,进行手势语言训练,需要注意的是,手势所标注的位置是在需要配合手势词语的后面,请在说出该词语的时候,同时把手势做出。

一、演讲稿"传统文化的传承需要融入流行"

临长江(左挥手),诵"大江日夜流";登高山(右托手),读"一览众山小"。几千年来(右划手),传统文化就如同一个民族的身份证,深深地(压手)印证着人类社会的存在,并以其独特的魅力,融入一波未平(右挥手),一波又起(左挥手)的时代大潮,成为推动文明社会不断进步(托手)的重要精神力量。我方认为,传统文化的传承要不要融入流行,实质上就是传统文化从内容和形式(分别展开)两个方面要不要发展、要不要创新、如何发展(左挥手)和如何创新(右挥手)的问题。

(1)(女孩举1根手指,男孩伸手)何谓"传统文化"?传统文化是与现代流行文化相对的概念,是指在历史进程中,不断地形成、积淀和发展(随着三个词说出,较轻地劈三次掌),并世代相传的物质文化、制度文化和精神文化的总和(合掌)。

(2)(女孩举2根手指,男孩伸手)何谓"流行"?流行是与传统相对的概念,可通俗解读为"盛行",它是指反映了时代经济、政治发展要求的思维方式、生活方式和价值取向(随着三个词说出,较轻地劈三次掌)等社会元素的总和(合掌),它具有广泛的社会影响力。

(3)(女孩举3根手指,男孩伸手)何谓"传承"?传承是指在前后相续的时期内,事物的纵向传播(模仿纵向传播),而文化的传承是一种延续和发展,绝不是(推手)简单的保留。

(4)(女孩举4根手指,男孩伸手)何谓"融入流行"?它是指符合时代发展方向和需要的传统元素,与具有现时代特征的流行元素,进行有机结合(合掌)的过程,是传统元素实现自我价值并传承发展的必由之路(挥手)。

基于以上认识,我认为(扪心)传统文化的传承需要融入流行。

　　首先(伸手)，从事物发展的规律来看，传统文化的传承必须融入流行(合掌)，如黑格尔所说："传统绝不是(推手)一潭死水，而是一条奔腾的河流(平划)，越到下游，就越是广博(双挥手)。在纵向上(伸手)，它需要吐故纳新，逐渐积淀。""江河流日夜(左挥手)，代谢成古今(右挥手)"，今天(右手向左伸手)的流行元素，明天(右手向右伸手)也许就是文化经典；从横向上(划手)看，它需要兼收并蓄，博采众长。海纳百川，有容乃大(合掌)，中国历史上几个鼎盛时期，不仅是经济繁荣的盛世(展开右手)，更是中外文化交流的盛世(展开左手)；传统文化要传承，必须随着时代的变迁，不断地吸收、融入各种流行的文化，逐步丰富其内涵。事物不更新，就没有(推手)生命力，文化不更新，就不能(推手)被传承。

　　其次(伸手)，从历史正反两方面的经验和教训来看，传统文化的传承也需要融入(合掌)流行。古人云："汤武之王也，不循古而兴(左挥手)；殷夏之灭也，不易礼而亡(右挥手)。"20世纪初，十月革命一声炮响(托手)，给我们送来了代表时代发展方向的"流行文化"——马克思主义，不仅使中国革命的面貌焕然一新(右挥手)，而且使中华传统文化获得了自我创新的发展契机，重新焕发出生命的光彩。相反(伸手)，清朝末年，由于当时的清政府夜郎自大，闭关锁国(压手)，无视和拒绝流行时代的科技文化，最终使国家和民族遭受了巨大的灾难。

　　中华文明已经走过了漫漫五千年(右挥手)，每一次大的进步，无不相伴着文化伟大的创新(托手)，"文章合为时而著(右挥手)，歌诗合为事而作(左挥手)"，传统文化必须与流行相融(合掌)，才能历久弥新，焕发生机，并推动社会的发展。让我们高举起与时俱进的大旗(托手)，以现实的态度传承传统文化，去创造一个人类古老文明伟大振兴的人间奇迹吧(双挥手)。

二、辩论赛"传统文化的传承需要融入流行"二辩陈词

　　对方辩友洋洋洒洒，却弄错了几个问题。

　　他们将传承和发展分离开来，明显犯了形而上学的错误。传统文化在传承中获得发展，在发展中延续传承。两者是统一的。

　　对方辩友说，传统文化的传承是指其精髓原汁原味的传承，但却没有告诉我们精髓是如何得来，好像精髓是盘古开天之时从天上掉下来的。其实，

实践是检验真理的唯一标准。精髓的产生过程，正是按照流行时代的判断标准，对传统文化进行创新和扬弃，一步步去伪存真，丰富完善的过程，这不正是在融入流行吗？

下面，我再从内容、形式和作用三个方面，来进一步论述我方的观点：

先看内容，传统文化融入流行绝不是用流行来替代传统，也不是凡是流行就都要。融入流行不会让传统文化"无可奈何花落去"，反而会让它"病树前头万木春"，传统文化从流行中得到的是营养，得到的是旺盛的生命力。《红灯记》《沙家浜》《智取威虎山》等现代京剧，正是传统京剧融入流行、融入现时代绽放的艺术之花。有生命力的传统文化，才能够被传承，而生命力何来，正是来自与流行的相融。

再看形式。传统文化的传承需要载体，通过大众的喜欢和认同的方式，传播将更为有效。梁启超的《少年中国说》以 RAP 的形式说唱出来后，深受青少年欢迎。周杰伦的一曲《东风破》以现代流行的艺术形式将古诗词的魅力表现得韵味十足，更受到青少年的追捧。2008 年北京奥运会会徽以现代流行的设计，将中国的汉字传向了五湖四海，而五个可爱的福娃，则再一次印证了中华传统与现代流行结合的美丽。

最后，来看看作用。传统文化要发挥作用，必须符合现实社会的规律，融入流行时代，才能够指导现实社会生活，"天人合一"的思想因为符合现代科学发展观，才能老树发新枝，而"天人感应"的迷信则因为违背了科学规律，我们把它坚决抛弃；融入流行，才能指导现实。在中国古代，《孙子兵法》主宰着战场上的风起云涌，引领着战争胜负的走向，今天，她又融入流行时代市场经济的大潮，在商场上叱咤风云，谱写着现代商战一个又一个经典的战例。

传统文化的传承需要融入流行，在融入流行中融入时代，发挥其应有的历史价值，创造文明的辉煌！

（资料来源：2005 年日立杯第十一届名校辩论邀请赛第二轮西南财经大学辩词。）

三、辩论赛"挽救网瘾少年应以加强管理为主"一辩陈词

谢谢主席，对方辩友，大家好！

听了对方饱含爱心的陈词，我深为动情。在挽救网瘾少年这一问题上，对方和我们都有一样迫切的愿望，可惜，动情归动情，愿望归愿望，不落实

到管理上，一切都是水中月、镜中花。心病的确还需要心药医，可是，这心病不是您说的病，心药也不是您开的方。挽救网瘾少年作为一个系统工程，必须整合各类社会力量，齐抓共管、疏堵结合。面对两百余万名网瘾少年，苦口婆心的动情晓理何堪这一重任？因此，我方认为，挽救网瘾少年应以加强管理为主。

首先，让我对今天辩题中的概念给出明确定义。

（1）何谓"网瘾少年"？"网瘾"是一种痴迷网络的行为和心理状态，其特征是难以自我摆脱，它是一种病态。而"网瘾少年"则是指患有以上症状的10~15岁的孩子。

（2）何谓"管理"？所谓管理便是通过协调与整合，使资源各得其所，物尽其用，实现效益的最大化，把事情办好。现代的管理是人性的管理，以人为本是其核心理念。而加强管理，是质的提高，绝非简单的量的增加和受众面的扩大，管理不等于管制，更不等于粗暴的压制。

（3）何谓"挽救"，我方认为，挽救应有两个含义：①悬崖勒马，将孩子尽快从危险的境地解救出来；②铺路搭桥，为他们的成长提供一个良好的环境，合二为一，才是真正的挽救。

基于上述认识，我们再来看看挽救网瘾少年为什么应以加强管理为主。要找到挽救网瘾少年的良方，就必须揪出网瘾的症结。对方告诉我们，网瘾的根本是心理问题，可是我们不免要追问一句：心理问题就是最终的根源了吗？不，它不是根。真正的根，在现实。科学的论证必须有科学的态度。心理学的研究告诉我们，人的心理问题，源自现实需要得不到满足。孩子们有着求知、效仿、成功、娱乐等种种心理需求，当这些需求在现实中得不到满足时，他们便会产生各种心理问题。这时，孩子们发现，网络就像机器猫的口袋，他们想要什么，就能得到什么。于是，网瘾便产生了。所以，我们不难发现，要解决网瘾这样一个心理问题，还得从现实入手。这，才是抓住了症结；这，才是找准了方向。

再来看看对方的观点，以为孩子们动了情，晓了情，就戒除网瘾，其实不然，因为成瘾医学告诉我们，人的行为是需求决定的，态度和认识并不是关键。对于已经成瘾的少年，他的态度，更是管不住行为。就算知道此中的危害，却还是难以自拔。这真是：少年不识愁滋味，爱打网游，爱打网游，为打网游强逗留；而今识得愁滋味，欲走还休，欲走还休，却道网瘾不可收。

反观管理，却可以综合、整合社会资源，一堵一疏。所谓堵，便是隔离成瘾源；所谓疏，便是在现实中满足孩子们的需要。对症下药，正本清源。具体手段，我方二辩将做进一步的说明。

好风凭借力，送我上青云，让我凭借管理的好风，为孩子们插上梦想的翅膀，助他们在成长的道路上飞得更高更远吧。谢谢！

（资料来源：2005年日立杯第十一届名校辩论邀请赛第一轮西南财经大学辩词。）

| 第十一章 |
笑声有最大的吸引力
——幽默语言训练

增强幽默感，学会讲笑话。

☞　**机智应答训练**

项目性质：可选项目(学会幽默有趣地答复别人)。

训练时长：每 3 天进行一次训练，总需 30~60 天，每次训练 10~15 分钟。

☞　**讲笑话训练**

项目性质：可选项目(笑话讲多、讲好了，自然就幽默起来了)。

训练时长：每 3 天进行一次训练，总需 30~60 天，每次训练约 30 分钟。

幽默的人在哪里都受欢迎，幽默的语言表达也是最受人欢迎的表达。幽默是语言表达中的润滑剂、催化剂和兴奋剂，其不仅能够化解尴尬，还能够调动现场氛围，振奋听众的精神，为语言表达营造出一个绝佳的环境。在演讲中适时正确地运用幽默，可以使演讲更富有吸引力；在日常生活中运用幽默，会让自己拥有融洽的人际关系。如前面提到的，即兴发言的开头最好用幽默的语言来切入。在语言表达中，幽默是如此重要，因此，要想成为口才出众的人，也必须成为一个富有幽默感的人。

一、弄清楚幽默是从哪里来的

幽默是如何产生的，为什么笑话会使人发笑？这是一个非常难找到答案的问题。心理学家在研究人类的笑时，发现笑是一种心理感受的语言表达，它向外界传递着信号，达到与人交流的目的。神经方面的专家则认为笑是种生理反应，是人某个神经单元受到刺激的结果，也就是我们俗称的笑神经。比如，挠痒痒会让人发笑，不过这种发笑并不一定让人感到愉快，传说欧洲有种恐怖的刑罚，就是用羽毛不停地挠人的脚底板，直到人笑脱力而死。在武侠小说里，如果人被点了笑穴，就会笑个不停，直到解穴了为止。如果这是真的，那么笑又应该是被经络所控制着的。

幽默让人发笑，是一种心理反应产生的笑。人们看到让自己感到愉悦的画面，就会浮现出浅笑，如果这个画面不仅让人感到愉快，还让人感到滑稽、不可思议，人们就会笑出声来。语言表达者想要让人发笑，需要做的就是通过自己的讲述，让听者在脑海中营造出一个滑稽、不可思议的场景。

在语言表达中常用的幽默方式，有以下几种。

（一）自嘲和自夸

语言表达者的自嘲会让人们感到愉快，从而发笑。这就像人们在看马戏团的小丑表演时，如果小丑总是弄砸一些事情，或者显得笨手笨脚，或者老是被捉弄，人们就会开心大笑。人们笑的时候，内心的潜台词就是："真没见过这么笨（倒霉）的人，我可比他好多了。"如果语言表达者通过适度的自嘲，让听众产生一种心理优势，听众就会像看滑稽表演一样露出笑容来。

比如我国台湾著名的主持人凌峰，在介绍自己时，有这么一段话：

在下凌峰，这两年，大江南北走了一圈，男观众对我印象特别好，他们在我面前觉得有优越感，因为本人这个样子对他们没有构成什么威胁，他们放心（观众大笑）。

本人的脸长得很中国，（笑声）中国五千年沧桑和苦难全写在我的脸上了（笑声、掌声）。一般说来，女观众对我的印象不太好，有的女观众对我的长相已经到了忍无可忍的地步了（笑声）。她们认为，我是人比黄花瘦，脸比煤球黑（笑声）。但是我要特别声明，这不是本人的过错，实在是父母的错误，他们当初并没有征得我的同意就把我生成这个样子(笑声、掌声)。

但是，时代在变，潮流在变，现在的男人基本上可以分为三种：第一种，你看上去很漂亮，看久了也就那么一回事，这就像我的好朋友刘文正这一种；第二种，你看上去很难看，看久了以后是越看越难看，这就像我的好朋友陈佩斯这一种(笑声)；第三种，你看上去很难看，看久了以后你就会发现，他另有一种男人的味道，这就是在下我这种了(笑声、掌声)。

好，鼓掌的都表示同意了——鼓掌的都是长得和我差不多的(笑声)，真是物以类聚、人以群分啊(笑声、掌声)！

接下来，按规矩迎接挑战，我带来了一首歌曲，叫《小丑》。在我的人生观看来，我认为每个人都在扮演许多次的小丑；有的是在爱人面前；有的是在领导面前；有的是在孩子面前；有的是在父母面前。我呢，是在鼓掌面前，给大家带来一首《小丑》——掌声没有就无所谓啦(笑声、掌声)！

资料来源：《小作家选刊·格调青春》，2005年第5期。

凌峰的自嘲，既轻松又不俗套，观众听起来十分受用，一再引起狂笑。这种自嘲，语言表达者虽然对自己有所贬低，但不能格调低下，凌峰就做得很好。另外，凌峰在这段话中，有自嘲，也有自夸，那段对男人的三种划分就是一种自夸。幽默中的自夸一定要注意分寸，不能让人觉得语言表达者狂妄、自大。这种自夸，其实也是一种变相的自嘲，是用一种"正话反说"(后面还将对正话反说进行详细说明)的手段，把自己的弱点换成优势说出来，听众会对这种自夸发笑，其实是因为听众压根不相信这个优势是真的。①

（二）极度夸张

要想幽默到让人爆笑的效果，夸张是必需的。前面已经说过，幽默之所以会让人发笑，是因为人们在头脑中想象出了一个不可思议的滑稽场面。这个场面越出乎常理，就会越好笑。因此，在幽默的讲述中，只要语言表达者用一种调侃的语气，把事情夸张到离奇的程度，喜剧效果就产生了。

脱口秀演员李雪琴说："我今天这个衣服你们也能看出来，我现在挺膨胀，就膨胀到啥程度，就我走路上，来车我都不躲，司机看见我嘎就自动停车，因

---

① 赵晓娟. 精彩演讲[J]. 中文自修, 2007(1): 24.

为我红。"红到司机看到都停车，这显然是一种夸张的说法。

例如，宋丹丹在"白云黑土"系列小品《说事儿》中的一段台词：

白云：就他吧，竟好给人出去唱歌，你说就他这嗓子能唱啥啊，那天呢，就上俺们敬老院去给人唱歌，总共底下坐着七个老头，他嗷一嗓子喊出来，昏过去六个。

小崔：那不还有一个呢吗？

白云：还有一个是院长，拉着我手就不松开了，那家伙可劲儿摇呀，大姐呀，大哥这一嗓子太突然了，受不了哇，快让大哥回家吧，人家唱歌要钱，他唱歌要命呀！

"穿越文""霸道总裁文""校园文"的段子，绝大部分是极度夸张的，比如，"霸道总裁从他那200米长的豪华轿车上下来""霸道总裁让管家，又往小姐的饭卡上充了500万美元""男主抱着9999朵玫瑰，向女主求婚"，200米长的轿车、充饭卡500万美元、手里抱着9999朵玫瑰，都是现实生活中绝无可能的，是一种极度的夸张，听众一听到这个就容易在脑海中浮现出不可思议的画面，从而发笑。

（三）制造误会

我们都有过口误的经历，一旦碰到口误，听的人都会忍不住笑起来。因为口误也制造了滑稽、不可思议的画面。例如：有一个人去小吃店吃面，面上得很慢，他又很饿，终于按捺不住拍桌咆哮，本来是想说再不上面我就把桌子掀了，结果说成："老板，再不上面我就把桌子吃了！"全店沉默3秒后爆笑。虽然只是一个字的区别，但这个口误的字太关键了，一想象到他吃桌子的样子，大家就忍不住要笑。还有一个关于面的笑话：有一个电脑公司的推销员到一家面馆去推销设备，他问老板："你们这里需要客户端吗？"老板回答说："我们一般都是伙计端，实在忙不过来了，才会让客户端。"在这个笑话中，虽然字都没有说错，但是两人说的完全不是一回事，老板误会推销员的意思了。这些口误或者误会的笑话，都是无心插柳的结果，却给我们带来了许多的欢乐。我们也可以仿效这种方式，人为制造误会，以形成笑话。

误会为什么会让人发笑，主要是因为误会出乎人的意料，通常会让主角处于一种尴尬的局面，体会下面这些误会形成的笑点。

（1）某人刻苦学习英语，终有小成。一日上街不慎与一老外相撞，忙说：I am sorry. 老外应道：I am sorry too. 某人听后又道：I am sorry three. 老外不解，问：What are you sorry for? 某人无奈道：I am sorry five.

（2）英语老师问一个学生："'How are you?'是什么意思?"学生想 how 是怎么，you 是你，于是回答："怎么是你?"老师生气又问另一个同学："'How old are you?'是什么意思?"这个同学想了想说："怎么老是你?"

（3）在一次军事演习中，一颗炮弹偏离目标很远。派去查看的士兵发现，炮弹落在了农田里，田中站着一个人，衣衫破碎、满面漆黑，双眼含泪地说："偷棵白菜，犯得着用炮轰吗?"

（四）结果要出乎人的意料

结果要出乎人的意料是幽默产生的另一种常见方式。笑话说出来让人发笑，是人们在心中构想出了笑话中的滑稽场景，而场景之所以滑稽，是因为这个场景是超乎寻常的，与平日里我们的所见大不一样。当然，这样的场景一定不能是恐怖的，也不能是悲惨的。比如，狗咬人比较常见，不可笑，但人咬狗就很罕见了，想想就觉得好笑。《爱丽丝梦游仙境》的最新版电影中，有两个可爱的孪生兄弟，他们长着超乎寻常的圆形身材，不成比例，一看到他们这种又不常见又不恐怖的身材，人们自然会感到可笑。

在语言表达中，先讲一段比较正常或者比较符合逻辑的话，人们自然会在心目中得出一个应有的结果。这时候，讲笑话的人再说出别人根本想不到的结果，听者就会觉得可笑。事实上，所有的幽默都是以"出其不意"而制胜的。否则，会显得平淡无奇。这是幽默的一个基本原则，就是要有创意，要出奇制胜，要让别人想不到。把这样的幽默运用在语言表达中，会使你的语言具有特殊的说服力，达到更好的沟通效果。

例如：

有个小伙子开完会，看到弹出一堆消息："你为什么不在家? 我来找你都找不到?"

"打你电话你也不接，我都打了好几次了，都没有消息。你看到了记得回我一条短信好吗?"

"答应我，以后不要这样了好吗? 你这样会让人担心的。"

小伙子疑惑了，难道，这是传说中的女朋友？他连忙回复道："啊，真是对不起，刚才我在开会开静音了没有听见，你是？"

焦急的一阵等待后，叮的一声，消息来了。

"我送快递的！"

这一笑话中，前面部分都在营造一个恋爱中情人聊天的假象，让听众以为这就是女朋友查岗，直到最后一句才出来转折，原来这就是一位快递员发的消息，听众可以想象出那个小伙子哭笑不得的样子，笑意自然就产生了。

看看以下的笑话，体会一下笑话中出人意料的结果。

(1)有个小朋友去上美术班，老师让他接龙画画。老师给出了前三幅画，第一幅画的是小猪走丢了，第二幅画的是猪妈妈找小猪，第三幅画的是猪妈妈找到了小猪。老师让小朋友根据自己的想象画出第四幅画。小朋友先画了一堆篝火，老师以为他会画猪妈妈和小猪幸福地生活在篝火前。结果，小朋友在篝火上画了一大一小两头烤猪……

(2)三剑客比武，剑客甲见一只苍蝇飞来，拔剑一砍，苍蝇掉到了地上，已经两节。剑客乙也发现一只苍蝇，拔剑在空中挥了两下，只见苍蝇也掉在地上，翅膀被砍掉了。剑客丙大笑一声说：这算什么，看我的！他们比武的地方苍蝇还真是不少，不一会儿，又来了一只苍蝇，剑客丙挥剑三下，可不见苍蝇有什么反应。其余两位剑客正要取笑他，苍蝇飞回来欣喜地叫道："我变成双眼皮啦！我的鸡眼不见啦！"

(3)汽车把一只鸡轧死了。司机问一个小孩："这鸡是你家的吗？"小孩回答："一切都很像。不过我家的鸡没这么扁。"

(4)甲："听说你去英国考察，感受不浅吧。"

乙："他们文化水平高，我们国家和英国的差距太大了！"

甲："何以见得？"

乙："人家大人小孩儿都会说英语。"

(5)"小华由于考试作弊被开除了。""怎么回事儿呀？""考生理卫生时，他数自己的肋骨，结果被发现了。"

(6)甲："你那只会说话的鹦鹉还活着吗？"

乙："唉，别提了，想不到我养了一星期，它就死了。"

甲："是病死的？"

乙："不，它和我太太比赛说话，说到力竭而死。"

（五）正话反说、反话正说

所谓正话反说和反话正说就是指说出来的话，表面上是一个意思，实际目的却是另一个意思，两层意思完全相反。换句话说，就是表面上看是在表扬，实际上却是在批评，或者看起来像批评，实际上却是在表扬，这就是正话反说和反话正说。比如，下属给领导提意见，说"领导太不注意合理使用时间，经常加班加点"，"领导太不注意身体了，只顾工作而不参加体育锻炼"，"领导只关心下面的人，而不知道关心自己"。这些话，明里看是意见，其实都是对领导的表扬。

有一则宣传戒烟的公益广告，上面完全没有提到吸烟的害处，相反地却列举了吸烟的四大好处：

一省布料，因为吸烟者易患肺痨，导致驼背，身体萎缩，所以做衣服就不用那么多布料。二可防贼，抽烟的人常患气管炎，通宵咳嗽不止，贼以为主人未睡，便不敢行窃。三可防蚊，浓烈的烟雾熏得蚊子受不了，只得远远地避开。四永葆青春，不等年老便可去世。

这里说吸烟的四大好处，实际上是说吸烟的害处，却显得很幽默，让人们从笑声中悟出其真正要说明的道理，即吸烟危害健康。

秦朝的优旃是一个有名的幽默人物。有一次，秦始皇要大肆扩建御花园，多养珍禽异兽，以供自己围猎享乐。这是一件劳民伤财的事，但大臣们谁也不敢冒死阻止秦始皇。这时能言善辩的优旃挺身而出，他对秦始皇说："好，这个主意很好，多养珍禽异兽，敌人就不敢来了，即使敌人从东方来了，下令麋鹿用角把他们顶回去就足够了。"秦始皇听了不禁破颜而笑，并破例收回了成命。

优旃之所以成功劝服了秦始皇，主要是使用了幽默的力量。他的话表面上是赞同皇上的主意，而实际意思则是说如果按皇上的主意办事，国力就会空虚，敌人就会趁机进攻，而麋鹿是没有能力用角把敌人顶回去的。这样的正话反说，因为字面上赞同了秦始皇，优旃足以保全自己，而真正的含义又促使秦始皇不得不在笑声中醒悟，从而达到了他的说服目的。[①]

---

① 赵盛基.优旃巧谏言[J].思维与智慧，2021(27)。

(六)使用双关语

使用双关语是幽默比较高的一种境界,在语言表达中使用双关语,看似在讲一个普通的故事,实际上是在说另外一件事情,只要听懂了引申含义,就会让人发笑。举例如下。

有一个人说话很啰唆,有一天,他又缠着邻居唠唠叨叨个没完,邻居烦得受不了了,决定讲一个故事给这个人听。这位邻居说"那天我去参观农场,看到一头猪,特别瘦,你知道为什么吗?"

啰唆人说不知道,问:"为什么会特别瘦呢?"

邻居说:"因为不肯吃食!"

啰唆人问:"为什么呢?"

邻居说:"这种猪,嘴太长。"

啰唆人又问:"为什么嘴太长就不肯吃食呢?"

邻居说:"像这样长的嘴,只顾刨根挖底,哼哼唧唧,哪还顾得上吃食!"

目前有许多脑筋急转弯,就是采用了这样一种幽默方式。例如,在《卖拐》中赵本山问范伟:"有一头驴和一头猪,你说先杀哪一个?"范伟想了想回答:"驴。"赵本山马上接着说:"猪就是这样想的。"还有一则脑筋急转弯:"一头野猪在森林里跑,碰到树上撞死了,为什么?"回答的人如果说不知道,问话的人就会说:"猪就是因为不会急转弯啊。"

这种双关的笑话,如果用在适当的场合,既会使在场的其他人大笑,又能够起到讽刺、揶揄的效果。举一个例子,如果你碰到谁比较吝啬,就可以给他讲讲下面这个寓言故事:

猴子死了去见阎王,要求下辈子做人。阎王说,你既要做人,就得把全身的毛拔掉。说完就叫小鬼来拔毛。谁知只拔了一根毛,这猴子就哇哇叫痛。阎王笑着说:"你一毛不拔,怎么做人?"

还有些笑话,是利用字的谐音来制造双关的效果。举例如下:

传说李鸿章有一个远房亲戚,胸无点墨却热衷科举,一心想借李鸿章的关系捞个一官半职。他在考场上打开试卷,竟无法下笔。眼看要交卷了,便"灵机一动",在试卷上写下"我乃李鸿章中堂大人的亲妻(戚)",指望能获主考官录取。主考官批阅这份考卷时,发现他竟将"戚"错写成"妻",不禁捋须微笑,提笔在卷上批道:"所以我不敢娶你。"

"娶"与"取"同音，主考官针对他的错字，来了个双关的"错批"，既有很强的讽刺意味，又极富情趣。

比如在新冠疫情中，有一个段子是这样的：

昨晚差不多十二点吧，我们小区内突然响起一个女人愤怒的骂声："你都已经知道疑似了，怎么就不知道疑似的后面是什么？疑似的后面是什么？你说呀！你站那儿发呆有什么用啊？"全小区刚刚熄灭不久的灯光几乎同时就唰地全亮了。疑似的后面？疑似的后面不就是确诊吗？我的个天哪！人们纷纷趴在窗口伸出脑袋竖起了耳朵。

这时，就听到女人大声说道："地上霜，疑似后面就是地上霜啊，你这个笨蛋。"

人们只好默默地把窗户关上了。

还有一个例子：

狮子和熊种树，都拿各自的排泄物当肥料。过了一年，狮子的树长得比熊好，狮子自豪地说："狮屎（事实）胜于熊便（雄辩）。"

二、如何让自己幽默起来

幽默感绝不是与生俱来的，而是后天培养产生的。没有哪个婴儿一出生就会讲笑话，因为他们连说话都不会。可是，为什么在现实中，一些人很幽默，另一些人却比较乏味呢？只要仔细观察一下就可以发现，幽默的人主要有以下几点和别人不一样：一是心态比较好，宠辱不惊，能够用平和、淡定的心态去看周围的世界，能够发现可笑东西；二是知识面广，对时事热点充分了解，流行时尚也都知道，在讲话中随时可以移花接木、张冠李戴，信手拈来一些信息产生笑料；三是会动脑筋，反应快，逻辑性强，可以从相反、类似等不同的角度来思考，从而产生幽默笑点；四是脑袋里面笑话多、段子多。那些幽默的人，好像在肚子里装了说不完的笑话，总是能够在适当的时候想出一个有关的笑话。既然幽默的人有这四个特点，我们就对症下药，从这四个方面入手，来培养和提高自己的幽默感。

（一）开阔自己的心胸，养成大度的性格

不同的人，有不同的生活经历，具有幽默感的人，大多有比较愉快的人生

经历，有健全的心理和大度的心态。林语堂有一句话："幽默是一种心理状态，进而言之是一种观点，一种对人生的看法。"这正道出了幽默产生的一个基本条件。如果一个人缺乏乐观、开阔、豁达的心胸。整天都是唉声叹气、怨天尤人，对周围的人都抱着怀疑的态度，总觉得自己被别人占了便宜，有了问题不从自己身上找原因，而是怪罪于他人，甚至对社会产生仇恨心理，这样的人，怎么可能幽默得起来，就算他刻意想讲个笑话，也会因为他身上戾气太重，让人听了笑不出来。

有人向契诃夫请教如何成为一名幽默作家，契诃夫的回答是："我的'绝招'只有一条，那就是总让自己快乐，快乐乃是幽默之源。为了不断地感到幸福和快乐，那就需要：第一，善于满足现状，第二，经常地感觉到，这事原来可能更糟糕呢?"契诃夫的话指出了培养乐观心态的一种方法，就是要多从生活中发现好的地方。我们要有一些阿Q精神，要细心地感受生活中好的地方，而不是去想不好的地方。当一箱苹果坏了一半以后，悲观的人会想，我失去一半苹果了，乐观的人会想，我还有一半苹果可以吃呢。如果天气不好，我们要想，至少不会被太阳晒；如果在周末还需要加班，我们要想至少我可以不用陪老婆大人逛街，或者自己不用逛街，又可以省下一笔钱。

在生活中，要学会换位思考，出了错不要总怪到他人身上。当产生不同意见时，也不要总认为是别人固执，认为别人是故意和自己作对。要站在对方的角度想一想，为什么他会这么说，其实多数时候，只要换位思考了，许多过去不能理解的事情，也就可以理解了。

还要宽以待人，严于律己。对于自己身上的缺点，要努力改过，但对于他人，要看别人的优点，而不是去挑刺。有人说过，如果一个人总是从别人身上看到长处，他就会慢慢地被各个长处所充满，如果一个人只看到别人的缺点，那么他慢慢地就会被缺点所占据。

俗话说："退一步海阔天空。"在生活中，要学会放弃，学会面对失败，学会对别人宽容，不要认死理。清朝做过宰相的张英在朝时，家人给他写了一封信，家人因三尺巷的一堵墙与邻居打官司，想借助张英的势力打赢官司，张英看罢信后，写了一首诗答复："千里修书只为墙，让他三尺又何妨？万里长城今犹在，不见当年秦始皇。"同时，对待自己，也要善于满足，不要欲求无限。俗话说："家有金山银山，一日不过三餐，房有千间万间，一夜只能睡一间。"保持宽容，生活才可能会有乐趣，保持大度，幽默才更容易产生。

（二）积累知识，广泛涉猎，与时俱进，吸取幽默素材

丰富的知识、广博的见闻是幽默得以发芽的阳光雨露。幽默不是凭空产生的，它一定要建立在知识的基础上。要想自如地运用幽默、产生幽默，必须对古今中外、天南地北、历史典故、风土人情都有所了解，必须对天文地理、文史经哲、名人逸事、影星趣闻都有所关注。要积累自己的见识，一是学习，多看书，多阅读报纸杂志，读书的品位尽量要高一些。二是多接触社会，通过旅游来开阔自己的视野，走得多，见识就广，谈资也就丰富了。三是借助网络、手机短信等资源，紧跟时代潮流，准确把握热点。

成都电视台有一个《谭谈交通》栏目，主角是一位叫谭乔的交警，他以幽默的语言来教育交通违规人员，结果这些人不仅听得心服口服，其中不少人还成了他的"粉丝"。有一次，谭交警抓住一家子骑电瓶车的人，小女孩蹲在前面，爸爸骑车，妈妈坐在后面，谭乔问人家会不会唱吉祥三宝，然后说他改了个危险三宝，当场唱给这家人听："爸爸，电瓶车可以载人吗？不能，那为什么你载着我和妈妈？我错了，我们全家就是危险的一家，啊！"另一期节目中，一位老大爷骑辆三轮摩托车进城，拉它的却是"嘶嘶"叫的马儿，大爷还悠闲地甩着马鞭……谭乔赶紧上前："大爷，只听过摩托罗拉，你这是摩托马拉啊。"一辆超载的货车上面趴了几个压货的搬运工，谭乔手持话筒上前招手："楼上的朋友们，你们好吗！"——俨然一副港台歌星出场的派头。谭乔坦言，他能有这样的幽默感，是他努力吸取幽默素材的结果，他说，当年从交警队伍中被选出来，压力很大，为了不让观众失望，他每天挖空心思地想段子，靠大量地看杂志、电视和上网来补充知识，不断从周围的热点中吸取营养，最后才形成了富有特色的谭氏幽默。

幽默必须是与时俱进的，人们要感同身受才笑得出来。《笑林广记》是中国清代一本著名的笑话集，那些笑话在当时给人们带来了许多的欢乐，但是现在再看这本笑话集，笑点却不是那么多了，主要原因是《笑林广记》中的许多笑话已经过时了。有关资料介绍，世情笑话是这本笑话集中数量最多的一类，在《笑林广记》中占了十之七八。这里的"世情"，指的是清朝时平民社会中的人情世故，涵盖了世俗生活的各个方面——家庭生活、社会风貌等，批判了人性中的卑劣之处和社会中的各种不良风气。可是，从清朝到现在，世情已经大不相同了，这些老笑话就如同失去了生长的土壤，没有了营养来源，显得"远"和"空"了，当然也就不容易引起人们的共鸣了。反之，无论是小沈阳的二人转还是郭

德纲的相声，都是紧跟时代潮流，观众关心什么，他们就说什么，这就好比挠痒痒，他们总能挠到最敏感的部位，让观众爆笑不止。

同样，幽默必须与地方特色、民族文化等有地域归属的内容相切合，要有观众熟悉的知识背景才能让听众听了发笑。一位在美国走红的华人脱口秀明星就是使用英文讲笑话，讲的也是美式笑话，其中绝大部分笑话是建立在美国文化的基础上。除了熟知美国文化的人，其他的人很难明白他所讲笑话的意思，自然也就笑不出来。一次他讲了一个接受移民官考试的笑话。移民官第一个问题是："谁是本杰明·富兰克林?"他回答说："难道他就是我们小区商店被抢的原因?"第二个问题是："什么是宪法第二修正案?"他回答说："难道它就是我们小区商店被再次抢劫的原因?"现场的美国人爆笑不已，但是对于中国人来说，要理解这些笑话很难。第一个回答是因为本杰明·富兰克林的头像出现在美元上，第二条所说的宪法第二修正案，内容是保证了美国人民有持枪的权利。

（三）努力练习从新的角度来思考问题，追求差异

幽默尽管在与热点紧密结合，也在紧跟潮流，但是这也仅仅意味着素材来自时尚，并不意味着在语言表达中随大溜。恰恰相反，只有在语言表达中打破常规，给听众意想不到的结果，才会引发笑声。笑话对相同的人只能讲一次，讲第二次时如果有人再笑，那必定是他之前没有听懂那个笑话。不能讲第二次，就是因为听众已经知道结果了。要让听众觉得出人意料，想语言表达幽默的人就要学会从新的角度来思考问题，要锻炼自己，尽量从狭隘、封闭的思维束缚中挣脱出来，不按常理出牌，试着"异想天开"，去创造出令人惊喜的效果。

有一天，美国前总统克林顿夫妇去一家加油站加油，加油站的小工是希拉里的初恋，克林顿一边加油一边和希拉里吹嘘："你要是不嫁给我，你老公可能还是一个加油站的小工。"希拉里回答道："我要是嫁给他，当总统的可能就是他，而不是你了。"在这个笑话中，希拉里的回答就是换了一个新的角度，一般的思维都会站在克林顿已经当选过美国总统这个角度，而希拉里认为这并不是注定的。一问一答之间，幽默就产生了。

在与朋友的交谈中，试着从新的角度来思考话题，不仅能增加新的谈资，还能产生自然的幽默。比如：为了安全，美国人山姆每晚睡觉时都把枪放在枕头下面。一次，他听到床脚好像有声音，就掏出枪来射击，一枪就把自己的大脚趾给打掉了。当朋友来看望他的时候，他对朋友说："我太幸运了，我没有睡

在床的那一头，不然，我就把我的头给轰掉了。"

许多幽默的小品演员，就是靠自己的另类思维来让观众大笑的。在《昨天、今天、明天》中，许多谈话就是从新角度带出的幽默，如主持人说："今天的话题是'昨天、今天、明天'。我看咱改改规矩，这回大叔您先说。"赵本山开口道："昨天，在家准备一宿；今天，上这儿来了；明天，回去，谢谢。"主持人所说主题，明明是过去、现在、将来的含义，赵本山将其曲解为狭义上的昨天、今天和明天，这样一换，就产生了幽默效果。再如宋丹丹说："秋波是啥玩意儿你咋都不懂呢？这么没文化哩。"赵本山："啥呀？"宋丹丹："秋波就是秋天的菠菜。"这也是从另一个角度来思考"秋波"而产生的幽默。

（四）刻意收集笑话、段子，常讲常新，努力做一个快乐的播报员

聚会时，餐桌上，有些人总能成为谈话的中心，他们会抛出一个又一个段子，适时地讲上几个笑话，让在座的人笑个不停。在大家的心目中，他们就是很有幽默感的人，在这种心理的暗示下，时间长了，这些人也会变得越来越有幽默感。其实，这些人平时讲的笑话大都不是他们自己想出来的，而是他们刻意去收集的。平时在看笑话书、在网上看笑话时不要看了笑笑就过去了，要选取几个特别有意思的，然后把它讲给自己的朋友、亲属听，与他们一同分享，同时也加强了对这些笑话的记忆。习惯成自然，熟读唐诗三百首，不会作诗也会吟，同样的道理，笑话讲得多了，许多幽默的语言就会变成自己的东西，自然会在合适的时候脱口而出。

在《卖车》中，曾经用过多个脑筋急转弯，如："青春痘长在什么地方不耽误你美观？"正确答案是："长在别人脸上。""一加一在什么情况下等于三？"正确答案是："在算错的情况下。"还有"树上骑个猴，地上一个猴，加一起几个猴？"这个问题，没有正确答案，因为回答"两个猴"，"骑"就变成了"七"，回答"八个猴"，"七"又变回了"骑"。这些脑筋急转弯都不是赵本山等人的原创，而是在网络、手机短信中广为流传的幽默段子。这些脑筋急转弯被他们用在了适当的地方，和小品结合在一起，便产生了更大的喜剧效果。

在2010年的春节联欢晚会上，相声《不能让他走》中引用了大量的网络热词，比如说自己"我就是打酱油的"。当被冤枉时，称自己为"一个披着灰太狼皮的喜羊羊"，还对记者说："你妈喊你回家吃饭"。说老爷子"唱的不是歌是寂寞"。还说"别崇拜哥！哥只是个传说"，最后还把自己说成是"雷人（雷锋的传

人)"，这些笑点都来自网络。如果我们在生活中也能多留心这些笑话、段子和幽默的称谓、说法，再多用于日常的对话、演讲等，那么我们不也就成为冯巩那样幽默的人了吗？

机智应答训练

❖训练目的
学会换个角度来思考问题，出其不易地给出幽默的回答。

❖训练方法
(1)运用附录中的训练材料，模拟与他人交谈的场景，练习应答。

(2)在回答时尽量从新的角度来思考问题，尝试给人出乎意料的回应。

(3)运用自嘲、夸张、刻意口误、反话正说(正话反说)、双关(谐音)等方式，来回应对方的话。

例如：

对方：你太有名了，业绩那么好，上千万呢，快告诉我怎么做单。

运用自嘲的方式来回应：我哪里有名，实话告诉你吧，我不做老大已经很多年啦。

运用夸张的方式来回应：我当然有名啦，想不想要我的签名，我的签名可以避邪的，一般人要回去都贴门上。

运用刻意口误的方式来回应：我不做单，我只埋单，今天欢迎你，我咬咬牙就算埋单了，我埋单你出钱。

运用反话正说(正话反说)的方式来回应：要想业绩好啊，只要天天坐在这里，等单子往下掉就可以了，在外面跑、天天求人这种辛苦的事情能免就免。

运用双关(谐音)的方式来回应：真是好事不出门，坏事传千里，我昨天刚"偷"了主任的菜，积分上了千万，怎么今天连你们新人都知道了？

(4)在积累了经验和建立了初步信心之后，尝试着运用这些方法在生活中机智地与他人应答，制造幽默效果。

❖训练时长
每3天进行一次训练，总需30~60天，每次训练10~15分钟。

三、掌握讲笑话的窍门

学会讲笑话是成为一个幽默大师的必由之路。美国、英国等西方国家都有学习讲笑话的传统，甚至还有专门的学校、培训班教人讲笑话。例如，有一位华人脱口秀演员，到马萨诸塞州工作后，就曾利用休息时间报名参加了"笑话写作成人教育班"，虽然他在那里并没有学到多少有用的东西，但却使他有机会接触到了美国著名的"笑话圈子"——"雷特曼秀"，最终极其幸运地走上了舞台，一举成名。在哈利·波特第二集的电影中，有一个片段就是哈利·波特搞砸了他叔叔精心准备的笑话，使他叔叔恼羞成怒。讲笑话在西方已经成为一个传统，会讲笑话的人，才是受欢迎的人，不会讲笑话的人，只会让人觉得沉闷和呆板。学习讲笑话对于培养幽默感的确有着非常大的作用。因为，只要学会成功地讲笑话，就能够掌握幽默的窍门，随心所欲地驾驭幽默元素，让听众随时被逗笑。

很多人不敢在公众面前讲笑话，就是害怕别人不笑。也许他们曾经有过这样的经历——精心准备了一个笑话，讲过之后，却让人笑不出来，成了"冷"笑话。这样的经历对讲笑话的人打击很大，甚至让他们觉得自己很愚蠢，或者认为自己不具有讲笑话的天赋，从此不敢再讲笑话。其实，讲笑话和讲故事一样，都是后天学会的一项本领，只有通过不断地练习和实践，才能讲得越来越好。试想一下，如果在聚会时，你装着无意间抛出一个早已准备好的笑话，将会给聚会带来多么欢乐的气氛，你也会从此被归入有幽默感的人的行列。即兴发言者在已经熟练掌握了讲笑话的技巧后，把适宜的笑话加入自己的发言中，发言的品质会得到大幅度的提升，听众之所以认为一些发言很乏味，就是因为这样的报告太严肃了，如果能有笑话让他们笑一下，他们会很乐意买账的。

以下是讲笑话时需要注意的技巧。

（一）选择笑话

在讲笑话前先选好笑话，可以从网上或者笑话书上选择三四个非常好笑的笑话，这些笑话的长度应在100~200字，不要选那种一两句话的绝妙好词，要选有较强故事性的笑话。这些笑话至少存在一个让人爆笑的包袱（笑点），笑话最好比较新，与时事热点结合的笑话最为适宜。

（二）笑话要跟观众相匹配

找好笑话之后，接下来就是找合适的观众了。笑话可不是对谁讲都合适的。对于宿舍里一群男生来说很有趣的笑话，当着初次见面的女生来说可能就是一场灾难。讲笑话必须得看对象，不少笑话都是打破常规的。对于那些可能会在身份、年龄、遭遇、爱好等方面让听众对号入座的笑话，要小心，如在一个"玉米"面前讲李宇春的笑话，就有可能遭到对方不客气的"板砖"。

（三）选择合适的时机

讲笑话要注意时机，在与朋友交谈的时候，如果气氛比较热烈，就是讲笑话的好时机，能讲就赶紧讲，时机好时，不好笑的笑话都会让大家笑个不停。千万不要等到冷场或者是对方提出要离开的时候才想到讲笑话。讲笑话要根据现场的情况来展开，最好是能在相近的话题引导下，被自然地带出来，这会使听众更有兴趣，更能够充分理解笑话的含义，如在谈到出租车这一话题的时候，可以适当地抛出关于出租车的系列笑话。

（四）先别说是笑话

先别告诉别人这是一个笑话，至少不要让别人期望太高。有些人讲笑话前，喜欢渲染气氛，说我要给你们讲的这个笑话简直太好笑了，是史上最强的笑话等。笑话要出其不易才容易让人发笑，如果在讲笑话前就吊高了听众的胃口，他们很可能会失望。这在经济学上有一个相仿的理论，叫作消费者剩余不足，边际效用并没有大于实际价格。意思是听众期望得到很多，但实际得到的很少。

（五）注意速度

速度不能快，要把必要的背景讲清楚。讲笑话应该是不着急、充满自信地表达。不少人讲不好笑话，就是因为说得太快，含混不清，背景都没有交代清楚等，说话或者言辞不准确。讲笑话的铺垫很重要，要通过对背景的适当叙述让听众建立起一个错误的预期，这才能出其不易地点中对方的笑穴。

（六）简洁表达

说话简洁，别啰唆。这是和上一点相对应的，虽然说背景要讲清楚，该有的铺垫必不可少。但是，多余的东西也别加进去。如果是与笑点无关的内容，在笑话中是可有可无的，就不要去讲它，免得冲淡了主题。

例如：试着读下面两个笑话，看看哪一个更可笑。

A：一个女孩正在学习骑自行车，还不太会就骑到了大街上。前面有一个老大爷正在走路，女孩害怕撞上大爷，就大声地叫："大爷，你不要动，不要动哈。"那个老大爷被吓了一跳，站在那里一动也不敢动，结果这女孩拐来拐去，最后还是撞倒了老大爷。老大爷一边站起来一边说："敢情你让我不动是方便瞄准呢。"

B：这是一个很好笑的笑话，哈哈，真是很好笑的，想想那个场景就觉得好笑。有一次，一个女孩想学骑自行车，刚学会一点儿，可以自己独自骑走了，但还不是很熟，就是那种想控制方向却不一定能够控制准的水平，她胆子也比较大，就骑着车上街去了，当时街上没有什么人，也没有汽车，她正骑着，前面出现了一个老大爷，老大爷刚好出现在了她前进的方向上，她估计自己会撞上他，就让老大爷别动，因为老大爷继续走会让方向更不好掌控，女孩把车扭来扭去的，老大爷已经没有动了，他在被叫了不能动之后已经停下来不动了。但是这女孩实在是水平太差了，还是把老大爷撞上了，不过速度不快，没有把老大爷撞伤。老大爷从地上爬起来，一边拍身上的土，一边对这个女孩说："你刚才叫我不要动，是不是更方便撞我啊?"哈哈，你们说好不好笑?

（七）在包袱(笑点)前停顿

每个笑话都有一个包袱(笑点)，也就是让人笑出来的那部分内容。在这之前，要做适当的停顿，这会大大增强笑话的效果。

例如：某个晚上，一名出租车司机送人路过殡仪馆附近，一名年轻的白衣女子招手打车。司机心里虽然有点儿怕，还是鼓起勇气停下来载了她。路上，女子忽然对出租车司机说，"师傅，你吃苹果吗? 我这里有一个。"说着拿了一个苹果给司机，司机正吃着，忽然听那女子在后面幽幽地说："我生前，还是很喜欢吃苹果的。"司机一听，头发都竖起来了。

然后，那女子又说："生了孩子后，我就不喜欢吃了。"

在这个笑话中，"然后"引出的话，是本笑话的包袱(笑点)，因此在讲到"然后"时，应该停顿一下。

（八）自己不要笑

自己笑得越厉害，听众可能会觉得越沉闷。别忘了笑话是讲给别人听的，是让别人去笑，自己不笑，甚至严肃，反而会让听众觉得更好笑。

（九）互换角色

会讲笑话的人，一定也是一个心胸宽广的人。在讲了笑话之后，也要尊重别人，要学会倾听别人讲笑话，千万不要打断别人的笑话。即使你以前已经听过这个笑话，也要一直大笑或保持微笑。

 **训练项目**

讲笑话训练

❖ **训练目的**

能够讲出让别人发笑的笑话，掌握幽默的窍门。

❖ **训练方法**

(1)先在没有听众的地方练习讲笑话。选择几个故事性强的笑话，在镜子面前讲述一遍。在讲的时候，要注意自己的表情，一是要显得自信，同时也要故作严肃状。

(2)找出笑话的包袱(笑点)，在抛出它之前注意停顿一下。

(3)讲笑话时重心要集中在最好笑的部分，前面的话都是铺垫，既要保证将背景说清楚，又要防止多余的内容冲淡了笑话本身。

(4)找到感觉后，尝试着找几位听众，如自己的家人、好朋友，请他们配合，在他们面前讲几个笑话。

(5)在有一定经验后，尝试着不提前预约，在聚会、餐会等场合讲笑话。注意要自然、得体。

(6)在积累了经验和建立了信心之后，尝试接触不同的笑话，并且试着把笑话加入自己的演讲、讲课和其他语言表达中，但一定不要做得过火了，千万不要在谈话的时候一个接一个地说笑话。

❖ **训练时长**

每 3 天进行一次训练，总需 30~60 天，每次训练约 30 分钟。

附 录　训练材料

分析下面这些笑话，找出它们的"笑点"，然后试着讲给别人听。

（1）一个小孩站在铁匠铺旁边，看铁匠打铁！铁匠有些讨厌她，便拿出烧红的铁，凑到小孩面前吓唬她！

小孩眨了眨眼说："你给我10块钱，我就敢舔一舔它！"

铁匠听后，马上拿出10块钱给了小女孩！

小孩接过钱用舌头舔了一下，放进兜里走了……

（2）有一个女子长得奇丑无比，男人见后都躲避三分。女子有个最大的心愿，就是让人贩子绑架，然后拐卖嫁人。于是，每当夜幕降临，她便徘徊在人迹稀少的乡村小路上，等待着那一时刻的来临。

功夫不负有心人，这天深夜，她终于被一伙绑匪绑架塞进车子内，带着她慌忙逃窜，等到了安全的地方，一看女子的长相，几个人大呼上当，只好让女子下车，可是女子根本没有下车的意思。无论绑匪使用威逼、恐吓、殴打等种种手段，女子都始终没有屈服。绑匪头目见状，无奈跺脚叹气说道："算了吧！车子不要啦！"

（3）一位享誉国内的植物学教授和他的助教正在研究新品种的植物。

一日，助教问教授："如果您在野外上实习课，遇到不认识的植物，要怎么办？"

教授回答道："我通常走在最前头，然后把不认识的植物通通踩死，以免学生发问。"

（4）有一位牧师和一位公车司机同时过世了，但是公车司机上了天堂，牧师却下了地狱。牧师一生贡献于教会却下地狱，觉得相当地不平。他于是向上帝抱怨。牧师：主啊！我一生都贡献于教会，每个礼拜天都带着您的信徒做祷告。为什么我却不如一个公车司机呢？上帝：对啊！就是因为如此你才下地狱的。你每个礼拜天讲经时，他们都在下头睡大觉！但是公车司机每天在街上横冲直撞时，他的乘客却在祷告呢！

（5）（关于口误的笑话）大三那年，国庆节放假时，我同学去商场卖鱼的柜台打工。客人拿了挑好的鱼，我同学很温柔地指着杀鱼台对他说："你过去，有人会把你杀掉……"

(6)（关于口误的笑话）有一个学生，特别羡慕那些被老师点到念作文的同学，总盼着老师也能让自己念一回。有一天，机会终于来了。老师指着他说："某某，把你的作文给大家念一下！"

学生腾地一下站起来，大声念道："《我的老师》，老师，我多像你的妈妈……"

(7)我上大学时跳过一个巨可怕的集体舞，需要急速摔倒、高抬腿等暴烈的动作。大家没练几天就都不行了，浑身都是青的，有的腿部肌肉还拉伤，我伤得比较厉害。

有天下午我去上课，在三楼，我的一条腿根本抬不起来，就那么硬往上走，简直就是把那条腿直着在移动。正走着，听见后面一个女孩对她男朋友说："还是大城市的学校正规一些，在我们老家，这种小儿麻痹的根本不能上学。"

(8)今天闲着没事，和一个女生聊天。她愤愤不平地说：我男朋友挺难看的。

我说：别这么说自己男朋友啊。

她说：嗯，我可不是谦虚，大家公认的，他是特别难看。

我于是追问：有多难看？

她说：这个不好说啊。

我于是诱导：这么说吧，要是给我打60分，给他打多少分？

她毫不犹豫地说：58！

(9)一对同年同月同日生的老夫妇过60大寿！

宴席期间，上帝降临，说可以满足夫妻二人两个愿望！

老妇说："我的梦想是周游全世界。"

上帝将手中的魔术棒一挥，哗！变出了一大沓机票。

老头说："我想和小自己30岁的女人生活在一起。"

上帝将手中魔术棒一挥，哗！老头变成了90岁！

(10)爸爸：儿子，你和你老师说了吗，你妈妈给你生了两个妹妹？儿子：

没有全说，我只和老师说："我妈妈生了一个小宝宝。"爸爸奇怪地问："为什么？"儿子："因为另一个我要下次不想上学的时候再用。"

（11）有两个造假钞的不小心造出面值15元的假钞，两人决定拿到偏远山区花掉，当他们拿一张15元买了1元的糖葫芦后，他们哭了，农民找了他们两张7元的。

（12）士兵问连长：作战时踩到地雷咋办？连长大为恼火：能咋办？踩坏了照价赔偿。

（13）有几个人，大热天的晚上打麻将突然停电了，只好买了蜡烛继续战斗，过了半个小时，实在热得受不了了，一人说："还是开电风扇吧，热死了。"

另一个人马上接话："不能开，开了会把蜡烛吹灭的。"

（14）有一个小孩坐在一幢房子的门口玩耍，一个男子走过来问他："你爸爸在家吗？"

小孩答曰："在家"，听了这话，男子便去按门铃，按了很久，无人开门。
于是男子生气地问："你不是说在家吗，为啥不开门？"
小男孩答："我哪知道，这又不是我家！"

（15）我朋友是个女生，她考驾照的时候特别紧张，就怕过不了，手握方向盘握得特别紧。考官看她如此紧张，就安慰她说："别紧张！"她回了句："我不紧张，他们说把考官当成坐在身边的一条狗就行了。"

（16）昨天下班途中与同事闲聊，同事说她老公是属猪的，但是在年尾出生，算起来应该是猪尾巴，听到这话，我马上头脑发热，说出一句让我悔恨终生的话，我大声地、激动地脱口而出："我也属猪，但我是猪头！"

（17）读大学时，同寝室的老三到图书馆上自习的时候，碰到了一个超级美女，就坐在他的正对面，老三看书累了一伸懒腰，脚碰到了美女的脚，老三刚想道歉，对方抬头冲他微微一笑，老三魂都快飞了。为了再看到美女的微笑，老三过了一会儿又伸了次懒腰，又碰到了对方的脚，这一次，美女没有抬头，仿佛毫不在意，老三于是大胆起来，就没有收回自己的脚，和对方的脚一直靠在一起，中间，美女又抬过一次头，又冲老三微笑了一次，老三那个乐啊，他觉得自己那只靠着对方的脚都要酥掉了。过了一会儿，美女收拾书，站起来走了，走前，又冲老三微笑了一次，老三正在乐呢，却猛然觉得不对，这人都走了，怎么脚还在呢？老三低下头一看，那哪是什么脚啊，明明是桌子的腿呢。

| 第十二章 |
打造最完美的演讲

训练目标

提升演讲的品质，增强演讲的吸引力和说服力。

训练项目

☞ **增强相关性的训练**

项目性质：可选项目(掌握深入浅出的描述方式)。

训练时长：每3天进行一次训练，总需30~60天，每次训练10~15分钟。

☞ **关键词重复训练**

项目性质：可选项目(学会用关键词演讲方式进行适当的重复)。

训练时长：每3天进行一次训练，总需30~60天，每次训练约30分钟。

☞ **增强说服力训练**

项目性质：可选项目。

训练时长：每3天进行一次训练，总需30~60天，每次训练约30分钟。

一、让演讲贴近观众

在这一章中，我们要学习的是如何打造最完美的演讲，也就是如何进一步提升我们演讲的品质，增强演讲的说服力。

这些年，TED演讲的影响力越来越大，TED是"Technology""Entertainment""Design"(科技、娱乐、设计)三个英文单词首字母的组合。它于1984年由理查德·温曼和哈里·马克思共同创办，从 1990 年开始每年在美国加州的蒙特利举办一次。如今，世界的其他城市也会每半年举办一次。它会邀请世界上的思想领袖与实干家就科技、娱乐和设计三个塑造我们未来的领域(后来几乎涉及各个领域的各种见解)展开体现最新思想和见解的演讲，演讲的时长一般是 18 分钟，不过也有些演讲只有几分钟。它被参会者誉为"超级大脑 SPA"和"四日游未来"。

在认真地学习了几十期 TED 演讲之后笔者发现，TED 之所以吸引人，是因为它有一些共同的特点，也可以称为技巧，这些技巧只要运用好了，我们也能打造精彩的 TED 演讲。

接下来，我们就来看看 TED 演讲有哪些技巧。

(一)讲自己的亲身经历

2010 年 7 月，雪娜·易嘉(Sheena Iyengar)进行了一场《选择的艺术》(The Art of Choosing)的 TED 演讲，雪娜是一位盲人，她的演讲几乎没有任何声形方面的优势，她只能靠演讲的内容来吸引听众。雪娜是怎么讲的呢？

她在演讲的一开始，就讲了自己的一段经历。15 年前，她在日本一家餐馆点了一杯加糖的绿茶，侍者告之绿茶不能加糖，由此引出东西方看待选择的不同。这是 TED 演讲的一个重要特点，就是用自己的亲身经历来引起观众的兴趣。非常多精彩的 TED 演讲，都是以自身的亲身经历开始的。

其实不仅是 TED 演讲，一个富有经验的演讲者，都会运用这个技巧。比如马云，他几乎每一次公众演讲，都会讲到自己。

为什么要讲自己呢？

主要的目的，是让演讲更贴近观众，也就是建立起相关性。

相关性(Relevance)是受众在给出的信息中发现个人价值的程度。当信息与受众需求和兴趣有关联时，信息就被认为具有相关性。受众比较有可能倾听和记住与自己相关的那些信息。

讲自己的亲身经历，就是建立起相关性的一种重要技巧。演讲者在听众面前演讲，他是一个和观众非常接近的人，是一个活生生的人，如果他讲的是自己身上发生的事情，就容易让观众觉得："既然这件事情能够在他的身上发生，就也有可能在我的身上发生"，这也叫作"感同身受"。这样就容易引起观众的共鸣。

在演讲中，我们尽量多讲自己的事情，讲自己不要讲别人。有些演讲者，他会把别人身上发生的事情，改成是自己身上发生的事情讲出来，大家不要觉得这是在造假，演讲本身也是一种表演，演员演的主要是别人的事情，像相声和小品，就会把一些社会上的现象，集中地表现在一个人身上，这当然不能叫造假，主要是为了演得活灵活现，让观众更有现场感，更"感同身受"。

所以，能够讲成"我"的，就不要再用"我听说"来讲了。

这是给大家提出的通向完美的第一个建议：讲自己。

（二）建立起共同利益

按照相关性的原则，为了尽可能地争取受众，让他们理解并记住演讲者所提供的信息，演讲者就必须想办法与他们建立起共同利益。

在刘媛媛的演讲《寒门贵子》中，大家还记得刘媛媛是怎么开始她的演讲的吗？

是不是一开始就提问？

她在演讲的一开始问了两个问题，一个是："在这个演讲开始之前，我想问现场的大家一个问题，你们之中有多少人觉得自己是家境普通，甚至是出身贫寒，将来想要出人头地只能靠自己。"另一个是："你们之中又有多少人觉得自己是有钱人家的小孩，起码在奋斗的时候可以从父母那里得到一点助力。"问过之后，前一个问题几乎所有人都举手了，包括导师在内，后一个问题几乎没有人举手，通过这两个问题，现场的听众发现，原来所说的寒门，就是说的自己，刘媛媛的演讲不是讲的别人，就是讲的听众自己，这个演讲讲的是关乎每一个现场听众的内容，这样一来，听众和演讲者之间就建立起了一种共同的利益关系，只有把这种利益关系在一开始就建立起来，听众才会有兴趣去听。

这个价值的连接点，一定要是观众非常关心的。

那么，哪些东西是听众最关心的呢？第一种可被称为重大消息（vital information）。重大信息是关乎受众生命的信息，这类信息，最容易激发起听众的价值需求。消防队成员和校医院成员来到高校，面向高校教师展开讲演。前者会通过提及一些校园发生的鲜活案例来引起众人关注，后者则直接以患病的老校友为例介绍癌症的早期症状。由于消防队成员直接用极其相似的情境来让听众感同身受，又讲的是生命这样大家都关心的话题，所以他们的演讲极易获得受众的心理支持，演讲的相关性不就建立起来了吗？

中央电视台综合频道开播的电视节目《开讲啦》就非常受年轻人欢迎。节目邀请的演讲嘉宾都非常注重在开场白中拉近与年轻人的距离，演讲态度也十分和蔼。如著名作家毕淑敏老师开篇就表达了自己的感激之情。"年轻的朋友，谢谢大家给了我这样一个机会，能在这里和大家谈谈我的青年时代，谈谈我自己的人生有没有遗憾。"而每位演讲嘉宾往往都利用青年时期的个人经历来制造这种相关性。周润发曾谦逊地介绍自己高中没毕业就出来干事，所以认为年轻人能上大学是一种幸福。这些都是专为年轻受众所做的努力。

这是给大家提出的通向完美的第二个建议：建立起共同利益。

（三）尽量用浅显生动的语言

尽量用身边的事例来讲解复杂的理论，做到深入浅出，让人愿意听。

根据信息处理理论，我们每天接触的大量信息只有很少一部分会被我们记住，绝大部分会被迅速忘记，为了增强对新信息的记忆，我们更倾向于遗忘旧信息。那么，哪些信息会被我们记住呢？有趣的是，据统计，地方性新闻受关注程度越来越高于国际新闻。原因是什么呢？因为比起遥远地方发生的事情，人们更关心自己身边的事情。当大学里高深的专业知识被引进电视荧屏，知识一下就变得可感可亲了，其中的原因就是电视媒体所提供的信息与我们的日常生活经验高度一致，所以大多数受众都非常喜欢。例如，中央电视台科教频道在 2001 年开播的《百家讲坛》，其中于丹老师之所以能让《论语》《庄子》等古代经典再次走进今天寻常老百姓的心中，就是因为她将经典中的生命意识凸显出来，激活了现代人同样的生命感受。她的讲话中有这样一段："真正的和谐：它绝不仅仅是一个小区邻里之间的和谐，也不仅仅是人与人之间的和谐，还一定包括大地上万物和谐而快乐地共同成长；人对自然万物，有一种敬畏，有一种顺应，有一种默契。"

于丹老师的演讲非常通俗易懂。《论语》《庄子》是用文言文写成的，和我们的语言习惯有很大的不同，大多数人都对这些书敬而远之，于丹老师不仅是用身边事来讲《论语》《庄子》，而且用的都是非常简单的语言。为了贴近听众，最好讲听众听得懂的话。我们在演讲的时候，还要尽量避免使用复杂句式和复杂的辞藻，尽量用短句，用简单的词，这样不仅听众更容易理解，而且演讲者也更容易讲述。

另外，用类比也是拉近与观众距离的好方式。任何深奥的道理都能通过类比的手段变得浅近易懂。比如非常擅长演讲的俞敏洪先生在一次演讲中说："每一条河流都有自己不同的生命曲线，但是每一条河流都有自己的梦想——那就是奔向大海。""不管你现在的生命是怎么样的，一定要有水的精神。像水一样不断地积蓄自己的力量，不断地冲破障碍。"这样的比喻不仅生动，而且富于内涵。

这是给大家提出的通向完美的第三个建议：尽量用浅显生动的语言。

（四）尽量用有"质感"的词语来增强画面感

要让观众有贴近感，就需要在观众眼前绘就一幅画面。演讲者可以通过有"质感"的一些词语来让观众有面画感，这个有"质感"，也就是绘声绘色地描述。著名作家毕淑敏在演讲中这样描绘道："我觉得那个十字背包就好像嵌进我的锁骨里……我觉得我的喉头又苦又咸，我想吐一口出来肯定是血。"听到这里的时候，我都觉得我的喉头在发苦发咸，这样的语言就是有"质感"的语言，使现场观众感同身受，如同亲临现场，自然就容易认同演讲者的讲述。

一般来说，涉及颜色、味道、声音、触感和形状的一些词语，都可以被称为有"质感"的词，比如：金灿灿的、温暖的、尖利的、甘甜的、清凉的、细细长长的等。适当的比喻，会让这些"质感"更明显，比如："大珠小珠落玉盘""天上的明月弯弯的像一条小船""水特别的清，一眼能望到底，仿佛船都浮在了半空一样。"

小细节也会增强画面感。雪娜·易嘉的 TED 演讲《选择的艺术》中，她讲到，研究人员对亚洲和西方的一些小孩子进行了实验；她讲到，一个叫玛丽的小女孩很生气："你们竟然问了我妈妈？"一个叫川岛夏美的小女孩拉着老师的裙子小声地说："请你一定要告诉我妈妈，我完全是按她的要求做的。"这些小细节，都会使画面感更强。

"质感"还表示要融入情感，富有感情的表达更能让听众产生情感共鸣。比如，莫言老师在诺贝尔文学奖的演讲《讲故事的人》中，从一开始就倾注了深深的感情，伟大的文学家是这样三言两语就抓住了听众的心："但是有一个此刻我最想念的人，我的母亲，你们永远无法看到了。我获奖后，很多人分享了我的光荣，但我的母亲却无法分享了。我母亲生于 1922 年，卒于 1994 年。她的骨灰，埋葬在村庄东边的桃园里。去年，一条铁路要从那儿穿过，我们不得不将她的坟墓迁移到距离村子更远的地方。掘开坟墓后，我们看到，棺木已经腐朽，母亲的骨殖，已经与泥土混为一体。我们只好象征性地挖起一些泥土，移到新的墓穴里。也就是从那一时刻起，我感到，我的母亲是大地的一部分，我站在大地上的诉说，就是对母亲的诉说。"[①]在这一段话中，我们不仅能感受到他对

---

① 莫言. 讲故事的人[J]. 神州印象，2013(1).

母亲的情感，而且能够隐喻性地感受到他对于土地、生命的尊重与情感。因此莫言老师的演讲，就极富情感。

这是给大家提出的通向完美的第四个建议：多用有"质感"的词语。

增强贴近性的训练

❖训练方法

(1)选择一个对普通民众来说相对陌生的事物(词汇)，如美学、微观经济学等。

(2)找到这个事物(词汇)与观点的价值联结点。比如美学，可以从家里的装修讲起。

示例：为什么农村装修颜色一般会比较鲜艳，而城市装修颜色一般会比较淡雅？这不是因为审美水平的高低，而是因为农村景观本来就自然清新，看惯了自然风光的农村人，就喜欢家里喜庆热闹一些，城市本来就繁华纷乱，回到家的人就希望能够放松心情，装修的颜色就喜欢淡一些。想知道怎么让家更舒适和温馨吗？来了解一下生活中的美学吧！

示例：我们每一个人，随时随地都在面临着选择。早上起来，要选择吃油条还是包子？出门，要选择开车还是乘公交？到了单位，选择就更多了，要不要换岗位，要不要换工作，要不要提前休假……有一门学问，就是专门研究如何更好地进行选择，这门学问，就是微观经济学。学习这门学科，以后我们的选择就会更合理、更科学。

(3)找一些形象的类比，尽量用听众能够听懂的语言来描述。

示例：上大学的时候，有人告诉我，不要急着谈恋爱，因为你谈了恋爱，就会吊死在一棵树上，你不要为了一棵树而放弃一片森林哦。我为了一棵树而放弃的这一片森林，就是谈恋爱的机会成本。

示例：什么叫大数据，就是大到没法作假的数据。为什么没法作假呢？1TB是勉强能算大数据的一个数量级，这样数量的资料，就算是一个人一天24小时都不休息，也需要2万多年才能看完一遍，更不要说修改作假了。正是由于大数据太大，一般的计算机都处理不了，需要由很多计算机一起来处理，也正是因为大数据大到不能作假，就能统计出最准确的结果。比如，我想知道中国有多少人喜欢吃甜粽子、多少人喜欢吃咸粽子，没有大数据的时候，只能做抽样调查，也就是找一些人随便问一下，这样的调查结果很可能不准确，在北方和在南方调查的结果更是完全不一样。用大数据就很容易解决这个问题了，它可以把所有的粽子消费数据全部汇总在一起，其中有多少甜的、多少咸的，保证统计得非常准确。

（4）运用刚才准备的材料，进行一次即兴演讲，题目可以叫作《生活中的美学》《身边的经济学》等，讲给自己的家人听。

（5）讲完之后，进行一次小小的效果调查，问问家人听懂了没有，总结经验和教训。

❖ **训练材料**

请向完全没有背景知识的听众介绍以下的概念：美学、微观经济学、生态学、社会心理学、博弈、逻辑哲学、微哲学、文化哲学、数据管理、绩效管理、议程设置、战略管理、人类学、大数据、大样本数据、可持续消费、神经症、第六感、符号。

二、让观众对演讲印象深刻

演讲者的观点要传递到听众的头脑中，就必须让观众对演讲印象深刻，如果演讲者讲的时候听众虽然听得认真，现场气氛也不错，但笑过了、闹过了什么都留不下，那演讲者又怎么传递自己的思想呢？由于记忆的特点，演讲者不可能让听众记住他讲的所有话，只需要让听众记住一些关键的话就可以了，大多数时候，演讲者需要让听众记住的，就只是自己的观点和几个关键词。

怎么才能让观众印象深刻呢？以下的几个技巧可以助演讲者一臂之力。

（一）适当的重复

老电影《去年在马里昂巴》，是讲在一个虚构的地方——马里昂巴发生了一件匪夷所思的事情。男人 X 与女人 A 相遇。男人不停地对女人说，他们一年前相约在这里见面，并相约一年后在此重逢，一起出走。开始女人摆出嘲讽而不屑一顾的姿态，但因为 X 频频出现在 A 的生活中，并不停地诱导她。最终女人被他坚定的眼神和反复的述说打动，开始质疑自己的记忆，开始相信那些乌托邦式的真实与梦幻的交织幻象，被这个男人吸引与带领。

这个故事证明了重复的力量。当一个信息反复被强调时，它就会进入人的潜意识，从而形成我们认知的一部分。人们不可能对所有接收到的信息都进行处理，也更不可能都做出理智的判断。很多时候人们是凭直觉来形成认知的，如果人们反复接收到同一个信息，就会下意识地认为，这个信息是有用的，是正确的，从而上升为自己的认知。中国的广告虽然很多，但有一个广告却几乎人人记得住。那就是"脑白金"的广告词："送礼就送脑白金。"因为它在不同时间以不同的方式重复的次数太多，以致成为人们记忆里最深刻的广告词，最终影响了人们的认知。

丘吉尔曾造就了史上著名的一分钟演讲，这个堪称世界演讲史上"经典之作"的演讲仅有一句话。当时丘吉尔走上讲台，两眼注视听众，用手势止住大家雷动的掌声，说："我的成功秘诀有三个：第一是决不放弃；第二是决不、决不放弃；第三是决不、决不、决不放弃！我的演讲结束了！"

因此，我们要想让观众对我们的演讲印象深刻，最好多重复。而且，演讲不像阅读，读者可以自己反反复复地看，一遍不懂看第二遍，两遍不懂看第三遍，演讲是单线程的，只能一直往下，没法让听众随时回放，演讲者就只能自己有意地重复了。

不过，要注意不能是简单地重复，央视就曾有一个"恒源祥"的广告，2008年2月6日(除夕)夜开始，恒源祥一则历数十二生肖的贺岁形象广告，引发了观众反感，并被网民称为恶俗。在这则长达 1 分钟的电视广告中，由北京奥运会会徽和恒源祥商标组成的画面一直静止不动，画外音则从"恒源祥，北京奥运赞助商，鼠鼠鼠"，一直念到"恒源祥，北京奥运赞助商，猪猪猪"，将中国 12 个生肖轮番念过，简单的语调重复了 12 次。单调的画面，同一种声调，12 只小动物在电视里向你扑面而来是什么感觉？"我还以为电视机中毒了。"这是网友在毫无准备的情况下看到广告后的第一反应。网友六月流火看到广告的第一眼愣了一下，笑着问身边的人：以前不是"羊羊羊"吗，怎么变成"鼠鼠鼠"了？话音刚落，电视里就开始"牛牛牛、虎虎虎……"听完"猪猪猪"，他已经有撞墙的冲动了。这种单调重复的确使听众印象深刻，但极易引起听众的反感。

好的重复就是刚才提到过的"脑白金"的广告，尽管广告词"送礼就送脑白金"几乎一字未改，但是画面中的爸妈人物造型，一会儿是传统中国风，一会儿是西装礼服风，一会儿是草裙风，是在不断变化的。好的重复，是在变化中重复。

这是给大家提出的通向完美的第五个建议：适当的重复。

（二）要有侧重点

现代社会是信息社会，听众每天都面临海量的信息流，由于信息实在是太多了，听众已经习惯于忽略一些不重要的信息。为了防止我们的演讲被听众忽略掉，演讲者可以帮助听众选择信息，把不重要的都先省略掉，强调侧重点，化繁为简，这样听众更有可能理解和记住演讲者强调的信息。

假设我们要发表一个有关蒙牛集团开发的新产品——特仑苏牛奶的演讲。我们了解到下面的一些信息：

重要事实：第一，气候优越。每年近 3000 小时阳光，海拔 1100 米以上的独特土壤，处于北纬 40 度世界公认的"黄金产奶带"。第二，良种乳牛。2005年，一万头精选的世界四大洲的良种乳牛落户特仑苏专属牧场。第三，高品质牧草。专属牧场的牧草精选自欧洲、美洲、澳洲等 12 个国家和地区，蛋白质含量高达 18%～23%。第四，营养较高。特仑苏包含了丰富的天然优质乳蛋白，每 100 克牛奶中蛋白质含量 3.3 克，比国家标准高 13.8%。

这些信息如果没有侧重点地都讲给听众，听众听完之后，可能会全无印象，那么，我们如何来强调这些信息呢？

特仑苏牛奶和一般牛奶的主要区别，就是特仑苏的营养价值更高。根据这一特点，我们可以先形成演讲的主要观点：特仑苏拥有世界公认的优势自然条件，是市场稀缺的高品质牛奶。

根据这一观点，演讲者就可以这样来演讲：

不是所有的牛奶，都叫特仑苏，只有市场上最高品质的牛奶，才有资格叫特仑苏。

为什么特仑苏会具有最高的品质，原因之一是养牛场地理条件优越，每年近 3000 小时阳光，海拔 1100 米以上的独特土壤，处于北纬 40 度，是世界公认的"黄金产奶带"。原因之二是采用了高品质牧草。专属牧场的牧草精选自欧洲、美洲、澳洲等 12 个国家和地区，蛋白质含量高达 18%～23%。原因之三是乳牛品种优良。2005 年，一万头精选的世界四大洲的良种乳牛落户特仑苏专属牧场。

正是因为以上三大原因，使特仑苏牛奶包含了丰富的天然优质乳蛋白，每100克牛奶中蛋白质含量3.3克，比国家标准高13.8%，真是市场上最高品质的牛奶。

上面这个演讲，把重点就放在了"品质"上，比单纯地列出一大堆优点要好多了。

每隔一年，国内都会举办"挑战杯"创业大赛，每次笔者在辅导学生参赛的时候，都要求学生化繁为简，在做陈述的时候，只选自己最与众不同的地方说，只讲重点，不要把计划书面面俱到地讲给评委，否则无法给评委留下深刻印象。

有侧重点，抛弃不重要的元素，就能够让人印象深刻。

TED演讲中有一个例子，丝德茜·克莱默(Stacey Kramer)的演讲《我得过的最好礼物》(The Best Gift I Ever Survived)，这个演讲非常短，只有3分钟，但由于她的演讲重点突出，前面的部分一直在给听众设置悬念——一份非常棒的礼物，后来才告诉大家，这个礼物其实是一次非常严重的病症。整篇演讲没有更多的内容，没有一句话多余，真是简单到了极致，这样的演讲，能不让人感到印象深刻吗？

这是给大家提出的通向完美的第六个建议：要有侧重点。

（三）充分发挥视觉元素优势

我们可以利用多媒体的优势来帮助听众进行记忆。TED演讲的现场，都会有巨大的显示屏，TED组织方也会要求演讲者准备PPT，这也是利用多媒体优势的一个好例子。

华为和苹果，每一年都会在手机发布会上进行大比拼，这两个品牌的新品发布会现场，都会布置得非常科幻，在主讲者的身后，是巨大的LED屏幕，演讲者可以通过绚丽的色彩、夸张的画面和出色的音响来吸引听众，与其说听众是在听演讲，不如说听众是在欣赏一场"秀"，在现场，观众大饱眼福，自然会留下深刻的印象。

当然，视觉元素不能单纯理解为利用高科技视觉设施。在演说中，演讲者才是最大的视觉元素，观众的目光主要落在演讲者身上。我们可以利用一些合理的手势和其他动作吸引听众，运动中的视觉物体能够获得更多的注意。如果讲台足够宽阔，演讲者可以在台上适当走动来吸引听众的注意力。

在电影《第五元素》中，克里斯·塔克(Chris Tucker)扮演的是一位未来世界的主持人，他把主持、采访、演讲、舞蹈、Rap和跑酷糅合在一起，观众看起来很是过瘾。其实现在的一些网红主播，也初步具有了这样的实力，能够充分利用各种视觉元素来吸引听众。主播的利益是和听众(粉丝)的数量紧密联系的，他们千方百计来吸引听众，虽然说有的主播的庸俗做法不值得提倡，但他们充分利用视觉元素的有益尝试，却是值得我们学习借鉴的。

这是给大家提出的通向完美的第七个建议：充分发挥视觉元素优势。

重复表达的演讲训练

❖ 训练方法

(1)利用关键词演讲方式来进行演讲，如图12-1所示。

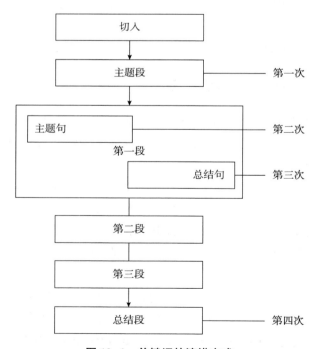

图12-1　关键词的演讲方式

(2)在这一演讲方式中，关键词会出现四次，第一次是在主题段，第二次是在主题句，第三次是在总结句，第四次是在总结段。例如：

喜欢成都的四个理由

前些年，一首《成都》唱响了大江南北，也使很多人因此爱上了成都这个城市。更早的时候，我就爱上了成都，我喜欢它，不是因为这首歌，而是因为下面的四个理由。

这四个理由分别是美食、美女、美景和人们的乐观精神。(这就是主题段，第一次出现"美食"这个关键词)

很多人都说，成都最吸引人的，是它的美食(这就是主题句，第二次出现"美食"这个关键词)。据说有一个老外，扬言要在一年之内吃遍全中国，他把第一站选在了成都，结果三年了都还没走出来。成都好吃的东西太多了，龙招手、担担面、钟水饺、伤心凉粉、甜水面、老妈蹄花，还有那无处不在的串串和火锅，你就是每天选择一种，天天不重样，三年下来还吃不完一轮。美食，无疑是让我喜欢成都的第一个理由。(这就是总结句，第三次出现"美食"这个关键词)

我喜欢成都的第二个原因是成都的美女，成都的女子有特别的气质，她不像北京的女孩那般雍容，也不似江南女子那般精致，更不会如山城妹子这样火辣。她有自己别样的韵味灵气。在太古里，在春熙路，满眼都是流动的风景。所以很早就有了少不入川的说法……

我喜欢成都的第三个理由就是美景了……

……

正是因为成都有美食、美女、美景和人们的乐观精神，所以我爱上了这个城市。(这就是总结段，第四次出现"美食"这个关键词)

(3)选择一个主题，经过3~5分钟准备后，按照以上的关键词演讲方式，进行三分钟长度的即兴演讲。

(4)在演讲的时候，一定要保证每个关键词，至少被重复四次。

❖训练材料

(1)题目：面试的三个关键

关键词：自荐材料、仪容举止、应答技巧、自信心

(2)题目：喜爱成都的4个理由

关键词：美食、美女、美景、乐观

（3）题目：美国应该与中国展开合作

关键词：中国出口、美国国债、反恐、共赢

（4）题目：出国旅游给我们带来了什么

关键词：各国风景文化、购物、了解中国、言行举止

（5）题目：志愿者正在改变中国

关键词：汶川地震、奥运会、感恩、社会力量

（6）题目：美国动画成功的原因

关键词：创意、幽默、大投入、精心制作、营销手段

（7）题目：为什么刘谦会这么火

关键词：近景魔术、现场气氛、幽默、口才、春晚

（8）题目：网上开店创造新的机会

关键词：网店成本低、加强宣传、形成特点、提高服务

（9）题目：应大力发展新能源汽车

关键词：资源有限、环境、新产业发展

（10）题目：低碳生活你开始了吗？

关键词：乘坐公共交通工具、节水、省电、节纸、改变饮食习惯

（11）题目：为什么喜欢看中国好声音

关键词：评委专业、唱者专业、转椅、营销

（12）题目：到美国读大学更好

关键词：素质培养、理念创新、就业机会

三、让听众被你说服

"让听众同意我们的观点"，也就是说服听众，是我们演讲的最终目标，当你的演讲主体提供了足够支持具体演讲目标的充分理由和有力的证据时，你说服受众的概率将增大。比起空洞的情感煽动，人们更倾向于接受合理的证据和更好的逻辑推导。说理应该在演讲中占有很大成分，接下来，我们来分析如何进一步提高说服力。

（一）让理由和观点直接、密切相关

第一要做的是找到你的理由和观点，而且让这个理由和观点直接、密切相关。

网上一篇名为"手机的危害"的演讲稿，试图通过罗列手机的五大罪状来使受众相信中学生使用手机危害性十分严重，因而有必要下达手机封杀令——严禁学生在校携带手机。他给出的理由：第一是影响身体健康，降低记忆力；第二是网吧进了教室，毒害青少年；第三是干扰他人休息，降低学习效率；第四是干扰教室秩序，蔑视教师劳动；第五是严重败坏考风，彻底击垮学风。

在这五个理由中，第一个理由的确是描述了手机的不良影响，不过显然缺乏科学的证明；第二个理由仅是现象的描述，并不是手机的危害；第三个理由到第五个理由均是由手机的不当使用引发的结果，也并不是手机自身的问题。首先，五个理由中后三个都不是手机的直接危害，而是使用过程中出现的问题，这与题目的立场并不相符。其次，这些结果均不是由科学统计数据而得出的，不能给出有此种情况的学生比例到底是多少，哪些学生出现此种情况的概率大，以及究竟是什么原因导致手机使用不当的情况发生。所以，给出的理由并不是事实支持的理由，不能让人信服。再次，新媒体的使用是现代生活的一部分，中学生使用手机的动力很大。这种逻辑不清、事实不准、以偏概全的论断很难令中学生群体信服，也很难得到开明教育观念的受众认同。大多数人希望得到来自科学判断的事实或者专家的意见，而非价值观的主观判断。也就是说，你需要找到好的根据支持理由。

下面这五个理由就要好得多。

理由一，使用通信工具聊天，辐射值高达闲置时的六万倍，长期接触会引发头痛、耳鸣等症状。

理由二，近期发现，手机普遍有所谓的"多溴二苯醚（PBDEs），Polybrominated Diphenyl Ethers"，是一种广泛运用于电器类、塑胶等所添加的阻燃剂，也是一种环境荷尔蒙，遇热后便会挥发，进而被人体吸收，容易囤积于肝脏和脂肪，会造成肝脏与肾脏损害，并影响内分泌及造成脑部、神经与生殖毒性，甚至致癌。

理由三，手机屏幕的蓝光，会造成黄斑部病变，眼睛发炎、酸涩、疲劳、近视度数加深等问题。

理由四，长期过度依赖智能手机的民众，若时不时分心检查手机内的资讯，将会使记忆力衰退，其要经过一段时间的治疗，才能够恢复以往的脑力。

理由五，过早给孩童使用智能手机或平板电脑，除有近视危机之外，还可能会产生孩童认知困难、注意力不集中、社交困难等问题。

这是给大家提出的通向完美的第八个建议：论据要与论点直接相关。

（二）使用第一手的数据资料

要证明我们的观点，除了有逻辑严密的推理之外，还需要有证明力的证据。在上一个例子中，要证明手机对学生有危害，最好能提供危害学生的证据，这些证据如果是数据就更好了。比如，举一个手机导致脑部病变的实例，但因为个例有特殊性，也不能证明手机是导致脑部病变的直接原因，因此只有把使用手机和不使用手机的人进行对比，如果使用手机的人脑部病变的比例远高于不使用手机的人脑部病变的比例，那么，这个证据才有证明力。

此外，第一手的数据远远比二手的数据更让人信服。

西南财经大学中国家庭金融调查与研究中心（CHFS）于 2014 年 6 月 10 日发布报告，指出 2013 年中国城镇地区整体住房空置率为 22.4%，较 2011 年提高 1.8%。据此，CHFS 估计中国的城镇地区空置住房达到了 4898 万套，比 2011 年增加了 842 万套。截至 2014 年 3 月，城镇地区住房拥有率已上升至 89.2%，城镇家庭拥有多套房比例上升至 21.0%。这些数据一发布，马上在全国引起了轩然大波，产生了巨大的影响力，网上媒体纷纷转载，甚至住建部也根据这些数据，调整了房地产的调控政策。

之所以会引起这么大的反应，就是因为 CHFS 用的是第一手的数据。在雪娜·易嘉的 TED 演讲《选择的艺术》中，演讲者雪娜也是大量使用第一手的数据，她在演讲中所举出的例证，基本出自她和团队的研究。这些第一手的数据，不仅证明作用好，而且，这些数据也会使听众耳目一新，印象深刻。

这是给大家提出的通向完美的第九个建议：使用第一手的数据资料。

（三）越权威的越容易让听众信服

资料来源的权威性可以说明证据的质量，在 2020 年的新冠疫情中，霍普金斯大学的数据被全世界的媒体普遍引用，就是因为他们树立起了权威性。

如果论据本身来源不可靠或本身有偏见，要尽量避免使用。如，上例中演讲者引入了一个佐证的信息，"全世界因手机死亡的人数已经超过香烟了！"但在消息来源上介绍得却并不清楚，信息到底来自哪家报纸，是哪个英国癌症研究专家所做的研究，统计范围是不是在全世界，研究如何采样、如何论证、有什么不足等均不清楚。那么，这个论据显然是缺乏证明力的。

笔者在指导学校的辩论队时，就要求学生做到：在赛场上提到的所有论据，都要有明确的出处，而且是要有权威的出处，一般的概念最好出自《新华字典》《现代汉语大词典》，专业的概念，一定要出自该学科的权威教科书。之所以这样做，是因为有过惨痛的教训，有一年西南财经大学的辩论队在澳门与香港科技大学的辩论队进行比赛，西南财经大学辩论队个人的辩词中有一个观点，大学具有四个基本职能，分别是人才培养、科学研究、社会服务和文化传承，笔者当时觉得，这是一个常识、共识，就没有让学生寻找出处，结果在比赛时，香港科技大学的辩手第一次自由辩发言就问："你们说大学有四个基本职能，请问这个说法是哪里来的?"当时西南财经大学的辩手就蒙了，连续几轮都回答不出来，造成了极其被动的场面。

同学们写文章都喜欢引用名人名言，就是因为名人都是权威，他们说的话肯定比普通人说的话让人信服。我听说有同学编造名人名言，凡是想不起是谁说的，国内的就说是鲁迅说的，国外的就说是马克·吐温说的，以至于鲁迅名言中多了一句："这句话我没有说过。"

另外，论据越新，证明效果相对也越好。假如在手机有害的演讲中，举1992 年美国因手机引发脑瘤的诉讼案，用这么久以前的例子，效力自然不高。说不定听众会想，这几十年过去了，手机的制造技术早就进步了，那时有危害，现在可能就没有了。

这是给大家提出的通向完美的第十个建议：使用最权威的资料。

(四) 最好的在最后

要想说服听众，就要把说服的理由顺序安排好，这就好比刚刚准备好原料正待烹饪的一个菜品。所有原料的下锅顺序、各个步骤的时间掌握、用量把握等都需根据饮用者各自的口味来进行安排。为了使受众态度转变，必须考虑逐层给出更强劲的说服理由，而选择的理由总数量 3 个适宜，最好不超过 4 个。

如《南方周末》刊载了徐贲教授的一篇评论"钱能买到啥荣誉"。首先论述了陈光标花 3 万美元买来一纸假的"联合国首善认证"的新闻事件，然后引用了哈佛大学教授迈克尔·桑德尔(Michael Sandel)在《金钱不能买什么》中的观点。这是第一个证据。第二个证据是被捐款的得益机构也并不完全赞同这种做法，而是对这样的荣誉做"模糊处理"。由此，支持了第一个理由——"真正做慈善的人会把慈善本身当作一个目的，而不是把慈善当作取得某种荣誉认证的手段"。第二个理由是特殊的价值不能用市场买卖来看待。第三个理由最强，好的社会需要正确的荣誉观念。荣誉商品对社会荣辱机制的破坏不亚于伪币对金融秩序的破坏。其实在这个问题上，大众普遍有两个错误认知：第一个是要不要荣誉证书是陈光标个人的问题，根本不值得讨论；第二个是只要是捐了巨款，就是做出了贡献，理应得到"荣誉物品"。所以，从个人的价值观到市场买卖的局限，再到一个社会荣誉观的培育，循循善诱，最终引导受众在整个社会层面进行反思，认可社会需要正确的荣誉观。市场和官场的荣誉商品都是荣誉的低级形式，不能主导我们社会的荣誉观念。

又如，有骗子在劝说受众不要喝牛奶的时候给出了以下三个理由：

（1）牛的胃和人的胃不一样，人不能很好地消化牛奶。这个理由说服力一般，很多人听了以后会觉得，我的胃消化能力好，可以喝牛奶。

（2）牛奶会引发心脏病、糖尿病、骨质疏松症等慢性病。这一理由的说服力明显比上一个更强，让听众听了以后将信将疑，出现了动摇。

（3）美国康奈尔大学终身教授柯林·坎贝尔主持的一项长达27年的动物实验表明，占牛奶蛋白87%的酪蛋白可以诱发癌症。这个理由的说服力就非常强了，人都是怕死的，可不能为了口舌之快连命都不要了吧，听到这里，绝大部分听众都被说服了。

骗子的做法尽管不可取，但他的演讲技巧我们却可以学习。

这是给大家提出的通向完美的第十一个建议：把最好的放最后。

（五）关上一扇门，打开一扇窗

要说服听众，不能只是告诉听众不能这么做，还要告诉听众可以做什么，提出比现在的措施更优的选择，提出更好的可供替代的建议，这就是关上一扇门，打开一扇窗，这也可以称为相对优势模式。

在说服听众的过程，是在将听众一步步地逼入绝境，就像上面例子，这个骗子劝大家不要喝牛奶，听众会越听越绝望，心里会产生疑问："我不喝牛奶了，那我该怎么办？"这时，演讲者就应该赶快提出一个更好的选择，提出比目前的措施更好的建议，指出更好的结果。

上例在举出了不喝牛奶的三个理由后，进一步指出："我总是对质疑我的人说，你喝牛奶十年二十年了，可不可以尝试三个星期不喝呢？试过的人就会知道，三个星期后，排泄变得更顺畅，精神更好，也不容易疲倦了。"

这虽然不是新的建议，但他指出不喝牛奶的好处，让听众知道，喝牛奶会有损健康，而不喝牛奶会让身体变得更好，一推一拉，加在前面几个理由的后面，就更容易说服听众了。

中央团校邓阳老师在宣讲党的二十大精神，讲到新发展格局的时候，他先是描述了新冠疫情之下，义乌小商品市场遭遇的困境："经济全球化遭遇了逆流，世界经济陷入困境，大国之间的博弈日趋激烈，外部需求变得不太稳定，过分依靠市场和资源两头在外发展格局的这样一个风险逐渐暴露出来。就像是义乌面对着疫情对于全球供应链的严重冲击，不少商户手里面存货不少，可是物流和贸易不通，只能积压在仓库里，这可让企业的经营受到了困难。而类似的情况在当时国内可不在少数。这可如何是好啊?"这一段话，指出了义乌商户产品积压的原因，特别是"这可如何是好啊?"这一句，让听众为义乌商户感到担心，有了想为义乌商户解困的心理，顺着听众的愿望，邓阳继续讲到："党中央提出的构建新发展格局，可谓是为企业转危为机提供了出路，强调畅通国内大循环，让企业认识到了扎根国内市场的重要性。"他指出，畅通国内大循环，就能够让义乌商户找到新的产品销售方向，这就化解了听众的担忧，让听众的疑问得到了解答，这样的演讲，当然更能说服听众。①

这是给大家提出的通向完美的第十二个建议：关上一扇门，打开一扇窗。

(六) 用激励模式说服观众

为了提高自己的说服能力，还可以尝试用激励模式来进行演讲。

激励模式将问题解决和提供更好的选择结合起来，是一套非常符合听众心理习惯的演讲方式，能够一步步地引导听众，激发起听众的认同，达到说服听众的目的。

激励模式通常包括下列五个步骤，这五个步骤环环相扣，对听众的激励逐渐在加强。

第一步是先引起听众的注意，让他们知晓问题的存在，这一步要把共同利益建立起来。

---

① 常说"格局打开"，这和构建新发展格局有什么关系? 中国青年报视频号，http://haokan. baidu. com/v? pd=wisenatural&vid=6542518842334216328。

　　第二步是完整地解释问题的性质，也就是分析原因，这一步相当于问题模式中的"承"，分析原因时要注意，原因是和后面的解决措施紧密相连的，要有选择地分析原因，为提出解决措施做好准备。

　　第三步是建议以何种方式来解决问题，提供相应解决问题的思路，这一步和上一步要对接好。

　　第四步是提供个性化的关联，也就是指出这些举措将会给大家带来什么样的好处。

　　第五步是实现最终说服的目标。

　　下面列举奥巴马的一次演讲，题为"关注于促进中产阶级发展的优先事项"。这次演讲发表于2014年6月，也就是美国的中期选举前，他要争取选民把票投给民主党，而不是共和党。在美国的选民中，绝大部分都是中产阶级。

　　他一开始就讲述了自己到明尼苏达州拜访普通家庭的经历，重点讲述了名叫丽贝卡的母亲如何坚强地度过金融危机的家庭故事。他在演讲中注重讲自己，也建立起了共同的利益，那就是让中产阶级的生活更好，在这一部分中，他也提出了问题——金融危机之后的经济尽管发展更好，但很多中产阶级没有获得更好的状况，他们仍在做出牺牲。这就是第一步提出问题。

　　接下来，奥巴马指出，之所以中产阶级的生活没有都变得更好，主要是因为政府的行动受到了共和党人的阻碍，他们投票反对壮大中产阶级的想法。这就是第二步，通过这一步，奥巴马已经把敌人给树起来了。

　　第三步，奥巴马斩钉截铁地提出了自己认为的最优建议："仅仅在我们的优先事项中进行一些小小的改变，我们就能够改变当前的状况。"他接下来提出了一些建议，比如投资教育、重建桥梁和道路、提供公平机会等。

　　第四步，指出民主党人的举措将带给中产阶级一个更美好的未来。当然，第四个步骤是隐藏在其中的一步，他所说的行动与每个美国中产阶级家庭都相关，每个美国中产阶级家庭成员都是受益者。

　　第五步，收网。听众如果同意他的观念，就应支持奥巴马政府，支持民主党。最后他再次强调了行动的正义性，他坚定地说，"这就是美国之路"。

　　这是给大家提出的通向完美的第十三个建议：运用激励模式。

训练项目

增强说服力的训练

❖**训练目标**

通过运用以上的技巧，包括论据选择、演讲的结构模式运用等，增强演讲的说服力。

❖**训练内容**

(1)确定一个演讲题目(可以从以下的材料里找)，根据演讲话题和假定听众态度做出观念说服模式的演讲策划。

(2)为这个演讲的主题找到合适的理由，并为每个理由找到论据。注意理由和主题之间、论据和理由之间，都要有直接的证明关系。

(3)按照理由由弱到强的层次进行罗列。

(4)用相对优势模式进行一次演讲，在关上一扇门的同时，打开一扇窗，也就是为听众指明正确的方向。

(5)用激励模式来进行一次演讲，把每部分的内容都确定出来。

❖**训练材料**

(1)大学生不应该休学创业。

(2)大学生应多参加志愿者行动。

(3)大学生应该加强文史哲的学习。

(4)年轻人应该晚结婚。

(5)我命由我不由天。

(6)反对消费主义。

(7)反对精致的利己主义。

(8)不要让成长毁了自己的想象力。

(9)创新是中国进步的动力。

(10)美国打不垮中国。

后　记

《60天完美口才打造计划》(第二版)终于定稿准备付梓了。

距离上一版的出版，已经过去了十余年。这可真不是一段短暂的时间，在这十余年间，不仅这个世界发生了巨大的变化，有新冠疫情，有局部战争，有贸易冲突，甚至出现了百年未有之大变局。我的工作和生活也发生了巨大的变化，我调整了工作岗位，换了几次办公室，搬过好几次家，甚至研究的专业方向都发生了根本性的改变。

在经济管理出版社卓有成效的帮助下，本书第一版出版后据说反响尚可，于是本书的编辑王光艳老师好几年前就提出来要出版第二版。可是，由于我的生活和工作的变化，我时常处于一种忙乱的状态中，答应了许多次，却一直未能完成再版版本的编撰工作，以至于现在翻看我和王光艳老师的微信对话，我发现其中出现最多的两句话，分别是王光艳老师的："杨老师，你最近忙吗?"和我的："真是不好意思。"我这个拖延症，也真是没谁了。新冠疫情之前，我拖的借口是工作太忙没有时间，疫情开始之后，我有时间待在家中了，我拖的理由变成了要带孩子没有时间，现在疫情也基本结束了，我再也找不到任何借口了，于是，第二版也终于要面世了。

这本书能够出版，我首先要感谢的就是王光艳老师，没有她的反复催促和认真编辑，就不可能有第二版出版；其次，我要感谢的是西南财经大学人文与艺术学院沟通与写作课教研组的同事，他们为第二版提出了很多有用的建议，也提供了很多有价值的素材，有一部分更新的内容，是由赵灿老师提供的；我还要感谢西南财经大学辩论队的同学，是他们给了我写作本书最多的灵感，我曾经在第一版的后记中说过，正是因为辩论队同学的建议和催促，才有了《60天完美口才打造计划》的出版，连这本书的名字都是由他们想出来的，第一版和第二版中的很多案例，都发生在他们身上，有一些同学还提供了演讲稿、随笔、辩词，甚至有一些同学还出镜，成了本书的颜值担当；当然，我也要感谢我的妻子和家人，没有他们的鼓励和悉心照顾，我也不可能完成再版的工作；最后，我还要感谢经济管理出版社为本书的出版提供了机会。

希望本书能够帮助所有想提升表达能力的人，打造完美的口才。

杨海洋

2023 年 3 月 3 日于蓉城

附　录

附录1　本书使用说明

《60天完美口才打造计划》是专门为希望进一步提高自己表达能力的朋友准备的，书中的训练方法都经过了长期的实践，证明可以在较短的时间里，使受训者的表达水平得到大幅提高。为了使本书发挥出更好的功效，请大家在开始训练前，先花一点时间，阅读一下这份说明书。

（1）全书的结构分为十二章，除第一章外，每章的正文后都附有训练材料，训练材料的使用方法，正文中都有说明，请读者按照正文中的说明来使用这些训练材料。受全书篇幅所限，训练材料数量并不足以支撑整个训练计划，读者需要自行准备一些相仿的训练材料，读者用自己准备的训练材料练习，只要遵循书中方法的要求，训练效果是一样的。

（2）在每一章的开头，都标出了该章的训练目的和训练项目，训练是为了达到相应的目的。大家的情况不同，如有些人普通话本来就很好，这个目的已经达到，就不需要再进行普通话训练。因此，笔者将训练项目分为了必选项和自选项，请大家根据自己想要达到的目的，选择相应的项目进行训练。

（3）根据我们的经验，按照书中的训练方法进行口才训练，受训者在2个月左右会取得较明显的效果，因此该手册为大家定制了一个时长为60天（2个月）的训练计划。但是由于受训者的基础条件不同，该时长只是一个参考，大家可以根据自己的实际情况和训练效果，缩短或者延长训练时间。

（4）书中的篇目是按十二部分分章来编写的，训练项目也分章编排，但这并不是要求大家看完一章练一章，或者达到一个训练项目的目标后再开始去做另一项，笔者希望读者能够先把全书正文（除训练材料以外）的内容先通读一遍，掌握训练方法，然后再开始按"口才训练记录表"规定的内容进行综合性的训练。

（5）书后附有一张"口才训练记录表"，表中标出了在这60天中每一天受训者必须训练的内容，所有必选项目都收录在了"口才训练记录表"中，受训者可以根据自身的情况和需求，在表中增加一些自选项目，或者模仿该表另制一张表格。请受训者按照训练方法确定的标准自行完成每天的项目，然后在该项目的空格中打上"√"。当所有的空格都被打上"√"时，恭喜你，你已经拥有了让人羡慕的好口才。

（6）训练的效果不是一两天就能够看到的，需要一段时间的坚持。如果你决定要按照书中的方法来训练，请一定要在规定的时间中完成规定的项目，请不要把几天的项目压缩到一天内完成，那样会影响训练效果。按照"口才训练记录表"标明的项目，每天的训练时间仅需要1个小时左右，完全可以在空余时间里进行。

（7）如果受训者希望取得更好的训练效果，可以适当加大训练量，即延长每个项目的训练时间或提高每个项目的训练频率。如果是学生，可以利用暑假的两个月空闲时间，进行充分的训练，从而使自己有机会在新学期开始时展示给别人耳目一新的形象。

（8）本书还有一个功能，就是可以作为训练时的道具，比如，在练习站姿的时候，可以把本书顶在头顶上，保证站直；在练习手部动作时，可以把本书当成文件夹握在一只手中；在抗干扰训练时，可以挥舞本书，或者用本书来投掷演讲者，分散演讲者的注意力，如此等等。除此以外，在夏天训练时，此书还有一大功效，就是可以用来当作扇子，防暑降温。

（9）其他的功能，希望读者进一步开发。

附录2 口才训练记录表

口才训练记录表（60天）

训练人：_____

训练天数	发音训练	朗读	态势语言	逻辑训练	即兴演讲	沟通训练	综合训练	训练天数	朗读	态势语言	逻辑训练	即兴演讲	沟通训练	综合训练
1								31						
2								32						
3								33						
4								34						
5								35						
6								36						
7								37						
8								38						
9								39						
10								40						
11								41						
12								42						
13								43						
14								44						
15								45						
16								46						
17								47						
18								48						
19								49						
20								50						
21								51						
22								52						
23								53						
24								54						
25								55						
26								56						
27								57						
28								58						
29								59						
30								60						

说明：每一项完成后，在相应的栏目中打"√"，当天未能完成，请在其它天补上功课，日期顺应向后推。在训练期间，建议每天跑步1000米，增强体质。

发音训练只在前30天进行，每次30分钟，其中，最初10天进行练气训练，后20天练发声、吐字。

朗读包括重音、语速（含变速和停顿）和净化语言训练（可以包括普通话训练），建议每天进行3次，每次10分钟，每次不同内容，总共30分钟。

态势语言每3天进行一次，每次20分钟，可分两次进行，多进行对镜练习。录像分析。

逻辑训练（根据材料组织演讲）每3天进行一次，每次30分钟，运用手边材料组织观点，写出演讲大纲，并对镜试着进行演讲，不超过三篇。

即兴演讲训练包括你说我猜、根据关键词讲故事、根据关键词即兴演讲、即兴演讲的不同结构训练等，建议每6天进行一次，每次30分钟，不超过三次演讲。与上两项训练日尽量错开进行。

沟通训练建议每6天进行一次，可以邀请一名助手，每次30分钟。与上三项训练日尽量错开进行。

综合训练方式是指辩论、心理素质训练等，建议每10天进行一次，人越多越好。